定位产品体验

基于新商业逻辑打造有生命力的产品

张甲华——著

清华大学出版社
北京

内容简介

本书系统论述了商业逻辑和产品价值的本质问题，总结性地提出"定位—产品—体验"才是当前的"新商业逻辑"；产品创新才是现在企业的根本发展动力源泉。书稿构建了有生命力的产品规划体系，即产品地图；从"灵魂是产品的指引""定位是产品创新的基石""产品力是产品发展的根本"三部分来打造有生命力产品的逻辑框架，旨在构建如何才能打造出有生命力产品的逻辑方法论，期望能够帮助创业人员、产品经理和研发人员不断成长，不断打造出有生命力产品，促进企业持续高质量发展。

本书封面贴有清华大学出版社防伪标签，无标签者不得销售。
版权所有，侵权必究。举报：010-62782989，beiqinquan@tup.tsinghua.edu.cn。

图书在版编目(CIP)数据

定位—产品—体验：基于新商业逻辑打造有生命力的产品 / 张甲华著．—北京：清华大学出版社，2022.8
ISBN 978-7-302-61404-3

Ⅰ.①定… Ⅱ.①张… Ⅲ.①企业管理—产品管理 Ⅳ.①F273.2

中国版本图书馆 CIP 数据核字 (2022) 第 136150 号

责任编辑：陈　莉
封面设计：周晓亮
版式设计：方加青
责任校对：马遥遥
责任印制：丛怀宇

出版发行：清华大学出版社
　　　　　　网　　址：http://www.tup.com.cn，http://www.wqbook.com
　　　　　　地　　址：北京清华大学学研大厦 A 座　　邮　编：100084
　　　　　　社 总 机：010-83470000　　　　　　　　邮　购：010-62786544
　　　　　　投稿与读者服务：010-62776969，c-service@tup.tsinghua.edu.cn
　　　　　　质 量 反 馈：010-62772015，zhiliang@tup.tsinghua.edu.cn
印 装 者：三河市东方印刷有限公司
经　　销：全国新华书店
开　　本：170mm×240mm　　　**印　张**：17.25　　　**字　数**：290 千字
版　　次：2022 年 8 月第 1 版　　**印　次**：2022 年 8 月第 1 次印刷
定　　价：69.80 元

产品编号：096397-01

前　言

自2014年《产品战略规划》一书在清华大学出版社出版以来，很多热心读者与我联系交流、探讨，这本书实际上只是对企业现有产品的营销规划，也就是产品已经"出生"，助力产品如何良性成长，解决怎样"卖好"的问题，同时也期待我再续写一本关于产品价值塑造的书。

这几年，我也一直在思考怎么才能像乔布斯创造了苹果手机一样，从产品精神、产品灵魂、产品基因、产品定位、产品价值、用户体验等角度，撰写一本如何规划产品概念设计并赋予产品灵魂的书，也就是希望解决产品"出生前"的产品价值塑造和设计开发问题，实现产品"好卖"，这样就全覆盖了产品的"出生前"和"出生后"的全生命规划问题。

于是，《产品战略规划》的姊妹篇《定位—产品—体验：基于新商业逻辑打造有生命力的产品》这本书便应运而生了。

本书系统介绍了商业逻辑和产品价值的本质问题，总结性地提出了"定位—产品—体验"才是当前的"新商业逻辑"；产品创新才是现在企业的根本发展动力源泉，所以系统剖析了产品价值，提出从产品的高层次价值着手筹划才是打造出有生命力的产品的有效路径。

通过系统分析产品价值本质，本书构建了"产品价值层次理论"和"产品价值实现理论"。产品价值层次理论是把产品本身价值分为实用价值、性能价值、功能价值和精神价值四个递进层次。实用价值是产品的基础核心价值；性能价值主要是为了提升用户的体验和满意度在安全、易用性等方面的设计；功能价值是指满足人们对健康等层面的需求，通过新技术、新材料、新工艺等赋予产品额外的功效；精神价值是指满足人对某种情感或精神上的追求和美好向往，赋予产品精神，给予产品灵魂。丰富产品的功能价值和精神价值才是打造有生命力的产品的精髓和密码。产品价值层次理论启示我们应该重点打造产品精神、产品基因，差异化创新产品功能等，并重视产品的代系标准构建。

产品价值实现理论是把产品价值实现分为认知价值、传播价值、体验价值和信誉价值四部分。认知价值是指如何让消费者更容易记忆并对我们的产品有好感，涉及产品品类定位、产品定位、产品精神价值等相关内容。随着消费体验时代的来临，极致体验的打造越来越重要，从产品价值实现模型可以得出在产品的概念设计阶段，要从产品的品类定位、产品定位和产品用户体验设计等方面进行系统思考和搭建。

基于对新商业逻辑和产品价值分析的研究思考，本书构建了有生命力的产品规划体系，即全产品地图，从"灵魂是产品的指引""定位是产品创新的基石""产品力是产品发展根本"三方面来谋划打造有生命力的产品的逻辑框架，通过"产品灵魂篇""产品定位篇"和"产品力提升篇"三部分勾勒了本书的编写结构，旨在构建如何才能打造出有生命力的产品的逻辑方法论，期望能够帮助创业人员、产品经理和研发人员不断成长，不断打造出有生命力的产品，促进企业持续高质量发展。

张甲华

2022.3.15

目　录

第1部分　产品灵魂篇

第1章　新商业逻辑　002
    1.1　传统商业逻辑　002
    1.2　新商业逻辑来临　005

第2章　产品价值　010
    2.1　产品价值理论　011
    2.2　产品价值实现模型　015
    2.3　产品规划体系　017

第3章　产品愿景　022
    3.1　产品愿景内涵及意义　022
    3.2　产品愿景设置方法　026
    3.3　产品要取个好名字　032

第4章　产品精神　038
    4.1　产品精神内涵　038
    4.2　产品精神的意义　039

4.3 产品精神内涵塑造 040

4.4 产品精神典型案例 043

第5章 产品基因 045

5.1 产品基因内涵 045

5.2 产品基因的价值 046

5.3 产品基因的定义方法 047

5.4 产品基因的来源 050

5.5 产品基因关键 053

第6章 产品品类创新与定位 055

6.1 品类含义 057

6.2 创造新品类 063

6.3 品类分析定位 070

6.4 品类定义与命名 073

第2部分 产品定位篇

第7章 目标市场的客户定位 080

7.1 市场细分 081

7.2 目标客户群定位 084

7.3 市场定位测试 089

第8章 产品功能需求定位 091

8.1 需求与获取 092

8.2 需求识别 095

8.3 需求分析 099

8.4 需求评估与定位 104

8.5 需求验证 115

8.6 产品版本规划 118

目 录

第 9 章 基于心理需求的产品定位 120
9.1　心理需求 120
9.2　心理需求对产品开发的影响 122
9.3　基于心理需求的产品定位模型 125

第 10 章 产品定位 128
10.1　产品定位内涵 130
10.2　产品定位原则 135
10.3　产品定位常见维度 140
10.4　产品定位测试 146
10.5　产品定位实施策略 148
10.6　产品定位典型案例 151

第 11 章 产品类型定位 155
11.1　产品分类 156
11.2　产品类型定位模型 160

第 12 章 产品价格定位 163
12.1　产品价格定位影响因素 163
12.2　产品价格定位模型 164
12.3　产品商业模式设计 166

第3部分　产品力提升篇

第 13 章 产品代系规划 172
13.1　产品代系标准引领企业发展 172
13.2　代系产品标准框架及构建模型 175

第 14 章 产品差异化创新 182
14.1　产品差异化是提升产品竞争力的有效途径 183

14.2　从产品本身寻求产品的差异化　188

14.3　产品差异化的价值判断　194

14.4　产品差异化的传播　195

第 15 章　基于用户心理模型设计产品　197

15.1　用户心理模型　197

15.2　用户心理模型开发原则　203

15.3　用户心理模型构建　206

15.4　基于用户心理模型的产品设计思路　211

第 16 章　产品功能实现路径矩阵与 FFAB 模型　219

16.1　产品功能实现路径矩阵　219

16.2　基于 FFAB 模型的产品开发路径　223

第 17 章　用户体验设计　233

17.1　用户体验与用户体验设计　234

17.2　HEART 体验模型　235

17.3　体验峰终定律　243

17.4　用户体验衡量与评估　249

17.5　用户体验地图　255

第1部分
产品灵魂篇

第 1 章
新商业逻辑

* * * * *

企业的战略布局基于商业逻辑，在研究如何真正提供一个极致的产品来立足于市场之前，我们不能忽略对商业活动的内在本质——商业逻辑的研究。

1.1 传统商业逻辑

商业逻辑是指企业运行并实现其商业目标的内在规律。企业成长的底层逻辑——商业逻辑不是一成不变的。

20世纪八九十年代，定位理论传到中国之后，诞生了不少借此方法运作成功的品牌，比如农夫山泉、王老吉等。

创办于1996年的农夫山泉品牌，当时想在成熟的纯净水市场与娃哈哈、怡宝等品牌硬杠并没有优势。农夫山泉用了"定位—广告—渠道"这三招彻底在市场中站稳了脚跟。

第一招是定位自己为天然水，将瓶装水命名为"农夫山泉"，"山泉"二字直接体现了自己的定位，即"天然"。

同时发起公关之战，掀起"天然水"与"纯净水"之争。"炮轰"纯净水，称长期饮用纯净水对健康危害很大，让大众更倾向于选择天然水。

第二招是创造有吸引力的广告语"农夫山泉有点甜"，在中央电视台、各个地方电视台大规模投放广告，不仅让人人都知道，还让人天天看到，强化记忆，强化其天然水的定位。

第三招是大规模发展代理并让产品覆盖全国，有卖水的地方就有农夫山泉水。

三招相互配合，仅仅几年时间，农夫山泉便成为天然水的领军企业。农夫山泉的成功代表了上一代消费品牌成功的典型路径，这一套方法几乎无往而不利。

典型代表还有宝洁，宝洁根据市场需求孵化海飞丝，占据去屑洗发水市场，然后在中央电视台斥巨资进行广告宣传，在全国从大型超市到小商店迅速铺设产品，占据货架，很快便成为去屑洗发水知名品牌。

在传统中心化的媒介时代，商品都是在同一个场景出现，区别仅仅是你买不买。由于信息的不对称性，消费者只能根据品牌在品类中的位置去进行消费决策。

这正是问题的关键所在，定位理论正是传统中心化媒介时代的产物。

以洗发水为例，海飞丝仍然是公认的去屑洗发水知名品牌。

然而在移动互联网时代，打破了传统商业中依靠信息不对称而构建的市场格局，带来了信息控制权的转移。

也正是在信息控制权转移的过程中，引发了价值链的重新组合。用户获得了更大的话语权，同时颠覆了一切基于信息不对称的商业逻辑。例如，年轻的消费者可以在玩游戏的同时，还在某个直播平台"网红"的带货下，直接下单购买另一个品牌的洗发水。他们看不见电视上的海飞丝广告。

在这个过程中，年轻消费者和海飞丝始终在两个时空里，没有交集。于是，可以看到，定位理论所依赖的中心化的媒介基础不存在了，体验与参与式的购买代替了心智记忆式的购买。

面对个性化的消费者，在碎片化的时间里，在没有一个权威化的体系里，消费者有了更多的发言权，可以提出体验痛点，可以参与到产品的研发和管理环节。产品不但要满足各式各样的功能需求，更要提供个性化的体验，价值创造路径则变得愈加复杂和深远。

价值创造是产品与消费者交互联结的结果，消费者并不会因为你是品类第一就高看你一眼。他们更在意的是产品体验、产品个性（产品精神）与其价值观的契合。没有体验就很难有认同，没有认同就无法实现产品价值。

移动互联网时代如何重构"定位"？

突围路径是什么？——以"生活方式"重塑定位。

第1部分 产品灵魂篇

无论是商业逻辑的演变还是消费逻辑的演变，聚焦的核心始终是"人"。

定位理论告诉我们最多的，就是为品牌建立一个明确的认知信息，然后利用定位，将品牌的认知信息传达给用户。

互联网、信息化时代之下，传统商业基于"心智认知记忆——吸引购买"的逻辑会被极大地重构。

环境变了，逻辑变了，传统的营销逻辑，即"定位、广告、经销商渠道"也将发生变化了。图1-1为传统的营销逻辑。

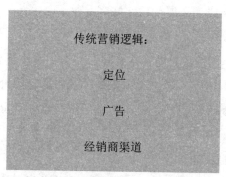

图1-1 传统的营销逻辑

消费品牌在20世纪的成功，大多有赖于其成熟稳定的方法。其营销逻辑就是品牌锚定一个品类，占据这个品类的唯一"心智"，然后在中心化媒介如中央电视台上大量投放广告，并且在全国大量铺代理找渠道，从而获得成功。

上一代营销模式取得成功，与它们所处的环境密切相关。

首先是定位，20世纪末，改革开放初期，基本上市场处于卖方市场，大部分商品供不应求，品牌稀缺，产品竞争不激烈，甚至空缺。一旦有品牌占据了某个品类的市场，就容易形成优势。

其次是广告，中心化媒介渠道是十分重要的。中央电视台的黄金时段广告曾让不少品牌一夜成名，主要是人们获得产品信息的渠道不多，一条中央电视台的黄金时段广告可以让几亿人看到并记住。几乎人人都会重复说几句广告词，比如"南方黑芝麻糊""妈妈，我要喝娃哈哈AD钙奶"。

最后是经销商渠道，商场是客户购买商品的主要渠道，其与广告相互配合，就会让消费者印象深刻从而购买，需要各地的经销商在各大商场或小的商店铺货。

也就是说，传统的营销逻辑是以中心化的广告传播为主，要么在中央电视台，要么在渠道，要么在货架，实施饱和攻击，让用户能看得到，分得清，记得住。

1.2 新商业逻辑来临

现在到了产品回归、产品价值回归的时代。产品体验好是实现销售的基础,也是消费者做出购买决策的主要依据。现在的消费者不是仅听从广告了,甚至现在有的年轻人都不太相信广告了。

因为现在有很多购买行为是在互联网、智能手机上完成的。传统的效应逻辑的前提条件发生了很大变化,企业的商业逻辑也就需要跟着进行相应变革。

在碎片化时代,消费者的注意力已经被严重分散,中心化媒介已经不再存在,现在的年轻人看电视的时间越来越少了,一个广告几亿人都能看到的情况已经很少出现了。

在销售渠道方面,目前商品的销售渠道已经极为多元化,线下的超市、便利店,线上的淘宝、京东、拼多多,还有抖音、快手这样的内容平台,甚至官方自己的网站、小程序等渠道都在发挥作用,所以,控制了以前的线下渠道,不代表控制了一切渠道。

最重要的是消费者渐渐成熟,可比较方式多样化,现在消费者更注重体验,通过自己的体验验证哪个产品更适合自己的需求。另外,消费者的个性化需求也呈现多样化,参与感也是其辨别产品的一种方式。

在这样的情况下,"定位—广告—渠道"这种传统的营销方法在作用上大大打了折扣。在现在新的消费环境和趋势下,本书提出企业的新商业逻辑为:定位—产品—体验,如图1-2所示。

图 1-2 企业的新商业逻辑

企业在新商业逻辑下,应该首先做好定位,这里的定位包括企业精准定位市场细分、定位目标客户群、定位产品的功能需求、定位客户的心理需求,还要对产品的角色、类型、价格等进行准确定位。其次,现在是产品为王的时代,企业必须在定位的基础上,创新设计并开发出适合定位的有竞争力的产品,需要精确研究目标客户群的需求,不仅要了解客户对产品的功能需求,更要清楚客户的心理需求,设计开发出让消费者眼前一亮的、物有所值的产品,才可能使企业持续发展。最后是消费体验时代来临,一是消费者注重体验,消费者体验好的产品才是好产品,体验是他们购买的最重要因素之一,所以,企业需要改善消费者的体验从而提升自己的品牌知名度,也通过研究消费者的体验进行用户体验设计,以提升自己产品的竞争力。

从发展路径来看,与上一代相比,定位的范围扩大,而且品类定位更加细分。

1.2.1 定位

首先,定位更多是从大品类的细分品类入手进一步细分市场,品类更加精细。

在竞争日益激烈的今天,品类划分越来越细,大的品类基本上很难再找到"蓝海市场",市场份额被头部品牌牢牢占据,难以撼动,例如饮用水中的农夫山泉、娃哈哈和怡宝,可乐中的可口可乐和百事可乐,牛奶中的蒙牛和伊利等。想要在这些大品类中赢得部分市场,需要付出极大代价,并且还不一定能成功。

新消费品牌必须从大的品类中锚定一个针对一定人群的小品类,并以此为突破口在大品牌的市场中开拓出一条路。拿速食面来说,康师傅和统一已经占据了方便面的大部分市场,此时再进入这个市场,要想成功很难。因此新消费品牌都是从速食面的大品类中切入一个小品类,比如螺霸王螺蛳粉只针对口味独特的消费者做螺蛳粉这一品类。中国人以前吃意大利面并不多,随着消费升级,消费者对食品种类和口味的需求越来越多样化,意大利面也成为不少年轻人的消费选择。

远离大品类,聚焦小品类,是决定新消费品牌能否在初期赢得市场的最关键因素之一。这种聚焦小品类的策略是由当下市场环境决定的。对于新创的小品类品牌,一开始大品类品牌是看不上的,但当小品类品牌形成快速增长之势时,大品类品牌往往采取的策略只有收购或任由其蚕食市场。

1.2.2 产品

这里的产品是指要开发好产品。因为产品就是企业的生命线,产品力决定了公司的竞争力。按照新商业逻辑,应该先打造有特色的产品,先影响小众人群。

在媒介碎片化和审美多元化的今天,很难以一个广告去覆盖所有市场和人群,所以不适合应用上一代的"定位—广告—渠道"这样的营销逻辑,新产品或品牌在最初很少做中央电视台那种"大广告",而是聚焦于自身定位的潜在用户需求,去开发、定制他们喜欢的产品。

例如现在比较成功的大疆无人飞机、华为手机、苹果手机等,都是以产品取胜的典型范例,这些公司注重研发,开发出了满足市场需求的产品。

新消费时代,一个产品往往不求全市场覆盖、满足所有人,而只求覆盖和持续影响某一细分市场的人群,再让这类人相互影响,形成一个个圈层的影响力。

所以,有人认为,产品主要包含如下三个要素。

第一个要素是定位某一特定的目标客户。

第二个要素是定位某一特定需求。

第三个要素是解决方案。

显然,产品三要素是一种增长策略的基础性研发,其客户、需求、产品功能属性开发也都越来越细化,也更加具体。例如,一部分天猫客户,在意的是新品时尚;一部分京东客户,在意的是物流速度;一部分小米客户,在意的是高性价比。

产品属性分为功能和情感两类。例如,猫饿了给它一条鱼,狗饿了给它一块骨头,能解决温饱就够了。但是,人类作为最高级的动物可没有这么好对付,我们需要的是一块"有说法"的骨头,一条"有内涵"的鱼。

运用产品属性思维,赋予情感的连接,思考一下你的产品,是用功能属性还是情感属性在与用户对话。

所以,新商业逻辑中的产品,主要是指产品的竞争力。单纯地讲品质或功能,价值至少打一半折扣,高端产品必须考虑其附加价值:社交属性。简而言之,高端产品的价值由社交(心理)需求和品质需求组成。因此,实用型产品往往不具备社交属性,创建高端定位不是最优解。

1.2.3 体验

传统的商业逻辑第三个环节是在渠道上大量发展代理,并依靠代理占据市场,本质上是将货批发给经销商自己处理,占领消费者可能购买的商超等渠道。

在今天的新商业逻辑下,产品为王,并通过体验验证。针对用户的全生命周期运营越来越重要,用户数据成为一种重要资产,因此开发新产品时,深入了解客户才能获得客户的需求,开发出竞争力强的产品,以获得更长期的价值。

第1部分　产品灵魂篇

现在的消费渠道除了在线下，更重要的渠道是在线上，例如京东、天猫、抖音及微博、微信小程序，还有企业自己的官方销售平台。

新商业逻辑的本质是去渠道化的，通过这种模式，企业会更了解用户的行为和数据，不仅为自身优化产品和营销方法提供依据，也能实现消费者资产的长期积累。例如，我们可以将特斯拉、蔚来这类造车新势力视为新消费，它们不同于传统的汽车经销商模式，而是通过电商＋直营店（体验）的方式直接销售和服务消费者，通过了解用户的体验反馈和口碑，分析出各种单品所针对人群的需求差异，从而为推广策略，甚至为新品研发提供基础。

现在人们比较热衷的直播就是网上购物体验，主要体现两个点：真实和互动。这两个点对应到具体的场景下，刺激用户的交易意愿。

直播比较真实，让人产生信任感。越来越多的人开始重视食品安全，虽然食品安全主要依赖于政府相关部门的监管，但总是会有一些食品质量事故发生。一般人很难判定食品是否真正安全，不知道原材料的生长环境是否使用了违禁农药，加工环节、包装环节、运输环节是否卫生安全。例如，有的卖家直播在大海上打捞螃蟹，让客户随意挑选，然后现场称重，打上编号，打包装箱。有的卖家甚至在旁边摆个桌子，放上蒸好的海鲜，现场演示怎么吃海鲜。商品的所有处理环节，客户都能看得到，所以客户很容易对卖家产生信任感，愿意下单。

直播可以通过互动建立关系。例如在网上卖衣服的直播，卖家可以找个模特试穿，这样买家能即时看到效果。有意思的是，这种线下互动一般都是一对一的。搬到网络上了，就变成了一对多，一个卖家对多个买家。任何一个买家和卖家产生互动，其他的买家也都可以看到。不同的买家之间也可能因为经验分享产生互动，这都会营造购物氛围。只要有人点击购买，就会带动别人购买的欲望。

对于大多数想进入市场的新消费品牌来说，应该考虑的不是天花板有多低，恰恰相反，应该瞄准一个巨头们不注意的细分市场，并在这个市场上占据先机，一旦这个策略成功，新消费品牌就算成功了一半。现在大多数企业需要研究开发出好的产品，然后下沉到具体的体验场景中，以线上、线下多种方式增加客户的体验机会，去洞察客户需求和决策动机。

所以，现在企业竞争的本质是产品竞争，产品其实具备四个价值层次：使用价值（满足基本需求）、精神价值（高层次需求）、体验价值（价值体现方式）、传播价值。

第1章 新商业逻辑

很多人在做产品的时候，只是停留在较低层次的价值实现上，也就是使用价值上，少部分人开始注重产品体验和用户体验。在这样的情况下，一旦行业发展放缓，红利期已过，行业进入者增多，面对同质化、竞争白热化的市场，如果产品依然停留在使用价值上，可能不是被替代，就是陷入价格战。

必须深入了解用户的第一本质需求与期望的体验，进而将其转化为产品开发标准。未来围绕这个市场达成以下条件。

(1) 分析市场环境，准确定位自己的市场和客户群。

(2) 确定竞争对手无法做到的或差异化的事情。

(3) 确定这些功能(产品)的缺失会让用户感到痛苦。

(4) 我们拥有提供这些功能(产品)的能力。

(5) 能够设计合理的功能体验流程为用户带来收益。

新商业逻辑时代是产品为王的时代，打造好产品并做好用户体验设计是创业成功的前提。

第 2 章
产品价值

* * * * *

网上有一个流传很久的卖杯子的故事：一个杯子到底能卖多少钱？

第一种卖法：卖产品本身的使用价值。仅仅当一只普通的杯子，只有喝水的使用功能，那就只能卖 3 元／个。

第二种卖法：卖产品的时尚价值。如果你将它设计成当年最流行款式的杯子，可以卖 20 元／个。

第三种卖法：卖产品的品牌价值。如果你将它贴上著名品牌的标签，就能卖 50 元／个。

第四种卖法：卖产品的延伸功能价值。如果你猛然发现这只杯子的材料竟然是磁性材料做的，那可以挖掘出它的磁疗、保健功能，适合某一人群，具有治病、保健功能，卖 80 元／个绝对可以。

第五种卖法：卖产品的纪念价值(收藏、古董等)。如果这个杯子被某名人使用喝过水，后来又被带到太空去转了一圈，那么它都可以卖 2000 元／个了。

第六种卖法：卖产品的文化价值。如果它是宋朝的一件官窑古董，代表着不断创新、奋斗进取的精神，那么它可能要卖几十万，甚至上百万元。

同样一个杯子，杯子的基本特性(功能、结构、作用等)依然如故，但随着杯子价值的不断转变，价格却在不断地发生变化，消费者的选择也在变。

同样的一个杯子，赋予它不同的含义，其价值差别很大。所以，要打造有生命力的产品，首先要分析产品的价值内涵。

第2章 产品价值

从商业逻辑看，我们都知道产品分为设计制造和产品营销两大业务模块。所以，产品价值也应该分为两大部分进行剖析。一部分是产品价值塑造，从产品价值的塑造过程来看，可分为如何设计产品价值，包括产品有哪些功能和价值，例如产品的基础使用价值、安全价值、情感价值等；产品的生产制造价值，例如产品的制造工艺、使用何种材质等。另一部分就是营销相应的产品价值实现部分，也就是产品对用户进行的认知传播价值，包括用户的体验、广告等。

本章构建了产品价值理论和产品价值实现模型，以便探究我们应该从哪些维度去打造有生命力的产品。

2.1 产品价值理论

产品价值是由产品的功能、特性、品质、品种与样式等所组合，并赋予其精神或意义所产生的价值。它是顾客需要的中心内容，是顾客选购产品的首要因素，是决定顾客购买总价值大小的关键和主要因素。产品价值是由顾客需要决定的。顾客对产品有不同的需求，构成产品价值的要素及各种要素的相对重要程度也会有所不同。

人们对某款产品所期待的价值不只是满足基础的功能作用，还要满足更多的价值。比如，我们现在很多人去吃饭，不只是吃饱就行，更多的是这顿饭是否让我或者让我朋友吃得满意，这满意背后，就是提供了不同的价值，比如社交的价值。再如，买一双运动鞋，不只是耐穿，还要看这个鞋品牌背后的价值主张——比如耐克的 Just do it (尽管去做)，提倡一种敢闯敢做的精神主张。

人的需求是分层次的，产品是满足用户的各种需求才赋予其价值的。所以，产品价值也是分层次的。参考人的层次需求理论，作者认为产品价值也是依次递进的，产品的价值塑造从基础向高层次可分为四个层次：实用价值、性能价值、功能价值、精神价值。

(1) 实用价值指产品最基础的使用价值，解决客户的基本问题，满足人们最本质的欲望。

(2) 性能价值就是指产品的易用性、安全性、舒适性等赋予产品的价值，让产品充满了安全性、趣味性，把产品的附加值做足，消费者才愿意去选择产品、分享产品。

产品价值层次如图 2-1 所示。

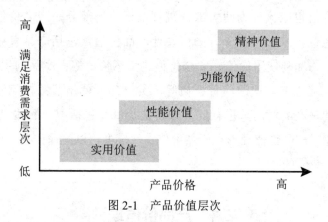

图 2-1　产品价值层次

(3) 功能价值能够满足人们对健康、额外功效等层面的理性需求。一般由新技术、特定的原材料或工艺等实现，在实用价值基础上增加了产品的其他功能，例如王老吉除了解渴的功能外，还有降火的功效。

(4) 精神价值是指为满足人们对某种情感或者精神上的追求和美好向往，赋予产品的价值，例如现在有些人购买华为手机等产品，主要是崇尚华为精神，即持之以恒的奋斗精神、质量第一的工匠精神、开放宽容的共赢精神。

产品的这四种价值是层层递进的，越往上往往价值越大，产品的价格也越高。现在市面上并不是每个产品都具备这四种价值。实用价值是产品价值的最低层次，是每个产品都应该具备的；对于性能价值来说，不同的产品都具备，但其性能价值不同，价格也不同。

对于功能价值和精神价值这两种价值来说，大多数产品不具备，这属于产品的高层次价值，具备其中一种或两种都属于高档产品，其价格也比较高。所以，随着我国消费层次升级，企业领导和产品经理应该从赋予或提升产品的功能价值和精神价值上思考，从而打造出有生命力的产品。

比如，我们口渴了，倒一杯白开水喝——实用价值；如果当时在郊外旅游，那只能在小商店买一瓶矿泉水喝解渴了——性能价值；如果在郊外旅游，当时既渴又热，买了一瓶王老吉喝，或者既渴又累，买了一瓶红牛喝——这都是功能价值；如果买了一瓶非常贵的依云水喝，代表自己在享受一种天然、追求纯净的精神——这是精神价值。

所以，产品不能只是局限于满足用户的某种价值，还要根据用户需求提供更高层次的功能价值或精神价值。

产品价值理论，让我们更好地为自己的产品做出准确的价值定位，让消费者优先选择产品。

2.1.1 实用价值

实用价值就是指产品最基础的使用价值，满足人们最本质的需求。这是我们最常见的产品价值，也是很多人做产品都会做到的层面。

比如，我们去吃饭时最基础的需求是吃饱，这个要求产品能够提供这样基础性的实用价值，像手机最基础的价值是打电话、发信息等通信功能。

然而并不是每个产品或品牌都适合追求精神价值，这需要产品品质的打造和大量资源的投入，不可盲目追求产品的高定位。如果自己的产品或品牌在这个品类中并没有很大的知名度，而去强调有生命力的精神诉求，一般很难达到对应的效果。因为并不是所有的产品都能像瑞幸咖啡一样，初期就把知名度和品牌做起来了。

2.1.2 性能价值

性能价值主要是指产品的易用性、安全性、舒适性等赋予产品的价值。现在是用户注重体验的时代，减少操作步骤可以提升产品的易用性，进行技术创新可以提升产品的安全性和舒适性，是提升产品价值的有效途径。

在产品性能价值方面，需要产品经理和设计者们不断提出问题并解决问题，然后重复这些连续的步骤，打造极致产品，提升产品性能价值。乔布斯可谓性能价值创造的典范。

(1) 苹果手机在开发初期，作为智能手机技术很先进，但是很难使用，因为它总是带着一个键盘。

(2) 我们需要一个大屏幕和一个鼠标，但是我们不愿意把鼠标带来带去，那样会很麻烦。

(3) 替代方案是使用触屏笔，可触屏笔很容易弄丢。该怎么办呢？

(4) 干脆用我们的手指，这就是触屏手机想法产生的过程。

2.1.3 功能价值

功能价值是指用特定的产品(通常为新产品)替代相关产品(通常为当前使用的产品)给顾客带来的新功能,满足客户的一部分特定需求。例如,脉动饮料属于健身运动功能性饮品,适合运动后饮用。它除了解渴的功能外,还带着淡淡的纯天然橙味和清爽醒神的酸味,可适度调节情绪;它由水溶性维生素组成,为人体补充每日需要的营养物质,含有维生素 B6、维生素 B12 和维生素 C,据说里面还含有烟酰胺。

根据马洛斯需求理论,人在满足温饱、生理等基础性需求后,还需要满足人对健康、安全等功能性的需求。比如,我们在外面吃饭不只是为了吃饱,还会考虑这个餐厅提供的食品是否卫生、安全、健康等。这背后是人对死亡的恐惧心理,也是对自我安全的天性需求。

那什么样的情况下该强调产品的功能价值呢?

比如医疗美容行业,很多消费者对这个行业还处于功能性风险认识的阶段上——很多人担心某美容店是否存在隐形消费、技术是否安全可靠等。那我们就需要在安全、健康、用户信任度等功能性层面去思考产品的价值主张。

因此,是否采用功能价值作为产品的价值主张方向或卖点方向,可以看产品所属行业发展的认知阶段和本身属性等维度。

2.1.4 精神价值

精神价值是指满足人对某种情感或精神上的追求和美好向往,这种产品价值现在会经常看到,而且会越来越多。

比如百事可乐的"渴望无极限",倡导年轻人积极进取的生活态度,中国李宁运动品牌"让改变发生"、苹果的"再一次,改变一切"等,这些都表现出该产品或品牌的某种精神诉求,也让认可该精神诉求的用户更容易购买。

可能很多企业也想强调这种价值主张,但是想靠着这种产品价值主张就能带来销售额的提升或者吸引用户,还需要依靠过硬的产品功能价值和精神价值的塑造作为铺垫。

比如,你的餐厅想要作为高端人群的社交场所,但是产品、环境装饰、服务、食材品质达不到要求,只有随便喊出的一个高大上的概念,而没有得到客户的认可和信任,并不会吸引对应的用户群体或者用户的留存率不高。

用户的需求在不断升级，用户以后会越来越偏向这种有"精神价值"的产品。比如，餐厅不只是让客人吃饱吃好，还能满足社交需求，即满足用户自我实现的精神诉求。如果产品具备这样的条件，应该从用户的心理需求出发去选择产品价值的主张方向。

产品不只是简单地对用户有什么实用价值，还要考虑这个产品是否满足了用户的健康、安全，甚至精神层面等的需求，实现产品差异化运营，能够让你的产品更符合用户的需求。

产品价值理论告诉我们，产品和服务能提供给消费者的价值除了实用价值之外，是否还能提供比如减少烦恼和忧愁，增加安全感，让内心平静，提升健康等其他的功能性价值，甚至是否能够提供比如提升身份和社会地位等精神价值。从产品的表象看到消费者的倾向，这才是生产产品的企业真正需要去聚焦的。

2.2 产品价值实现模型

在上一节把产品价值塑造分为实用价值、性能价值、功能价值、精神价值，那么产品创造出来后，还必须通过营销环节实现市场的销售，所以，除了产品价值塑造外，还得有产品价值实现环节的价值创造。

基于新商业逻辑对产品营销环节的思考，本节构建了产品价值实现模型。产品在营销环节的价值塑造分为四个方面：认知价值、传播价值、体验价值、信誉价值。

产品价值实现模型如图 2-2 所示。

图 2-2　产品价值实现模型

2.2.1 认知价值

认知价值是指产品如何或怎样更容易被消费者了解、记忆、信任和认可的那部分价值，包括产品品类定位、产品定位等赋予产品灵魂的内容，以及让用户产生好感的产品名字。例如，一个朗朗上口的产品名称，容易引起用户的好感和购买欲望。

从认知价值的内容中可以看出，要想打造出有生命力的产品需要从产品品类定位和产品定位开始，这也是本书极力研究这两种定位的原因。

2.2.2 传播价值

传播价值是通过新媒体、传统媒体等向消费者传播的产品的价值。无论是产品的性能价值、功能价值还是精神价值，都会有利于产品的传播。

如果产品功能价值特别好，等消费者身边有朋友需要同类型产品时，其就会介绍给朋友。小米手机就是通过口碑传播实现了成功的宣传。

有一些产品的体验场景特别好，如小牛电动车的线下体验店很有特点，有别于其他的电动车门店。用户愿意拍照后分享到朋友圈。在一些App中，用户可以将优惠券、活动分享到朋友圈，例如饿了么App分享领红包，植入了抽奖、好玩、获利等元素，吸引用户参与。

如何通过产品本身来传播，也是新营销阶段每个企业都需要考虑的点。

在新营销阶段，如何让产品拥有四大价值，才是我们真正需要考虑的。

2.2.3 体验价值

好的产品都是拥有极致用户体验的产品！

任何产品都是用来满足用户需求的，但是如何满足用户需求，如何才能让用户用得非常舒心又是一个考量产品好坏的重要标准。极致的用户体验对于有价值的产品来说是一个催化剂，能起到极大的推动作用。好产品不会给用户设置障碍，不会让用户不懂、不会用，也不会为了利益而损失用户体验。

体验价值是消费者直接能感受到的产品价值。如果连体验都没做好，那么如何让消费者去信赖你的品牌呢？

一个真正的好产品，每个人都能感受到它的体验差别，这种体验差别是与竞争对手区别开来的，也就是产品真正的魅力所在。

用户体验也是新商业逻辑的重要部分，所以，本书最后一章专门讨论如何利用用户体验设计打造有生命力的产品，以提升产品力。

2.2.4 信誉价值

信誉价值主要来自生产厂家和经营者的信誉积累。一个公司保质保量、价格合理、服务周到才会产生信誉价值。信誉好、知名度高的品牌或产品对顾客来说通常具有更高的价值。

先举一个例子说明，阜阳人民服装厂是一个与上海衬衫厂合作经营的企业，年产衬衫几十万件。这些衬衫如果用一般商标在市场上销售，每件售价约40元左右；如果用上海衬衫厂的"上海"商标，每件售价则高达120元左右，可多获利两倍，这就是商标信誉价值的体现。企业为了争夺市场，就要不断提高自己的产品质量，更新花色品种，不惜投入巨额资金进行广告宣传，开展优质服务。而这一切努力，都集中体现在商标、产品品牌上，久而久之，企业的商标和品牌就赢得了广大消费者的信任和喜爱。

所以，做营销策划更多的不是营销产品本身，而是塑造产品的价值。

2.3 产品规划体系

什么样的产品才是一个极致的产品呢？如何才能打造一个极致(生命力)产品？打造极致产品的逻辑是什么？应该包含哪些内容？

应该是人们看到一款产品有"眼前一亮、一见钟情"的感觉，甚至念念不忘，内心早已"熟悉、向往"，会产生立即购买并拥有的冲动，这才是丰富人的精神、激发人的活力的极致产品。

2.3.1 产品核心要素

通过对产品本原的思考，产品是基于市场需求特点，定位设计产品愿景与名称、产品定位、产品精神、产品基因、产品代系，并匹配化、一体化地创新开发产品功能、产品外形、产品价格等，使所开发出的产品具有灵魂，让消费者产生价值认同。所以，产品的核心因素包括产品愿景与名称，产品定位，产品精神、

第1部分 产品灵魂篇

产品基因,产品需求与品类创新,产品创新开发与发展战略,如图2-3所示。

1. 产品愿景与名称

像企业愿景一样,产品也应该有自己的愿景,以统一团队目标。

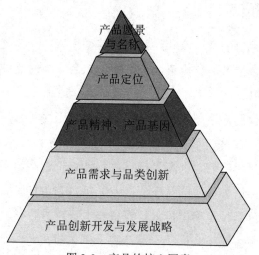

图2-3 产品的核心因素

2. 产品定位

产品应该找出核心的定位,包括产品的市场定位、品类定位、功能定位、角色定位、情感定位等。与品牌定位相一致,持续优化,进行宣传,固定老客户,直至成功。除了不断满足客户的功能需求外,应越来越重视客户的情感需要和精神需求,需要明确产品的不同方面的定位,为产品开发、营销指明方向。

3. 产品精神、产品基因

产品的精神气质赋予产品灵魂。躯体+灵魂=整体。产品中流露出的能够被使用者认同的价值观念,是客户选择和产品设计的驱动力。

产品基因也就是产品的DNA,即需要不断继承、发扬的元素。

4. 产品需求与品类创新

深刻剖析用户内心的真正需求,进行产品品类创新定位,提升产品生命力。

5. 产品创新开发与发展战略

在实现愿景的道路上我们计划输出的产品次序。

2.3.2 全产品地图

从产品设计生产到体验推广都可能导致产品失败,那整个产品最核心的环节是什么?这需要构建全产品地图。

基于新商业逻辑和产品的本原体系,结合对"如何才能打造出有生命力的产品"的长期思考,笔者设计了具有灵魂的全产品地图,即有生命力的产品的规划体系,详见图2-4,试图找出打造有生命力的产品的逻辑方法论。

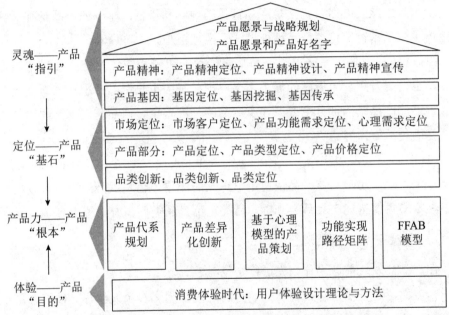

图 2-4 基于新商业逻辑:打造有生命力的产品的逻辑方法论

全产品地图内容包括四部分:灵魂是产品的指引;定位是产品发展的基石;产品力是产品发展的根本;提升用户体验是产品创新的目的。

1. 灵魂是产品的指引

灵魂是产品的指引,其内容包括:产品愿景,产品精神,产品基因,品类创新。

本部分试图阐述产品是一个生命体,找到"产品的灵魂到底是什么"的答案。通过对产品愿景、产品精神、产品基因传承和产品所属品类四个方面的"情感化设计"和针对性宣传,用户在产品体验和使用的过程中,得到了"好的体验",加深了"记忆感知",形成了共鸣。只有让用户产生了认同感,其才会认为这样的产品有"灵魂"。有灵魂的产品才有生命力。

（1）产品愿景通常被称为产品愿景宣言或使命宣言，是一个简洁的、高层次的、有抱负的陈述。产品愿景要回答为什么创造这个产品这一根本问题，用来使团队成员目标一致，对价值主张形成共识。而产品战略是指在实现愿景的道路上我们计划输出的产品次序和实现产品愿景的途径。本书重点论述了产品愿景的含义和意义、产品愿景的创立步骤、产品好名称的产生方法和步骤等。

（2）产品精神是产品灵魂的主要体现，是产品呈现给用户的精神特征，是产品与用户产生共鸣的纽带，更是产品宣传的内涵和依据。本书的产品精神部分主要论述了产品精神定位、产品精神设计、产品精神宣传等内容。

（3）产品基因是产品精神和产品文化传承的纽带和载体，是产品文化的重要内容，也是提升用户忠诚度的抓手之一。产品基因也是产品传承和创新发展的因素。本书的产品基因部分主要论述了产品的基因定位、产品基因挖掘的途径或环节、基因传承等内容。

（4）产品品类是用户购买产品的思维决策路径中的一个重要环节，所以产品品类定位有助于用户对该产品快速留下深刻的印象，也是提升用户忠诚度的一个抓手。本书主要论述产品品类分析、品类定位、品类创新方法等内容。

2. 定位是产品发展的基石

在产品开发之前，为什么先进行定位呢？

一方面，客户需求存在异质性。客户的需求因客户个人偏好、性格、思维方式等方面的不同而不同，所以客户需求、欲望及购买行为的多元化，导致客户需求满足呈现差异性，进行客户细分，可以更好地实现个性化服务。另一方面，有限的企业资源和有效的市场竞争。任何一个企业都不能单凭自己的人力、财力及物力来满足整个市场的所有需求。因此，企业在开发某种产品之前，需要对客户进行有效细分，根据自己的优势资源确定选择满足哪个细分市场，根据其特色需求，集中企业资源，开发有针对性和竞争性的产品，才可能取得理想的效果。

所以，本书这里所说的"定位"，不仅仅是营销学范畴中占领用户心智的"定位"，其范围和内容包括两部分。

第一部分是指需求定位，包含市场细分定位、目标客户群定位、功能需求定位和心理需求定位等内容。这部分是产品设计和发展的基础研究内容，也是产品定位、产品创新设计和开发的基石。

第二部分，指产品方面的定位，本书包含产品定位、产品类型定位、产品价格定位等内容。不过产品方面的定位必须基于市场需求方面的定位才能得以树立，并且会一直受到市场定位的影响。这部分是指导产品创新、产品规划和产品发展的"锚"，是产品概念设计、产品开发和营销宣传等一切产品活动的"指南针"。

3. 产品力是产品发展的根本

企业之间的竞争其本质是产品的竞争。只有开发出能够得到消费者认同的好产品，提供给消费者更好的产品体验，解决消费者的真正"痛点"，切实解决消费者的实际问题，才能够得到消费者的认可，形成购买。所以，致力于打造有生命力的产品，才是企业发展的正确方向。

本部分内容包括：产品代系规划、产品差异化创新、基于用户心理模型设计产品、产品功能实现路径矩阵与 FFAB 模型。

4. 提升用户体验是产品创新的目的

满足并提升用户体验，才是产品研发的原点。

提升用户体验包括：用户体验与用户体验设计、HEART 体验模型、体验峰终定律、用户体验衡量与评估、用户体验地图。

第 3 章
产品愿景

* * * * *

产品愿景看上去是很虚的事情，但它比产品目标更重要。产品目标好定，但是愿景难有，一个好的愿景往往需要产品经理或创始人有很大的格局。做产品就像养孩子，产品做得好不好与赋予产品的期望相关，这个期望决定了产品的定位和目标。

产品愿景提供清晰的方向和范围来指导产品的设计与开发工作，是产品的核心竞争力，是产品特色，是在特定场景下为特定的人群提供的独一无二的特定服务。

产品愿景，是指引产品的灯塔！

3.1 产品愿景内涵及意义

愿景是大纲/蓝图，将显示个人和团队朝着最终目标前进的道路，应在任何工作开始之前建立。产品愿景告诉团队中的每个人目的地及最终将提供的有价值的产品或增强功能。要以产品愿景来作为指引的方向和最终的衡量标准。希望所有的产品经理都能找到自己的产品愿景，实现产品价值。

确立愿景时，需要注意在满足用户需求，特别是心理需求上，不能替换成自己产品的业务目标。另外，需要注意的是愿景并不是一成不变的，需要随着企业战略、市场变化及产品定位的改变而改变，但是在改变前需要团队内部充分沟通，并且达成共识后才能生效。

产品愿景描述的是我们正努力打造的世界，产品愿景必须是鼓舞人心的，如果做得好，强大的技术团队人员会被一个鼓舞人心的愿景所吸引。你拥有的团队越多，越是需要一个统一的愿景和战略，以便每个团队都能做出好的选择。

产品愿景应该是鼓舞人心的，而产品战略应该是有目的性的。

3.1.1 公司愿景和产品愿景

通常有人会把产品愿景和公司愿景搞混。例如将阿里巴巴公司的愿景与其产品淘宝网的愿景比较。

阿里巴巴公司的愿景是：让客户相会、工作和生活在阿里巴巴。

而淘宝网的愿景是：致力于推动"货真价实、物美价廉、按需定制"网货的普及，帮助更多的消费者享用海量且丰富的网货，获得更高的生活品质；通过提供网络销售平台等基础性服务，帮助更多的企业开拓市场、建立品牌，实现产业升级；帮助更多胸怀梦想的人通过网络实现创业就业。

可以看出，阿里巴巴的愿景要远大于淘宝网，淘宝网的愿景基于平台，基于这个平台，打造交易市场。

公司愿景与产品愿景关系如图3-1所示。

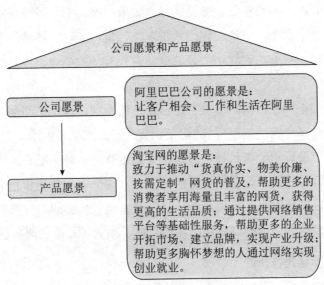

图3-1 公司愿景与产品愿景关系

3.1.2 产品愿景功能

为什么需要产品愿景？

产品愿景可以帮助利益相关人思考所需要的产品是什么？解决了哪些核心问题？服务于哪些客户/市场？产品愿景就是产品的灯塔，让创业者在创业航行中始终按照正确的航线行进，不会走偏走错。一个好的产品愿景从战略出发，简洁明了，既能让大家有一个统一的目标，又能充分发挥创意。

对于产品本身来说，产品愿景就是产品的一团火，这团火不灭，产品就会一直燃烧下去，并越烧越旺。

1. 产品愿景是产品持续成功的重要因素

比产品目标更重要的是产品愿景，产品愿景看上去是个很虚的事情，但是有的时候一个愿景比产品的具体目标更重要。产品目标可能只是一些数字，开发多少用户，赚取多少利润，每个项目都可以提出类似的目标，而产品的愿景是区别于不同产品的一个重要标志，可能功能差不多的竞品，商业模式也差不多，但是他们背后的愿景可能是不同的。

如果没有一个明确的值得追求的愿景，那么产品的目标可能是不断修订的，不同的产品负责人可能会对同一个产品制定不同的目标，可能对一个产品做着做着就忘记了初心，"不忘初心，方得始终"。所以产品愿景可以保证产品在遇到负责人更换，竞品竞争，政策变化，各种现实挫折，条件和环境面目全非后，还能回到最早的那个状态，也就是产品的更新换代有了主心骨，产品更新发展有了方向和依据。

产品愿景的不同在很大程度上决定了产品的不同，决定了产品的价值不同，决定了产品是否保持成功。好产品的愿景和普通产品的愿景内涵差距也是极大的。

对产品很容易设定一个目标，但是产品很难有一个好的愿景，因为人去追逐表面的东西很容易，产品愿景却看重的是未来，这个趋势预判和赶上趋势的魄力是很难的。所以产品需求采集的是细节层面或者现状层面的，好的产品愿景是完成未来的需求，这个未来的需求是藏在心里的，是为了未来去服务的。

2. 产品的愿景是发展方向

产品愿景，一方面有助于我们的产品始终围绕着这个核心价值观而不偏离轨道；另一方面，愿景也是激励团队或其他部门的重要力量。

3. 产品愿景明确产品能解决用户的什么问题

在开发产品之前，应该首先基于真实的用户诉求与渴望定义一个非常清晰的产品愿景。

好的问题可以指向人们在日常生活中的真实诉求，并能指出现有解决方案中的缺陷。你必须验证这个问题的真实性，现有的用户行为、解决方案、相关研究数据都能帮你明确这是不是一个真正的问题，以及这是一个表层问题（比如"我需要通过手机订外卖"），还是本质问题（"我需要在这里吃饭"）。

为什么你的产品存在，如果你的产品成功了，世界将会变成什么样？产品愿景是一盏指路明灯——始终代表着预定的方向。只有当我们明确产品愿景，才能真正创造出有用、有特色、独一无二的产品，提供给我们的用户。例如，京东和淘宝都是电商，它们的发展方向却不尽相同。京东的特点是快速准时送达，而淘宝的特点是双边市场平台，产品种类齐全多样。

一个成功的公司，一定有着清晰的愿景，这个愿景就是整个公司的奋斗目标，例如，腾讯的愿景是用户为本，科技向善。对于一个成功的产品来说，也应该有自己清晰的愿景。

4. 产品愿景有助于协调一致行动

产品愿景能够明确商业目的，一方面可以帮助团队统一思想，同时也有助于确认问题范围，帮助产品团队明确产品愿景。如果团队不能完全理解产品愿景，那么团队也不可能有统一的产品化思维，在面对用户需求时，只管落地，不管是否符合产品的愿景。

愿景是否强大，在于产品人员的心是否被强烈牵引，很多人在走了很多弯路或产品研发失败无数次后，那个产品愿景却可能在灰暗的现实中作为一个火种燃烧得越来越旺，好的产品愿景是值得产品人员用自己的青春和生命去燃烧的。

有缺陷的愿景会导致大量时间和资金投入的浪费、竞争力的下降，甚至最后产品消失了，而好的愿景在项目开始时就能消除可预见的问题，这样可以降低风险，团队对目标也有一个清晰、统一的认识，执行起来更加顺畅。

好的产品愿景应该满足以下几点：

(1) 更好地满足客户真正的需要，并且客户愿意为此付费。

(2) 提供清晰的方向来指导产品创造和营销活动。

(3) 其他公司比较难复制。

(4) 满足长期持续的发展需要。

(5) 有助于产品的销售。

3.2 产品愿景设置方法

产品愿景是产品的核心竞争力，是产品的特色，是与竞争对手的产品与众不同之处，是在特定场景下为特定的人群提供的独一无二的特定价值或服务，是企业产品的发展方向，产品愿景不是既定不变的，也会随着时间的推移做出调整。那么，产品愿景设置的步骤如何呢？

3.2.1 步骤一：梳理产品相关不同角色的期望

产品愿景落地的第一步是用户的期望，产品愿景是对用户各种期望的总结和升华。

如果说，愿景是虚无缥缈的，那么期望就是一个比较实在的东西了。

例如某教育产品的愿景：让教育更平等。

这个产品的愿景是基于一个社会问题：城市和农村的教育资源相差太大了，我们想做一款产品，让偏远农村的孩子能够享受到城里孩子一样的教育。

公司创始人对它的期望是："任何老师都可以把他的课程分享出去，不仅仅是课程，还可以是有价值的科普文、学习方法等，总之，让那些农村的孩子也能像城市的孩子一样广泛接触了解外面的世界，而不仅仅局限于课堂知识……"

一个典型的农村学生对产品的期望是："上课的时候，有些东西没有听懂，我期望有这样的产品，让我能在课后找到对应知识点的课程自主学习。老师有一些知识点没讲到，我希望能根据自己的兴趣或爱好通过其他渠道去查找学习。"

知道了用户、创始人等相关人员对该产品的期望，那么我们需要将他们对产品的期望整理出来形成文档，即角色文档。

不同角色的期望如表 3-1 所示。

表 3-1 不同角色的期望

编号	涉众名称	说明	期望
1	创始人	发起者	1. 建立一个青少年学习交流平台，帮助学生获取到优质平价的学习资源和大量课外知识，以拓宽眼界； 2. 老师在平台上分享课程，并能获得合理的报酬； 3. 公司盈利
2	学生	用户	1. 能够找到优势课程学习； 2. 能对自己的学习情况进行记录和总结； 3. 可获得拓宽眼界的课外知识，如物理科普知识等； 4. 能得到有效的答疑
3	老师	用户	1. 能上传课程，与学生进行互动交流； 2. 课程能带来可观收入，实现价值

角色文档应该尽可能详细、完整。他应该回答，"为谁解决什么问题"。

假设 A 是角色，那么就该围绕 A 的期望确定；如果某项功能只是针对 B 的，就该被淘汰，面面俱到的产品往往一无是处。

产品团队常常把自己的需求当成用户的需求，使用角色分析可以避免这种错误。用户是产品使用者。角色的概念比用户更广，不仅仅是使用者，投资人并不使用产品，但却是重要角色。

用户对产品的期望是产品愿景落地的第一步。没有期望的产品是不应该存在的。你的产品到底是为谁解决什么问题，输出结果是角色分析。

3.2.2 步骤二：按照产品愿景确立结构

产品愿景是一个清晰的、对于产品如何为相关人和客户带来价值的描述。

首先需要明确如下几个问题。

(1) 目标客户和目标客户的痛点：目标客户是谁？痛点是否准确？

(2) 通过什么功能带来什么价值，以及与目标客户的痛点关系：功能价值能解决痛点吗？功能价值能满足客户期望吗？

(3) 产品独特价值、竞品和目标客户的痛点：独特价值能很好地解决痛点吗？独特价值能否使产品从竞争中脱颖而出？

(4) 产品名称：名称是否足够响亮？

(5) 产品类型：类型定位是否准确，是否能够最大限度发挥产品的价值并能解决客户的痛点？

对上述问题进行思考后，可以把答案写出来，然后试着填好下面的模板，这样你就可以得到一个产品愿景的初步方案，也可以自定义更合适的模板。

对于：（目标客户）。

目前存在问题与期望：（问题和需求描述）。

我们提供：（产品名称）。

这是一个：（产品品类名）。

它能够：（满足需求和解决问题的方式描述）。

不同于以往的：（产品品类名）。

比如：（竞品名称）。

我们产品的优势：（核心卖点和差异化特性）。

而且符合：（公司愿景）。

产品愿景结构关系如图 3-2 所示。

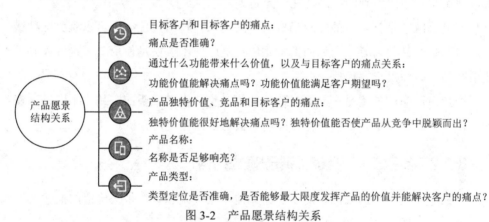

图 3-2　产品愿景结构关系

例如 3D 打印机 Makerbot 的产品愿景：

对于：众创空间的智能硬件创客们。

目前存在问题与期望：想要快速制造硬件零部件来验证想法。

我们提供：Makerbot。

这是一个：智能 3D 打印机。

它能够：在短时间内将软件中的 3D 图纸打印成实物。

不同于以往的：3D 打印机，比如 UnionTech。

我们产品的优势：具备手机控制、智能省料、快速成型等功能。

而且符合：公司 Ideas in the making 的愿景，帮助用户实现创意。

上述产品愿景案例明确了产品未来的目标,在愿景声明中,要避免笼统描述和详述技术实现细节,笼统描述无法明确产品未来的目标,详述技术实现细节可能会限制团队今后的工作。反例如下。

让 Makerbot 在今年占领中国市场。

让 Makerbot 获得更高的用户满意度。

让 Makerbot 的质量更上一层楼。

使 Makerbot 更加容易使用。

3.2.3 步骤三:产品愿景确认

完成产品愿景初步方案后,首先进行自检,检查愿景是否回答了文章开头提到的几个问题。自检后要与产品相关的人确认产品愿景,然后根据其反馈进行修改,修改标准如下。

- 愿景声明是否清晰,切中客户痛点。
- 是否说明产品如何满足客户需求。
- 愿景是否描述理想状态的成果。
- 业务目标是否具体且可以实现。
- 愿景是否和企业目标和战略一致。
- 愿景是否令人信服。
- 最终确定愿景声明。
- 确保产品团队中的相关人员了解和认可愿景声明。

把产品愿景声明发送给产品团队中的每个人,保证团队都理解并认可产品愿景,因为一个认可产品愿景的工程师和一个不知道产品愿景的工程师的战斗力差别巨大。在整个研发过程中,团队都需要产品愿景来指引方向,有时产品愿景甚至可以作为判断一个需求要不要做的有力依据。所以,要重视产品愿景,每隔一段时间根据业务需要和市场变化对愿景声明进行审核与修改。

【知识分享:产品愿景与产品战略的关系】

为了使产品团队行为有一定意义的一致性,团队应该从一个清楚并有吸引力的产品愿景出发,通常把实现产品愿景的途径称为产品战略。所以,产品愿景是总体目标,产品战略是实现愿景的途径,策略是其中的步骤。产品愿景与产品战略的关系如图 3-3 所示。

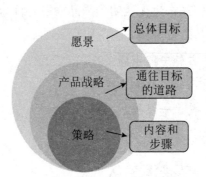

图 3-3　产品愿景与产品战略的关系

创造成功的产品所需要的不仅仅是关注产品细节，还要确保你拥有正确的产品愿景，并选择一种指导你实现产品愿景的产品定位和产品战略，让产品策略帮助你确定产品的外观和功能。

产品愿景 8 项原则：

- 从什么开始，用产品愿景阐述目标；
- 相比解决方案，多提问题；
- 不要害怕远见卓识 (愿景要有挑战性，而非短期即可实现)；
- 产品愿景需要让人兴奋；
- 确认那些相关且有意义的趋势；
- 关注事物变化的方向，而不是原来的方向；
- 大方向坚持，细节处灵活；
- 实现任何产品愿景都是一种信仰的飞跃。

产品战略 5 项原则：

- 一次只专注于一个市场或一类目标群体；
- 产品战略需要与业务战略保持一致；
- 产品战略要与销售战略保持一致；
- 多关注客户和竞争对手；
- 组织全体成员参与沟通战略。

【知识分享：产品愿景与产品目标的不同】

产品愿景和产品目标有什么不同？相比较来说，产品愿景是一个时间很长的产品目标，例如我们希望孩子在多年后能够考入清华大学。那么，为了达到这个大目标（愿景），我们首先需要孩子考到全班第一，然后再考到全校第一乃至全市前十名。通过一个个小目标的不断累加提升，最终实现我们定下的长期的大目标（产品愿景）。

而在完成每个小目标的过程中，我们不能忘记大目标（产品愿景），不然很容易偏离最终的目的。例如，我们从希望孩子考上清华大学，变成了考到全班第一。那么会出现这样一个问题，你的孩子所处的班级成绩很差，考到全班第一也只能上一个普通的院校。如果你忘记了最初的愿景，只关注眼前的目标，到最后会达到一个舍本逐末的效果。由此，我们可以知道，产品目标是为产品愿景服务的，产品目标是创业者或产品经理迈向产品愿景的基石。在搭建基石时，我们一定要确定好方向，不要让自己在攀爬的过程中迷失方向。

产品愿景描述了你想打造出什么东西，产品战略描述了你实现产品愿景的路径，而产品原则描述了你想打造的产品的实质。产品愿景代表着产品对自身在未来的一种期许，是产品的终极形态，代表着产品的一种使命、一种文化。

产品愿景是创建产品的根本原因：它描述了企业的总体目标。愿景还构成了产品策略的基础，是实现整体目标的基础。由于愿景非常重要，因此我们应该在描述自己的策略之前就抓住它。

产品愿景是做正确的产品，是对未来产品切实可行的构想。做一个产品也是一个双赢过程，从商业角度考虑的是产品如何让产品厂商获利，从业务角度考虑的是产品如何满足客户需要、让客户获利。

产品目标为产品愿景服务，如图3-4所示。

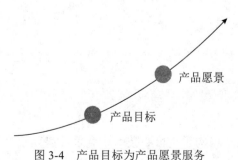

图3-4　产品目标为产品愿景服务

3.3 产品要取个好名字

往往一个有生命力的产品,从一个好的名字开始!

产品名字是产品连接市场的渠道,是产品的第一符号,是传播产品精神的第一载体。产品名字先于产品,先于企业,给予客户最优先的体验。一个产品名字是不是有力量,要看它在用户心里能召唤出一种什么样的情感。

一个产品一旦起好名字就很难再轻易做改动,而名字又恰恰是品牌在发现阶段给人留下深刻印象的第一步。唯独名字:一旦确定很难更改!

我们先来感受一下这些汽车品牌的名字。

宝马、奔驰……

现在,闭上眼睛停顿5秒钟,你能想起来几个名字?

为什么说一个好的名字很重要,因为现在很多的广告没有人看,据研究,普通名字与有特色的名字之间相差17倍的记忆量。

事实上,一个好名字就是要有辨识度。

3.3.1 起名流程

1. 行业洞察

这是整个命名项目工作的出发点。通过对所属行业的深入分析,我们为命名做出精准定位,根据产品精神,提炼出行业相关的关键词。

2. 目标受众分析

根据产品定位锁定目标客户群,该目标客户群最重点关注的产品精神为命名风格奠定基调,如快乐、健康、时尚、安全等。

3. 竞争对手分析

分析行业标杆及竞争对手的命名方法及风格,寻找差异化的命名风格,形成区隔。

4. 品牌定位

根据企业自身的战略构想、核心技术、竞争优势以及产品差异化等诸多因素进行定位,并以此作为命名策略的重要参考依据。

5. 产品诉求分析

根据产品的定位、属性、功能、构成成分、工艺、产地、历史、文化等,充分挖掘其背后的文化价值和附加价值。

6. 传播策略

命名工作始终服务于品牌传播,高效的传播力可以帮助一个品牌建立和提升消费者忠诚度,为品牌未来的发展奠定坚实的基础。

7. 创意发散

根据前期针对市场、受众以及竞品所做的调研结果,搜集创意元素,通过多种命名策略进行创意延展。这一阶段将会有大量的名称产生,对应找出相应名称的"广告语",或者先找出响亮的产品"广告语",从广告语中寻找相关的产品名字。

8. 筛选排除

以客户诉求、大众传播理论、广告学、社会学、接受心理学以及各大方言区域语音、文化习俗为依据,对备选方案进行逐一测评、排除、遴选。

9. 商标查询与法务审核

根据商标及工商法规,通过相关行业或地区的法务查询审核,确保注册无风险。

10. 提案

在规定的时间内提交命名方案,根据相关人反馈的意见及时调整方向,修改或提供新的方案。

起名流程如图 3-5 所示。

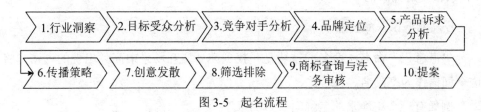

图 3-5　起名流程

3.3.2 产品取名的技巧

产品取名的技巧是：先确定产品广告语，然后从广告语中提炼出产品名。

1. 产品名与广告语同步关联

一般情况下，按照"行业/产业—需求—产品—广告语—名字"的路径进行取名。

"产品名"与"广告语"高度相关，这对于客户来说，记忆成本就更低了。例如，感冒药的广告语是"白天吃白片，不瞌睡；晚上吃黑片，睡得香"，然后产品取名为"白加黑"。

大家可以发现，好的产品名本身就是购买理由，只要看到产品名，也就大概知道该产品是干什么的了。

2. "产品效果"命名法

产品效果命名法是指从客户在使用该产品最希望实现的效果的角度，思考产品名称的方法。其目标是从产品效果的视角找到一个高级并熟悉的词语进行命名。

例如快递追求速度快，命名为"闪送"；媒体追求最新消息，命名为"今日头条"。

3. "直观形象"命名法

"直观形象"命名法命名的技巧是：罗列出对产品最直观的感受，然后筛选出最合适的一个作为产品名。例如小罐茶，从外部形象的差异化视角命名。

4. "原材料"命名法

"原材料"命名法命名的技巧是：找出产品的主要原材料，然后从原材料的角度出发确定产品名称。最好是此原材料的功能就能突出产品的功效。

例如"六个核桃"，是以核桃为原材料的饮料；"五粮液"，顾名思义是由5种杂粮发酵而成的。

5. "潜意识"命名法

"潜意识"命名法命名的技巧是：找到产品交互场景中高频出现的词语，将这个词语作为产品名。

例如有一个纯净水的名称叫"多喝水"。

"多喝水"的确是水的好产品名字。为什么呢？

因为我们从小到大，从早到晚，几乎每个人都会天天自动自发地提起这三个字。

早上起来，你的家人会提示你："多喝水。"

运动之后，你的朋友会提示你："多喝水。"

感冒了，你的亲人会提示你："多喝水。"

工作很疲劳时，同事会提示你："多喝水。"

……

这三个字几乎每天、每年，甚至一生一世都在跟着你，你根本不需要记忆，就已经把"多喝水"这三个字印到了潜意识的最深处。

好名字不是救命稻草，但坏名字可能是压死骆驼的最后一根稻草。

3.3.3 起名原则

好的产品名有助于产品成功，更有助于企业和品牌的成功，大大增加了一个产品的成功率和接受度。而国内很多公司往往忽略了这一点，或重视得不够充分，包括一些外国公司，一些音译的产品名字更没能照顾国内消费者的感受，得不到客户认可，所以产品起名应该遵循以下原则。

1. 符合产品精神，突出产品定位

突出产品定位，简单来讲，就是一说出你的产品名称，就知道产品核心功能是什么，比如支付宝是专门用于支付的App；抖音短视频是可以看短视频的App。

类似这样的名称，从字面意思理解就知道它们可以用来干什么，帮助人们解决什么问题；这些产品哪怕是新产品，用户看到后也可以猜到是用来干什么的。

2. 简单好记

如何想出一个好的产品名字呢？有很多途径或方法：比如团队头脑风暴、脑海中第一个蹦出来的词、跟行业或产品密切相关的特性词、一个符合产品初心的气质词等。当备选名字多起来，要评估应该启用哪一个产品名字时，可从好念、好记、独特三个维度衡量。

1) 好念

是否朗朗上口？川渝、广东和福建地区人士是否都能准确念出来？因为好念程度影响口头传播面。

2) 好记

在好念的情况下,是否容易被人记住?不能过于生僻,且跟业务有一定的联想空间,最好有画面感。比如"滴滴打车"是模拟汽车提示音,从字面上就可以看出产品提供的服务,具有很强的识别性;"淘宝"中的"淘"有着筛选的含义,作为购物平台网站,用户可以从海量的产品中筛选宝贝。

3) 独特

这个产品名字放在一堆产品里,有没有比较好的辨识度?

"小红书"和"豆瓣"就是比较独特的名字。

独特是指对于消费者又要具有吸引力,又要有创意还要有内涵等,夺眼球的名字才是成功的名字。

给产品取名,千万不要那么随意,毕竟它代表了产品以后的整体形象,一个好的产品名字,会对产品的销量大有裨益。

产品名称又要有灵魂,又要有感觉,还要有内涵。

3. 注意文化差异和民族习俗

针对不同的消费群体,为产品起名时要充分考察消费人群的文化背景、宗教信仰和民族习俗。比如高端汽车品牌宝马、奔驰等,其中文译名就充分考虑了中国人的文化背景和吉祥追求理念,并将中国古典文化和中国人的追求吉祥的信仰巧妙地融合,不得不说绝妙。

另外,产品的名字要符合美学思想,要新颖,有特色,有品位,避免雷同。比如 Spirit 英文原意是幽灵、鬼怪,而将其翻译成"雪碧"就给人凉爽、纯净、透明的感受,广受国人欢迎,现在各品牌尽量减少直接使用音译名称。

【案例分享】

最成功的改名:由"巴依尔"改为"宝马"

在 1992 年以前,BMW 汽车在最初进入中国时有个很奇怪的名字——"巴依尔",巴依尔在中文里念起来有点拗口,而且听上去有点土,所以在最初进入中国市场时并没有被消费者所接受。最初巴依尔这个品牌的知名度很低。直到被改名为"宝马",改名字可谓神来之笔,既突出了宝马车系高贵豪华的风格气质,又与中国的传统文化完美契合。

其实"巴依尔"只是一种音译而已,"巴依尔"这个名字就像"香奈儿"一样,有点女士气息,仿佛又有点"男士止步"的意味。其实巴依尔不是香水,也不是衣服,而是一个汽车品牌。

宝马汽车示例如图3-6所示。

图3-6 宝马汽车示例

发展到今天,宝马作为高档汽车代表,深受无数车迷的喜爱,一直稳居高档汽车品牌销量的前列。宝马一直都有自己的优势,以底盘技术和发动机技术为核心优势,它的驾驶乐趣和操控乐趣被广大消费者所喜爱。宝马刚进入中国,用的是"巴依尔"这个富于异域风情的音译名,直到改名为"宝马"才逐渐家喻户晓。看来,车名也和人名一样,和命运有着千丝万缕的联系。

第 4 章
产品精神

* * * * *

顾客购买产品会根据性价比来选择产品。产品外观、品质就是产品价值。但是，随着市场的竞争激烈化和产品的同质化，当产品的功能、品质、服务、价格都相当的时候，如何让产品更有竞争力呢？

这时，产品精神起到关键作用。产品内涵越独特、丰富，就越有竞争力。哪怕价格更昂贵，消费者也会觉得划算。例如法拉利的神速、劳斯莱斯的高贵、凯迪拉克的豪华、沃尔沃的安全，这些不同的汽车产品所传递给人的感受，以及产品所承载的内涵，都各不相同。

4.1 产品精神内涵

产品打广告或做宣传的目的是什么？——告诉目标客户"产品精神"。

像有一些广告，它没有把握行业的本质，它所想的是什么？只是用标新立异的口号、奇怪的动作吸引消费者的眼球，误以为这是广告的本质。要做好广告，就必须先理解你的产品是什么本质，才能够配合相同的广告。

大多人争相买苹果手机或者华为手机，买的是什么？除了买产品的功能外，还买的是产品精神。

产品精神就是一个产品所要彰显的特殊精神，是产品的灵魂。

产品精神与内涵引领产品营销：正如买 LV 不只是买手袋，还买的是一份尊贵；买宝马不只是买车，还买的是自我满足。现在的产品不简简单单只是产品本身，还有精神和内涵诉求，这是要靠不断地积累才能最终形成的。而如果想要在现今如此激烈的市场竞争中脱颖而出，就必须能够找到精准的市场细分，给细分的产品注入一种精神，一种使命，一种内涵或信仰。

产品精神是什么？

其一，产品精神是通过产品传递给用户的理念、文化与价值等内涵，这些内涵铸就了产品无形而独特的品质与品格。

其二，产品精神是指相关人员(主要是产品策划设计人员与产品经理们)，应该拥有的气质、风范与精神，比如说一个人是否适合于做产品工作，要看其有没有一种产品精神。

其三，产品精神是指做产品工作应该遵循的原则、方法与规范。经久不衰的产品必然有其独特的产品精神，LV 的高贵、百事的活力与激情，都是产品精神的融入。产品精神是一个产品区别于同类产品的重要特征，也是产品竞争力的体现。

企业只有找准自己的产品定位，透过广告注入产品精神才能成就自己的产品。产品精神的产生、发展和传承也需要通过全面的产品管理来呈现。产品精神也体现在产品生产的需求分析、策划、设计、实现、维护、运营等各个环节。通过全面的产品规划和前后一体化管理，才能让公司的产品与人员的气质和风格达到趋同，做产品时秉持的原则才会趋同，不同产品才会透出统一的产品精神。没有全面的产品管理体系和产品基因做保障，不同的研发设计人员，个人思想与理解上的差异，将会异化或削弱产品本该传递的产品精神。

随着人们需求层次的提升，产品的功能、品质等物质因素是产品的必需要素，犹如空气般重要，但是不再被人们所察觉，而产品精神、内涵等精神因素部分越来越变成了人们关注的焦点。

4.2 产品精神的意义

1. 产品精神能打动人心

产品精神之所以能打动人心是基于人性的基本需求，当然人首先是注重实际物质功能需求，但当所有的产品都能满足这种基本需求时，人们往往就会注重产品本身之外的东西，也就是精神以及心理需求。消费者不仅希望你能给予优秀的产品，更在乎产品能给予什么精神诉求。在现在激烈的市场竞争中只有找到精准的市场细分定位，且能给细分产品注入一种合适的精神、使命、内涵及信仰，才能最终决定产品是否能成功。

人的精神始终高于人的物欲，人们对于精神的心理需求始终会高于对物质的追求。

2. 产品精神对产品的引领性

产品精神与内涵决定了企业产品的设计制造、广告宣传以及销售渠道。例如：A国和B国都有绣花拖鞋在C国市场上销售，产品的品质不相上下。A国的产品价格定得比较低，而B国的产品价格定得则要高出很多。结果是B国产品比A国产品更好销。有人感到不解，于是在消费者中展开了调查。发现购买绣花拖鞋的消费者，主要是富裕家庭中的主妇们。她们购买的动机：一是认为这种拖鞋穿着舒服，很实用，但这种动机不占主要地位；二是觉得它高雅，可以借此显示自己的地位和身份。也就是说，她们购买绣花拖鞋的目的，更多是为了炫耀。B国的绣花拖鞋满足了她们的这种心理需要，因而价高反而受青睐；A国的绣花拖鞋无法满足她们的心理需要，因而价低却反而受冷落。这个案例说明，除了要了解消费者的功能需求外，还必须摸透消费者的心理需求，赋予其产品精神，提升产品竞争力。

4.3　产品精神内涵塑造

成功的营销离不开有生命力的产品，而有生命力的产品则离不开产品精神。产品精神大大提高了产品的性价比与价值。iPhone赋予了产品"人性化""用户体验"和"时尚"等唤醒人类情感的元素，正是这些"虚"的元素赋予了产品独特的产品精神。产品精神帮助产品脱颖而出，牢牢地占据消费者的心。

产品没有精神，不能传递一种无形的情感与价值信息，那就是满目的货架上无特色的一种商品而已。

产品精神如何塑造呢？

首先,产品精神的形成不是一蹴而就的,其发源于公司的企业文化,汲取公司的整体战略精髓,形成于业务运作的过程中,并不是在产品实现的某一个环节上定义产品功能,或者增进用户体验,或者加强质量检测所能单方面赋予的,产品精神的形成取决于企业业务战略和组织设置,需要有公司层面的统一导向性;同时,产品精神应体现在产品的需求分析、产品策划、产品设计、产品实现、产品维护、产品运营等各个环节,使产品精神得以塑造、传递和传承。

其次,公司的产品人员的气质和风格趋同,做产品时秉持的原则需要趋同,企业的不同产品才会透出统一的产品精神,不论是iPhone还是iPad,都体现了苹果科技创新和工业美学设计完美结合的产品精神。

iPhone手机示例如图4-1所示。

图4-1　iPhone手机示例

最后,产品精神的塑造与传承,是产品经营成果的重要组成部分,能够落实到产品经理去负责。产品经理负责制的机制,打破了部门墙,减少了产品精神实现过程中的真空地带与隔绝地带,实现了产品精神的一贯性和主流化。

走向产品的精神化的最关键因素是什么?

1. 自己首先发生转变,不断提升

如果自己不是一个具有"尊重"品质的人,就不可能在产品中设计出"尊重"的内涵,或者你只是将"尊重"当作了噱头和营销手段;如果自己没有艺术素养,那么又怎么在产品中加入美的元素?自己认为的美也许就很低俗和庸俗,那么,你赋予产品的美,岂不受到人们的嘲笑。

你自己发生了转变,走向了更深的精神境界,你的思想和行为自然随之改变。因此,首先要问自己:我自己是一个具备正义感、平等、简朴、尊重他人、有

社会责任感、喜悦、乐观、积极的人吗？我是一个有艺术素养、懂得美的人吗？一个人的提升和改变，能够带动企业、产品的提升和改变，乃至带动整个社会的幸福、和睦。

这个"你"，不仅是指设计师、产品开发人员、营销人员，更是指管理层、企业家。因为作为决策者，你的审美观庸俗，又怎么能批准一个高雅的产品创意呢？

2. 一定要有良好的企业使命

产品是企业的产品，只有拥有良好企业使命的企业才能生产出优秀的产品，同时一定要让产品精神与企业文化、企业使命以及产品本身能相互很好融合，而产品精神一定不能太不符合产品实际的用途，因为只有来源于生活才能高于生活，把企业文化与使命注入产品中，在产品的营销过程中不断更新与反思企业文化及适时地调整企业管理。正如乔布斯所说，当苹果从立志做最优秀的企业变成做最赚钱的企业时，就注定了苹果要走下坡路。

3. 精准的市场和产品定位

只有定位好了人群及消费水平，明确了消费者的功能需求和心理需求，才能更合适地赋予一个产品精神与内涵。同时在广告宣传中一定要联系产品精神，不要单纯地去比较销售额或利润，而使产品精神与产品宣传不能很好地融合。

4. 找合适的代言人或奋斗故事

不能只是从资金及知名度的视角考虑，而要综合考虑产品精神与代言人或奋斗故事行为、态度、奋斗过程、性格及精神和信仰的匹配性，怎样才能正确而充分地体现自己的产品精神，并能与消费者产生共鸣，深入消费者内心。

5. 其他的辅助设施

以良好的质量为后盾，如果说产品精神是金字塔的顶端，那么产品质量则是金字塔的基石，产品的质量也最终决定产品精神能否得到最好的体现，同时也能给产品精神带来最好的口碑营销。一个没有质量保证的产品，你收获的越多，你将要为此付出的也可能就越多。

产品生命结构：产品愿景—产品精神—产品功能—产品外形—产品质量。

带来感性上的东西才能真正打动用户，用户感受到产品的价值、产品的美、产品的好用……产品精神是一个灯塔,指引产品开发、生产制造和营销。

公司现在更应该重视产品的设计师和工程师,是他们设计了有生命力的产品。

乔布斯创造了苹果精神,乔布斯的精神继续驱动着苹果公司前进:专注细节、关注极简、注重用户和用户体验,致力于制造最好的产品和服务。iPhone是用心打造出的产品,它的外观简洁而美观,机身纤薄,颜色丰富。苹果精神就是好奇心加上不断地奋斗实践。

所以,产品精神的塑造路径如下。

(1) 市场定位:首先是市场定位,根据客户定位,明确客户群。

(2) 情感定位:客户群特征分析,找出客户最关注产品的情感因素,或者客户最希望实现怎样的情感满足。

(3) 特质定位:找寻产品的精神特质因子,并排序,找出最重要的1～3个精神特质。

(4) 象征定位:根据精神特质,寻求产品精神形象化的、已引起客户共鸣的精神赋予人或物。

(5) 精神定位:推敲打磨,最终确定产品精神及其广告语。

(6) 基因传承:产品的升级(产品基因的传承)等。

通过产品故事提炼产品精神:例如李维斯的西部牛仔文化。

1850年,李维·斯特劳斯怀着淘金梦,来到美国西部旧金山,为增强矿工裤子的耐磨性,将粗糙帆布做成裤子,从此牛仔裤便风靡全球,随着时代演变,李维斯被赋予更多的文化气质,代表野性、刚毅、叛逆与美国开拓者的精神。

将消费者情感中的关怀、牵挂、思念、温暖、怀旧、爱等情感内涵融入产品,使消费者在购买、使用产品的过程中获得这些情感体验,从而唤起消费者内心深处的认同和共鸣,最终获得对品牌的喜爱和忠诚。

4.4 产品精神典型案例

4.4.1 哈根达斯是爱的象征

哈根达斯的产品精神塑造——营造爱的味道。"爱我,就请我吃哈根达斯"。自1996年进入中国,哈根达斯的这句经典广告语像是一种"爱情病毒"迅速在北京、上海、广州、深圳等城市蔓延开来。一时间，哈根达斯冰淇淋成了城市里年轻人喜欢的时尚食品之一。

哈根达斯显然是一种"奢侈品"。哈根达斯从不讳言自己的消费人群是处于收入金字塔尖、追求时尚的年轻族群。在投入巨资确保产品品质的同时，它的价格相比较而言是不菲的，最便宜的一小桶也要30元左右，而最贵的冰淇淋单品要几百甚至上千元。哈根达斯已经不仅仅是一种冰淇淋，它更代表了一种时尚的生活方式和品味。

由于哈根达斯把自己贴上了永恒的情感标签，哈根达斯从未为销售伤过脑筋。对于那些忠实的"粉丝"来说，吃哈根达斯和送玫瑰一样，关心的只是爱情，其店里店外散发的浓情蜜意，更加深产品精神的形象深度。哈根达斯把自己的产品与热恋的甜蜜联系在一起，吸引恋人们频繁光顾。哈根达斯的宣传资料如产品手册、海报无一不是采用情侣激情相拥的浪漫情景，以便将"愉悦的体验"这一精神表达得淋漓尽致。

4.4.2 赋予凯迪拉克凯雷德攀登者的形象

凯迪拉克凯雷德的市场定位：大型SUV。

凯迪拉克凯雷德的目标客户群定位：商业翘楚和创业精英。

凯迪拉克凯雷德的产品精神：攀登者，助力攀越生命中的下一个巅峰。

凯迪拉克凯雷德与产品精神对应的设计理念：凯迪拉克凯雷德是一款全尺寸豪华SUV，采用凯迪拉克世纪概念车Sixteen全新设计理念，集威武尊贵的外观，精美豪华的内饰，强劲的动力，和众多领先科技于一身，自诞生之日，就成为美国乃至世界豪华SUV的典范。

凯迪拉克凯雷德的产品基因：凯雷德的外形非常庞大，看上去有一种压倒一切的气势。

凯迪拉克凯雷德的产品策略：根据客户需求，结合产品精神、产品基因等进行设计。

第 5 章
产品基因

* * * * * *

优秀的企业都有自己的 DNA！

如何能实现让用户一眼就能看出这是你的产品呢？

要在产品不同场景中成功地运用产品基因，将产品基因融入产品设计中，从而提升产品的识别度，提升产品的生命力。

不要盲目地跟着设计趋势走，因为只有符合自己产品定位的设计才是经典的、具有识别性的、具有说服力的，而盲目跟趋势的产品，终将被消费者所抛弃。

5.1 产品基因内涵

当你看到奔驰的格子前脸设计，奥迪的前大脸设计，宝马的双框前脸设计，不用再去看商标或名称核实，你会毫不犹豫地报出汽车品牌名称，这就是产品基因的力量。

多年来，这些品牌把产品基因适当创新并延续到新款产品中，能够增强品牌感知，强化自己的定位，比如，保时捷"青蛙眼"前车灯(见图 5-1)、宝马的"天使眼"圆形车灯的设计(见图 5-2)。这种比较有差异化的外观设计，被严格地应用到所有保时捷、宝马的汽车产品中，就算你遮住它车上的 Logo，也能一眼判断出它的品牌。

图 5-1 保时捷汽车　　　　　　　　图 5-2 宝马汽车

什么是产品基因？

产品基因就是产品的 DNA，它包括产品的核心功效、价值、个性化形象。差异性、独特性，对于豪华品牌来说，实在是一件极其重要的事情。

5.2 产品基因的价值

不同产品的基因不一样。例如可口可乐的瓶子是独一无二的。这种与众不同的形状、颜色等，放在货架上尤为醒目，往往成为顾客目光的聚集点。可口可乐公司对自己的产品造型也极为自豪，还为它申请了专利，其他企业是不能仿制的。

产品的独特性是产品"活"的灵魂，是战胜竞争对手最有力的武器。在我国，近年来也涌现出了许多独具特色的产品，如湖南的"酒鬼"酒，将酒瓶设计成为类似门神钟馗腰间所挂的酒盅，用石头制成，由于命名和包装设计独特，尽管它在市场上的售价与白酒之王"茅台"不相上下，但仍备受人们的青睐。

作为设计师常会陷入这样的困境：必须一直寻找设计解决方案，必须改进产品，使它比竞争对手的产品更快、更好看、性能更佳和总体上更优秀。其实，很大程度上产品好坏与设计或建造的东西关系不大，与它是否是有史以来最棒的创造也关系不大，而与人们如何看待它关系更大。施加于产品上的理念，用户端的感知方式，是产品成功的关键组成部分之一。

当我们重新设计一个产品或设计一个新的产品时，我们也必须考虑清楚，哪些因素会影响我们的终端用户看待我们的产品的方式。人们只是按照自己想要的方式思考事情，而不是客观地按照事物本身的规律和应有的样子来思考。我们真正消费的是观念和感知方式，而不是解决方案。

作为一个产品的创造者和运营者，你需要做的是营造出一种更为独特的产品话题性，更独特的产品感受，一种更不一样的认知，区别于竞争对手或者同类产品的产品认知。

外形定位主要是指产品的基因，传承基因，才能做成长久的产品。以汽车行业为例。美国的哪款车是经典到让你觉得可以追随它的？没有。美国某些品牌的汽车也很豪华，品牌很响亮，卖得很好，但它们没有宝马、奔驰的工艺，不是经典。因此，2008年从美国开始的金融风暴，首当其冲受影响的就是其汽车业。而瑞典、德国、英国等国尽管也是资本主义国家，但讲究传统、积累、传承。结果如何？尽管它们也被通用拦阻，但它们不改它们的传统，它们的产品灵魂没有被侵袭。

在产品设计越来越同质化的今天，做出具有自己的独特性和差异化基因的产品，是每个设计师需要去面对的挑战。这也是客户讨论的话题，有利于产品知名度传承，也就是说客户们讨论我们的产品的时候，可以提升产品的知名度、美誉度。

日常工作中你有没有遇到，自己做的设计很难跟竞品产生差异？只能盲目追逐趋势、流行色等，缺少自己独立的思考？要让客户很明显地区分出你与竞争对手，应该先确定公司的产品定位，找出行业或产品关键的成功因素，设计产品的基因或灵魂因子，确定产品基因并明确化、具体化、独特化，提升产品的识别度，构建了自己产品强大的基因，产品的生命力和活力自然提升。

5.3 产品基因的定义方法

通过分析，发现定义产品基因的常用方法如下。

5.3.1 提取个性化的元素

把自己第一代产品中个性化的、优秀的、有代表性的因子提取出来，进行保持、传承就形成自己产品的基因了，特别是外形，将个性化元素提取出来，形成自己产品的基因，并在此基础上进行创新、优化和传承。

5.3.2 找出产品精神的象征物

找出代表产品精神的元素进行强化设计，与产品精神相一致的"代替物"，有利于引起人们的联想。例如人动力强劲的源泉是"肾脏"，肾脏是左右两个，所以宝马汽车前脸造型采用"双肾"的形状代表动力强劲，引起客户的联想，如

图 5-3 所示。

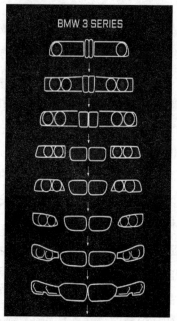

图 5-3　宝马汽车前脸造型的进化历程

奔驰的产品精神是有安全感、稀有、高贵、豪华，对应的象征物是老虎，第七代 S 级奔驰的前脸设计让其在中国的俗称叫"虎头奔"，这为其在中国打下了良好的基础，从此顺理成章地火遍大江南北，在全国各地的大街小巷中都能见到它的身影，如图 5-4 所示。

图 5-4　奔驰汽车

5.3.3　Logo提取法

Logo，通常是奠定产品基因的基础，通过提取 Logo 中的基因，沿用到产品的不同场景中，从而提升产品或品牌的识别性。

一般情况下可以从两个维度提取：Logo 的"形"和 Logo 的"色"。

1. Logo的"形"

把 Logo 的形状当作视觉符号，提取出来，进行延续和拓展。例如，美团外卖的袋鼠形象，在图标的设计和下拉刷新上都进行延续性的处理，产品的视觉感知更强，如图 5-5 所示。

图 5-5　美团外卖 Logo 与界面风格

2. Logo的"色"

从 Logo 中提取比较有特色或代表性的颜色，当作产品的基因，也是常见的一种方式。例如，抖音的 Logo，比较符合年轻化的用户群体的喜好和产品的定位。

通过对 Logo 的形和色的提取及运用，可以加深用户对产品的感知，强化产品和品牌的识别性。

5.3.4　产品故事提取法

产品故事提取法是通过对产品的定位梳理出产品故事，从而推导出产品的性格，最后提取出视觉语言、辅助图形。产品基因内涵如图 5-6 所示。

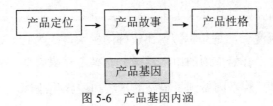

图 5-6　产品基因内涵

5.3.5 使用场景或产品关键词提取设计语言

用户躺在懒人沙发上悠闲地看着书,坐在窗边惬意地喝着茶,或是靠在阳台上享受午后的阳光,他们不紧不慢,追求品质,享受宁静(产品场景),所以,产品关键字是品质、生活、宁静(产品性格)。

从产品或品牌关键字提取到的设计语言是细节化、场景化、简约化(产品基因),如图 5-7 所示。

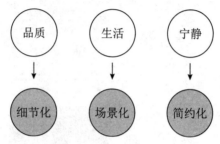

图 5-7　产品基因设计语言

例如,网易严选底栏的 Icon 设计,都是以家具为原型衍化而来,给人以场景感,真实且生活化的感受。

5.4　产品基因的来源

产品中哪些部分适合融入产品基因以提升产品的识别度呢?下面简单进行介绍。

5.4.1 客户第一眼的接触面

客户第一眼的接触面就是最能够让用户产生产品感知的地方(如汽车前脸、网站的门户、手机的外形等),这是设计师发挥空间较大的地方。比如,宝马的双肾前脸设计,宝马的家族式前脸"双肾型"进气格栅,强调了其高贵血统;两侧"天使眼"与高亮度氙灯完成了车头部的点睛之笔。

爱奇艺的"泡泡",是品牌做得比较好的模块,因为它既延续了爱奇艺的主色"绿色"。同时,针对泡泡的用户群体,又做了与爱奇艺差异化、符合定位的趣味化处理,对母品牌基因做到了很好的延续和差异化改进。

5.4.2 产品的外形或网站界面

一个产品的外形或网站界面,是给用户的第一感受。如何做出符合产品定位且具有识别性的外形设计,是很多设计师面临的挑战。

产品的差异化外形作为产品基因传承,要结合产品客户定位、运用场景、产品精神等。比如:轻芒,一款碎片化高品质的阅读 App。客户定位是有趣味、有品位又小众的用户,给用户一种杂志捧在手心里的感受。因此它的产品基因就是:高品质、小清新、生活。轻芒的整个排版方式跳脱常规的设计规范,更贴近纸质杂志的感觉,而且大面积的留白及高规格的配图,也体现了它高品质的产品基因。

图 5-8 为虾米音乐 7.0 版本界面,也是在线音乐平台版权归属调整后一个比较大的改版。这次改版也能看出来虾米音乐在找自己全新的定位,从"小而美"到"美而潮"。改版后,将全新产品定位也融入页面排版中,更加大胆。同时顶部分类导航的处理,更符合音乐产品的调性,从而增强了产品的识别性。图 5-8 中这个界面的版式,不仅沿用了品牌色,同时"三角形"的元素也是沿用 Logo 的基因。

图 5-8　虾米音乐 7.0 版本界面

5.4.3 交互界面

交互界面是客户体验或产品应用比较关键的部分。根据典型用户的应用习惯、视角美感等,设计或保留一些典型的元素作为自己产品独特的个性化基因。例如宝马车的换挡杆,手感比较好,如图5-9所示。从发明后,几款车型都沿用类似战斗机控制杆的换挡杆——看来"起飞"前的一切准备都已就绪,这一直都被奉为设计的经典之作。由于其外观设计非常像鸡腿,所以被车友们戏称为"鸡腿"换挡杆。相信很多宝马车用户,就是冲着它的鸡腿换挡杆去的。

图5-9 宝马车换挡杆

5.4.4 默认页面

默认页面也是我们常说的空页面,一般会有一些功能的引导,是消除用户焦虑感的设计。它的特点是:空间比较大,因此里面的插画配图很适合对产品基因进行延续,来强化用户对产品或品牌的认识。

例如:TIM是腾讯出品的一款专注办公,用于多人协作及沟通的软件。整个产品的视觉基因是比较尖锐、体现效率的切角,因此在空页面上也做了视觉延续。

企鹅FM是腾讯出品的电台产品。它的空页面插画设计提取了Logo和界面内Icon的基因,从圆角的处理到颜色,虽然很简洁,但很有自己的品牌调性。

5.4.5 动效

除了静态的图形设计,动效也是品牌基因延续的关键要素。一个好的动效,不应该只追求表面的酷炫效果,而是要能够满足功能表达的需求,延续产品基因。

例如，开眼的加载动效，就是对 Logo 的一种延续。再如 Airbnb 的空页面引导动效，每一个元素都是说明 Airbnb 所包含的内容，如饮食、户外运动、旅行、居住……同时在用色上也保持与主色一致，具有明确的品牌识别性。相关的动效 Logo 如图 5-10 所示。

图 5-10　动效 Logo

总体来说，要学会定义自己的产品基因，合理地将其融入产品中，从而提升产品的特性和识别性。

5.5　产品基因关键

5.5.1　增加情感体验

深度结合自己的产品精神和产品基因进行宣传推广，营销效果才会更好，如果不进行针对性宣传，客户自己是不会明白的，也就达不到应有的效果。宝马有一个众所周知的口号"纯粹的驾驶乐趣"。宝马非常强调客户的情感体验，为了强化宝马的情感体验，宝马甚至通过独特的赞助活动来分别进行突出。

比如宝马希望突出"速度"这一体验，通过赞助 F1 比赛体现；宝马希望传达"高雅、准确、经验"的品牌体验，通过赞助高尔夫比赛体现；宝马也通过赞助挑战性更强的帆船比赛，以突出"团队、挑战、自然力量"的体验。

宝马为了强调拥有强悍的动力单元，把超级跑车的外观和 Grand Touring 赛车的性能进行了创新性结合。

5.5.2　保持一贯性

宝马在产品外形、标志、关键设计，甚至展厅布置等方面都强调一致性，强调产品基因传承和增加识别性。观察宝马的营销展厅，其从颜色到设计上，在中国、德国、加拿大等国家或地区都保持着强烈的一致性。宝马汽车的每次升级换代，都要保持一定的一致性。宝马3系在1975年、1983年、1991年、1999年、2005年、2011年、2019年先后发布了七代产品，每一代产品都保持了延续性。对于宝马汽车的用户而言，这些视觉语言触手可及，不管是哪一代产品都可以辨别出宝马的独有特征，从"双肾"形散热器栅格、"天使眼"双圆形大灯和蓝天白云的螺旋桨标志看出延续性，从腰线设计、后窗拐角的设计看出一致性，这是产品基因的传承。

观察宝马的Logo，也可以发现这种一贯性，自从1916年开始，宝马的Logo基本上没有什么特别大的变化，宝马Logo演变过程如图5-11所示。BMW称，"我们要尽量去改变，尽量保持一贯性。"

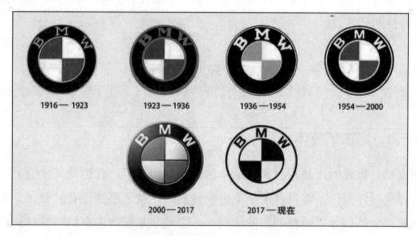

图5-11　宝马Logo演变过程

必须改变的都会改变，有可能保留的都要保留。这体现出宝马公司创新和一致性相融合，更体现了宝马汽车基因的创新与传承。

第 6 章
产品品类创新与定位

* * * * *

人们是以不同种类分辨事物,也就是顾客在购买决策中所涉及的最后一级是产品分类,由该分类再联想到品牌,并且在该分类的基础上完成相应的购买选择。

产品间的竞争从根本上来说是品类的竞争。打造品类的重要性毋庸置疑,那么如何才能打造新品类?

【案例分享】

乔巴尼开创希腊酸奶新品类

2005 年,土耳其人哈姆·乌鲁卡亚在美国创建了希腊酸奶品牌乔巴尼。2007 年,乔巴尼推出了纯天然的、不含防腐剂的希腊酸奶。当时,希腊酸奶在酸奶整体市场中的份额不到 1%。5 年后,乔巴尼达到了其巅峰时期,销售额达到了 10 亿美元,占据美国酸奶市场 36% 的份额,一度打败达能成为美国酸奶市场上的第一品牌。

乔巴尼的成功主要归功于自媒体营销:它在 Facebook、Twitter、Pinterest 和 Instagram 上拥有大量粉丝,开展了大量的口碑传播,用自媒体营销的方式占领市场。这些分析忽视的关键问题是,自媒体营销仅仅是形式,如果没有具备传播价值的营销内容,再好的营销形式也无法成功。乔巴尼成功的秘诀,并不在于它选择了自媒体,而在于它根据当时消费者的需求本质,特别是心理需求,开创了希腊酸奶新品类,从而创造出自媒体上的流量。

根据当时市场需求现状分析,美国人越来越关注饮食健康,而市面上的酸奶太甜、太稀且含有防腐剂,不能满足消费者的需求。酸奶自20世纪60年代就在美国市场上出现,但直到1993年达能在酸奶中加糖和水果才让酸奶普及,因为美国人热爱甜食。可是到了21世纪初,肥胖和疾病的高发让消费者逐渐转向关注健康饮食。消费者普遍关注食品的成分,想要更天然的食品、更多的蛋白质,而不想要过多的热量。酸奶由于含糖量高且含有防腐剂就逐渐受到冷落,很多消费者都开始食用更天然、更健康的谷物早餐。当时大多数乳品企业的酸奶都出现了严重的滞销现象。

在这种市场背景下,乔巴尼大胆创新,提升产品品质:通过引进希腊酸奶和技术革新,开发了生产希腊酸奶的专业设备,改进了希腊酸奶的制作工艺,并使用天然原料,如用蒸发甘蔗汁的办法来提高酸奶甜度,而非使用高果糖玉米糖浆。乔巴尼酸奶不仅具备希腊酸奶的一般属性,蛋白质含量比普通酸奶高一倍,零脂肪,碳水化合物只有普通酸奶的一半,而且使用了纯天然的原料和配料。如此一来,乔巴尼酸奶的成本接近普通酸奶的两倍——一杯6盎司的乔巴尼酸奶成本价大约为1.35美元,而等重的标准美国酸奶则只需约80美分,但同时,乔巴尼也为美国消费者带来了与之前的既甜又稀,还不健康的普通酸奶完全不一样的酸奶——高蛋白、零脂肪、纯天然的希腊酸奶,满足了美国人对健康酸奶的追求。

乔巴尼进行品类创新:在乔巴尼推出之前,美国市场上也已经出现了希腊酸奶,只不过在消费者的认知中并不存在一种健康的酸奶;恰恰是乔巴尼在推出希腊酸奶的同时,把希腊酸奶定义成一种健康的酸奶,并把这种认知导入美国消费者的心智,才真正建立起希腊酸奶品类。

在推出希腊酸奶时,乔巴尼使用了全新的品牌,而在它之前的希腊酸奶都只不过是既有品牌的延伸产品,难以使消费者认识到它与以前的酸奶有什么不同。在社交媒体的传播上,乔巴尼深入人心的传播画面是将酸奶和纯天然的食品(果蔬、杂粮、面包等)摆放在一起,传递乔巴尼希腊酸奶作为健康酸奶的属性。此外,乔巴尼在渠道上也没有选取分销渠道有限的专营店,而是坚持在主流的食品商店售卖,这意味着,它并没有将自身作为小众的异域酸奶,而是作为市面上普通酸奶的直接竞争者,传递作为消费者的日常酸奶的观念。

乔巴尼的品类创新,使这个品牌和创始人成为媒体争相关注的对象,并积累了大量的粉丝,从而进一步推动了品牌的成功。最终,一举打破了垄断美国酸奶市场多年的强大竞争对手,成为美国酸奶市场上的绝对领导者。

启示:重视客户的需求分析,创新改造产品品质,创造一个新品类是产品长期成功的一种好途径。企业家意识到单凭技术创新或单凭市场创新,很难实现真正的竞争突围,而基于产品定位与特色,将技术创新和市场创新相结合,创造出新的需求、新的品类提升企业的竞争力是一个有效途径。

6.1 品类含义

按照国际知名的AC尼尔森调查公司的定义,品类即"确定什么产品组成小组和类别,与消费者的感知有关,应基于对消费者需求驱动和购买行为的理解",一个产品类别就代表了一种消费者的需求。

品类差异是产品之间最本质的差异,品类价值是产品独有的价值属性,是一个产品在众多品类里所塑造出的独特的品类价值,产品竞争很大程度上是品类的竞争。因为消费者的购买流程是:需求—品类—品牌—产品—性价比对比—购买决策。例如,消费者要购买洗发水,首先会根据自身的实际需求来确定是购买去屑类洗发水还是柔顺类洗发水,当确定某个品类之后才会选择该品类的某个品牌,在已知产品中进行体验并在进行性价比比较后才有购买行动。如果自身的发质油腻,易滋生头屑,那么会选择海飞丝或其他去屑洗发水品牌;如果自身的发质干燥,想要更柔顺,则会选择飘柔或该类其他品牌。

6.1.1 品类溯源

"品类"应用在商业上,可以追溯到20世纪90年代,宝洁将原来的品牌经理制改成品类经理制,即从一人负责一个品牌,变为一人负责一个产品类别。

里斯从《物种起源》中获得灵感,在《品牌的起源》中重新定义了品牌以及品牌创建的哲学和方法。该书指出,商业发展的动力是分化,分化诞生新品类,真正的品牌是某一个品类的代表。品类一旦消失,品牌也将消失。此时,品类不再是一个管理概念,而是成为心智概念。

品类就是商品的单一利益点,可以说品类战略能快速地打开一个市场,获得消费者的关注。例如：星巴克是"咖啡店"这一品类的代表，成为咖啡店的领导品牌，红牛是"能量饮料"品类的领导品牌，所以构建强势品类，成为品类代表，就比较容易成为领导品牌。

构建强势品类的几个关键点如下。

1. 寻找市场品类空缺

在品类创新中，开创"市场中有，心智中无"的有生命力的品类，需要耐心去寻找。例如市场上现在有儿童鞋、老年鞋、女士鞋、青年休闲鞋，但在用户心中，没有第一时间能联想到的中年鞋品类，同时发现中年人最关注的是休闲与保健功能，因此如果将一款鞋定义为健康休闲中年鞋，彻底与现在市场上的竞品区隔开来，将这一品类积极推向市场，容易获得市场认可。

2. 明确产品品类的层次结构

一种市场品类可能在许多情况下都不能完全饱和，比如美乐淡啤酒、惠泉淡啤酒，当说到喝什么酒时，就会先问白酒、红酒、啤酒或其他，待确定啤酒品类后，才会谈到喝什么品牌的啤酒，所以淡啤酒、啤酒、酒都是人们记忆存储中的层次节点，相互形成等级式层级关系，意味着低一级产品是高一级产品的一个分支。

3. 品类分化

品类创新来自品类分化。品类分化有时仅改变产品外在形态，甚至仅改变了包装，致使消费场所变了、消费方式变了，也可演变成新品类，比如啤酒不断涌现出的生啤、冰啤、无醇啤酒等新品类。

6.1.2 品类层级

以目标客户群的需求为导向，结合自身产品定位与资源配置能力，将所要推向市场的产品，在研发设计前要针对产品精神、功能定位、品类定位、价格定位等做合理规划。

品类规划的颗粒度非常重要，即品类是有层级关系的。我们通常会说一级、二级、三级。是否需要逐级细分，除了品类基本的层级关系外，核心是跟这个品类的市场容量和产品研发的深度有关系。

品类分级如图6-1所示。

```
第一级        第二级        第三级

大品类   ➡   大品类   ➡   细分品类
```

图 6-1　品类分级

如果这个品类项下有众多的款 (商品聚合信息的最小单位) 数，那么是需要再进行细分的，这就是我们说的品类规划的颗粒度的问题。进行品类规划的主要依据是消费者的认知和习惯，一般可从以下视角进行品类划分。

1. 功效规划——满足消费者功效需求

从购物者决策树的顺序看，顾客选择物品的第一考虑因素是其提供的商品能否满足顾客的功效需求。例如，药店的药品，应该按主治功能进行分类管理，而不能仅从药店营销的角度进行分类管理。因为顾客进店通常想的是要买感冒药还是消化系统药，或者是儿科药，他们通常不会考虑是处方药还是非处方药等。因此，对商品结构进行合理性规划的前提就是对商品进行主治功能分类，只有这样才能真正了解并满足顾客的需求。

2. 价格带规划——满足顾客购买力需求

众所周知，目前绝大多数的消费人群是符合正态分布规律的，也就是说高消费人群占少数，低消费人群占多数。因此，越是占多数的顾客群我们越要准备尽可能多的商品品种，才能满足不同顾客购买力的需求。

3. 毛利区间规划——满足顾客认识度需求

顾客对商品的认知，大多来自于媒体的宣传，越是大品牌的商品，顾客的认知度就越高，对该商品认知的顾客也就越多。而从营销的角度来说，由于连锁店竞争的影响，越是顾客认知度高的品牌商品，毛利率就越低，因此就出现了用品牌商品吸客、用高毛品赚钱的营销策略。

那么，从商品的规划上，就要为顾客准备不同毛利区间的商品，以满足顾客不同认知度的需求。

6.1.3　品类区隔

根据认知结构理论得知，我们人类大脑先天性具备了区分和归类事物的能力，那么当企业推出新产品时，顾客自然也会将这新产品自动归类到某一个品类中，不管这个品类的概念对产品的影响是积极的还是消极的。譬如提到"海带"，对于我们来说，是一种廉价海产品，用来凉拌和煲汤，绿色条状，味涩略腥等。山东某企业生产了一种高级的深海小海带产品，无论它的颜色、口感和营养价值等都远高于传统海带，但它的名称依然采用"海带"，消费者自然也把它当成头脑中储存的海带信息来判断它，尽管该企业在海带前面添加了"深海"两个字，但顾客依然以传统海带的价值来衡量，所以它的价格如果高于大脑认知的价格线，顾客就会拒绝接受。所以与其让顾客自动归类，不如创造一个新概念，构建一个新类别，而这个类别只有你一家企业一个产品，从而没有可比性。根据该企业新海带的特点，可以专门赋予一个新的概念名称"海蛟兰"以形成独特的一个新产品类别，与传统的海带形成区隔，这样，更容易成功。

如果新产品在入市之前能创造出品类区隔概念，那么你就等于在自己的周围，树立了一道坚固的防火墙。

品类区隔的价值就在于根据行业特性和顾客思维习惯，创造更便于顾客判断产品新旧好坏的一个标准，并促使顾客选择购买，尤其是当拥有区隔概念的产品与其他同类产品摆放在同一货架上时，就能吸引喜欢这类产品的顾客，区隔概念优秀就能减少企业的后期投入，并且更容易成功。

如果企业推出的新产品一开始就具备了区隔功能，就像产品身上赋予了独特的胎记，企业自然就成为这个产品行业的第一，在传播上就拥有了先天性的独特资源，传播更精准，从而大大减少传播成本。如果产品区隔概念力量庞大，甚至对行业有破局的巨大威力，也许一个事件就能让产品家喻户晓，如当年的五谷道场方便面，一个"非油炸"的概念，就使其在几个月内成为行业黑马。

6.1.4 "新品类"意味着"新指标"

相对于传统的功能手机（如诺基亚），智能手机（如 iPhone）是新品类还是旧品类？

从品类的本质价值出发——早期的功能手机，其品类的本质价值是通信，例如打电话、发短信。从这个角度上看，衡量一个功能手机产品好坏的指标，是信号强度、稳定性、坚固耐用等。

而智能手机呢？智能手机的本质价值已经升级为生活娱乐了，衡量一个智能手机产品好坏的指标，变成了用户使用时长。也就是说，新品类，往往意味着新指标、新标准以及新应用。所以,"新品类"意味着"新指标",如图6-2所示。

新品类—>新指标

图6-2 "新品类"意味着"新指标"

6.1.5 品类符合认知结构规律

在信息爆炸的时代,我们每天都需要做出大量决定,分类功能尤为重要,然而分类工作与人的认知结构息息相关。

什么是认知结构?认知结构简单来说就是每个人头脑中的知识结构,我们认知的内容是按照一定层次归类,并相互关联在一起的。拿汽车为例,我们对汽车的认知是按照类别记忆的,先把汽车分为轿车、跑车、越野车、卡车等。每一品类我们还会不断去细分,例如轿车里面有豪华轿车、中档轿车、经济型轿车;越野车有紧凑型越野车、中型越野车、大型越野车和全尺寸越野车等;再进一步细分豪华轿车,我们会联想到奔驰、宝马、玛莎拉蒂、保时捷等这样一些品牌。

原有的认知结构是影响新认知记忆的关键因素。人们生活的过程,就是人们认知结构形成的过程,其分为递进的三个阶段:新知识的获得、新知识的转化和新知识的评价。

新知识的获得是指个体运用已有的认知经验,在新知识与原有的认知结构间建立联系或进行区分,以理解新知识所描绘的事物或现象的意义的过程。

新知识的转化是指对新知识做进一步的分析、概括,用新知识重新建构认知结构的过程。

新知识的评价是指检查对新知识的分类是否适当,问题解决是否正确,新的认知结构是否合理的过程。

认知结构理论告诉我们,人们的记忆是分层分类的,产品定位和产品分类应该按照人的记忆规律——认知结构来制定。

奥苏贝尔在1963年出版的《意义言语学习心理学》一书中提出了同化理论。其描述了人的认识是如何通过不同的内外因素的相互作用而产生新的认识图景的,体现了外因是变化的条件、内因是变化的依据的辩证思想。奥苏贝尔根据新知识、新内容与原有认知结构的关系,将人们的学习分为下位学习和上位学习。

第1部分 产品灵魂篇

1. 下位学习(类属学习)

下位学习指将概括程度或包容范围较低的新概念或内容,归属到认知结构中原有的概括程度或包容范围较高的适当概念或命题之下,从而获得新概念或新命题的意义。例如某一天您看到一辆非常漂亮的迈巴赫轿车,在大脑中我们会把迈巴赫放到"汽车—轿车—豪华轿车"的原品类之下。

下位学习图例如图 6-3 所示。

图 6-3 下位学习图例

2. 上位学习(创造新品类)

上位学习是指新概念、新命题具有较广的包容面或较高的概括水平,这时,新知识通过把一系列已有观念包含于其下而获得意义,新学习的内容便与人们认知结构中已有观念产生了一种上位关系。例如,当学过"萝卜""芹菜""油菜"等概念后,再学习"蔬菜"这个总括性的概念时,就产生了上位学习,上位学习一般会形成一个"新"的品类。

上位学习图例如图 6-4 所示。

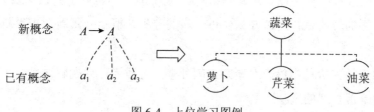

图 6-4 上位学习图例

品类是由人的认知规律中的认知结构理论确定的。认知结构的形成过程就是人们心智品类形成的过程。根据认知结构理论得知,我们的认知世界是分层的、分类的,也就是品类就是在心智中形成的"储物柜"。品类是产品的上一级,先限定上一个品类层次,占据品类或者把自己的产品定位为代表一个品类,就是区隔了其他竞争对手,提升了自己产品的竞争力。

企业的分类和消费者的认知结构如果产生冲突的话，我们应该要尊重消费者的认知习惯（认知结构），依据消费者的认知结构去改进，产品才能容易被消费者认可。

我们的心智空间有多大呢？认知结构有两个维度，第一个维度是横向的，是无限的，也就是它的品类数量是无限的；另一个维度是纵向的，也就是它的品类数量是有限的，增加太多就需要再分类或不被重视，一般超过5个就会自动分层再分类或容易被遗忘。常记忆的类别数量取决于这个品类的关注度，如果品类的关注度高，存放的数量可能会多一点，但一般不会超过7个。而品类关注度低的产品，它的数量就会少。

6.2 创造新品类

6.2.1 创新法

创新是商业发展的动力，也是新品类诞生的动力之一。美国加州大学伯克利分校哈斯商学院荣誉教授戴维·阿克将创新分为三类：渐进性创新、实质性创新和变革性创新，如表6-1所示。这三种创新中，只有后两种才能创造出新品类。

表6-1 创新的类型

创新	产品提升
渐进性创新	显著影响 品牌偏好度
实质性创新	分化出新品类
变革性创新	改变行业格局

实质性创新和变革性创新最大的区别在于：变革性创新会影响到整个行业的竞争格局，而实质性创新并不会。例如，汽车就是变革性创新，因为它取代了传统马车。

开创就是从0到1的突破。早在140年前，大家出行都用马车，1886年奔驰生产出了汽车以后，大家的出行模式从马车变成了汽车，对于马车来讲，汽车就是从0到1的品类开创。分化的概念就是从1到N，是新品类已经有了，但是这个品类肯定是要分化的，如汽车出现后，又出现了货车、轿车、越野车等。因为品类开创一般都要有一个革命性的技术来支撑，从0到1的突破对中小企业来说比较困难,所以更现实的做法就是从 1 到 N 的品类分化。

品类创新的产生来源于技术进步,例如,数码相机、手提电脑、智能手机等。技术除了能推动变革性创新,实质性创新也离不开技术进步,例如常温酸奶就是通过"巴氏杀菌热处理"技术处理过的酸奶。除了技术进步,重新定义也是一种品类创新的来源。例如,钻石本来只是一种矿石,但经戴尔比斯重新定义后,变成了坚贞爱情的象征物。

新品类的另一个来源是消费需求的变化。

随着经济和社会的发展,消费者的需求也不断发生改变。消费需求分化体现在产品功能、使用情景、价格和趋势等方面。例如,喝饮料本来只是为了解渴,但有些人喝的是普通水,有些人喝的是高端饮料,在水中添加一些物质后,从功能上分化出维生素水、能量饮料、防上火饮料等;在不同的使用情景下,则分化出早餐奶、助餐饮料、饭后饮料等;在注重健康的趋势兴起时,则分化出无糖的、低脂的、天然的饮料。如图 6-5 所示为饮料的分类。

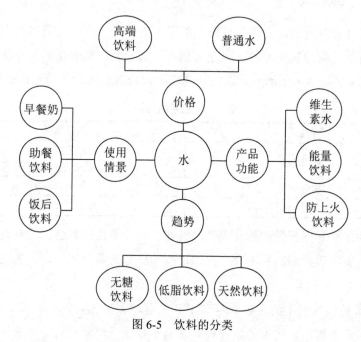

图 6-5 饮料的分类

如果你想要寻找品类分化机会,可以围绕这四个方向思考,这样可能会有意想不到的收获。

6.2.2 分化法

成功实施品类创新需要深入洞察品类,把握品类发展趋势,正确运用创新形式和创新方法。从1到N的分化有哪些规律呢?

新品类与现有品类存在竞争关系。品类分化、品类专业化是任何一个行业发展的必然趋势。如果一种产品就可以满足所有需求、包打天下,那么只能说明该行业还处于发展初期,当行业逐渐变得成熟起来的时候,消费需求会呈现多元化,这时品类分化自然而然出现。

1. 分化品类战略

分化品类战略有六种基本形式:分化功能、分化人群、场景分化、改变使用方式、重构、升维。

1) 分化功能

现有品类覆盖了A、B、C多种需求,但是它只能充分满足其中的一种需求,而无法充分满足另外几种需求,那么充分满足另外几种需求便是执行分化品类战略的机会,如早餐酸奶比普通酸奶能更好满足人们的早餐需求,再比如酒店可以分为度假酒店、商务酒店、温泉酒店、会议酒店,包括之前比较火热的民宿,都是功能上的分化。

品类分化示例如图6-6所示。

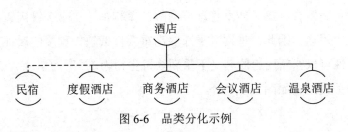

图6-6 品类分化示例

2) 分化人群

可以从细分人群入手切分现有品类的市场份额,如推出针对儿童或孕妇的健康的酸奶,这些新品类会切分现有益生菌酸奶的市场份额。

3) 场景分化

可以从消费场景入手切分现有品类的市场份额,围绕消费者不同的体验需求,不同的场景,就可以完全自由地去分化,比如在不同使用场景中,水可以分化出多个品类，见表6-2。

表6-2 在不同使用场景中，水分化出不同品类

客户需求	使用场景	使用原因	最大痛点	产品需求	"品类"归类
我要喝水	在办公室长时间没喝水了	身体自然需要补水	口感、健康	补水	茶水
	剧烈运动后	身体出大量汗水，身体需要补水和补盐分	功能饮料	补充盐分	运动功能饮料
	在商务会谈中，给客户水喝	商务礼仪	高端	提升形象	茶水
	在旅途中长时间没喝水了，需要补充水分	补充水分	方便买到	便宜、方便	普通矿泉水
	长途开车疲劳	补充水分并提神	提神	提神	功能饮料、咖啡
	感冒发烧，感觉口干舌燥	治病	提高免疫力	治病	中药饮品

4) 改变使用方式

可以从使用方式维度创造新品类，用新的消费方式取代旧的消费方式，从而切分现有品类的市场份额。比如，袋泡茶切割传统茶品市场份额；成品杯装奶茶切割现场制作奶茶市场份额等。一种新的消费方式可以成功取代旧的消费方式的关键因素是便捷性、实用性。

5) 重构

可以将原有元素进行重新组合，并且赋予新概念，比如将高蛋白和膳食纤维这两种元素重新组合，赋予体重管理概念等。重构基于三个关键因素：重要性、缺口程度、新用途。因此，重构对于那些高重要性低缺口程度的属性来讲非常重要，这些属性可以在新用途的名义下重新焕发生命力。

重构的关键因素如图6-7所示。

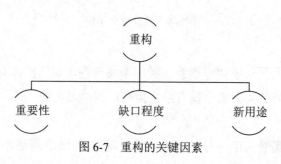

图6-7 重构的关键因素

6) 升维 ①

可以从口味、原料、工艺、功能等升维角度入手切分现有品类的市场份额，比如有机牛奶瓜分普通牛奶的市场份额。

因为通过分化创造的新品类在现有市场上，新品类与现有品类的本质基因是一致的，消费者容易识别新品类的身份，很容易将自己的需求对号入座，从创新跨度上看，大部分新品类属于成熟品类的微创新，因此分化的新品类的成功率相对比较高。

在品类的开创上，还要关注的一点是次要属性大于重要属性。比如对矿泉水来说，它最重要的属性是什么？就是解渴。它的次要属性是矿物质多、弱碱性、补充维生素等，跟解渴相比的话，其实这些属性都不重要。以依云矿泉水为例，它在我们的认知中是高端矿泉水，一瓶可以卖到10块钱左右，那么它凭什么卖这么贵？因为它是来自阿尔卑斯山的矿泉水。对于消费者来讲，解渴已经不重要，重要的是它来自阿尔卑斯山。所以在开创新品类的时候，一定要懂得如何在一个品类的次要属性上找机会，而不是它最重要的属性。

2. 品类创新维度

品类创新方法主要围绕技术、顾客、竞争对手、未商业化品类和老品类五个维度进行思考，如图6-8所示。

图6-8　品类创新维度

1) 技术

如果有一个颠覆性的新技术，则非常容易开创一个新的品类，比如数码相机就是一个用新技术开创的新品类。

---

① 升维是指多个维度的升级。

2) 顾客

顾客对一些品类的消费有很多不同的习惯,完全可以利用这些习惯开创一个新的品类出来,比如说喝牛奶这个事,绝大部分人都是早上喝牛奶,吃面包鸡蛋,所以蒙牛抓住了这个机会,开创了早餐奶这个新品类。

3) 竞争对手

利用与竞争对手反着走的思路,我们也可以找到很多新品类的概念,比如说有机奶,伊利的"金典"是常温的有机奶,跟它反着走,那能不能出一个低温的有机奶呢?所以有机鲜奶就是一个新品类的概念。红星乳业的林海雪原有机鲜牛奶是要全程低温保存的,这就是利用跟对手反着走的方法来开创的新品类

4) 未商业化的品类

看什么品类目前还没有被商业化,你就把它装进包装,它就是一个新品类。比如说王老吉,他就是把广东人夏天去火用的凉茶装进了易拉罐里。它就变成了一个新的品类。

5) 老品类

原本是一个老品类,通过减少、增加、剔除的方式,可以开创出新的品类。

"减少"指的是:产品中哪些元素的含量,应该被减少到行业标准以下?

"增加"指的是:哪些元素的含量应该被增加到行业标准之上?

"剔除"指的是:哪些被行业认定为理所当然的元素需要被剔除?

例如全球成长最快的红酒品牌:黄尾。

澳大利亚有一个新创建的葡萄酒品牌,在短短16年里,一跃跻身于世界百强葡萄酒品牌前三甲,创造了全球销量第一、产品回购率67%的业界神话,还成功入选哈佛商学院的经典案例——这个品牌就是澳大利亚的黄尾。

每家红酒企业都有数不清的系列和产品,构建起一个庞大的产品阵营,让人眼花缭乱。但黄尾特立独行,上市之初只推两款产品,一款干红、一款干白,极致聚焦。另外,在产品层面,黄尾极富创新地推出了更适合"红酒小白"的"香甜果味"红酒,剔除掉了红酒中的涩味。为了让年轻人感兴趣,它的广告做得很有趣味,因为品牌名字叫"黄尾",所以广告中把很多动物的尾巴都改为"黄色的尾巴"。

消费者评价黄尾的葡萄酒有三个特点:好喝、易选、有趣。

2020年全球葡萄酒品牌影响力指数,黄尾连续三年排名第一。

开创全新品类,要做就做彻底,开创全新品类,拒绝雕虫小技,彻底斩断与原有品类的瓜葛,自成一统。可口可乐当年把提神醒脑的饮品命名为"可乐",而不是"××糖浆",将这种饮品变成了新品类,如今是全球最有价值的品牌之一。

创新品类的核心,不是"更好",而是"不同"。"更好",只能产生跑得更快的马车,而不会产生汽车,更不会产生火车、高铁。品类创新给世界带来一种全新的产品或者服务,而不只是对现有商品的逐渐改进和改良。

6.2.3 判别新品类的方法

1. 基于产品本身特性判别新品类

产品特性就是指产品的本质属性。例如,互联网电视,从本质上就已经改变了电视的意义,传统电视是单纯的硬件载体,互联网电视却是一个人机交互终端,两者内在特性是不一样的,所以互联网电视便是一个新品类。

2. 新品类起源于老品类的渐变和分化

"渐变"和"分化"是品类发展的基本定律。王老吉从传统药用凉茶渐变为现代化的功能饮料,分化成药用凉茶和去火饮料两种特性和定位完全不同的品类;立顿袋泡茶使泡茶从传统的工艺冲泡方式渐变为简单便捷的袋泡方式,分化成传统茶品和零售快消品两种不同品类。对于新品类来说,原有的产品就是老品类,新品类推进行业的发展进步。新品类也有可能与老品类是竞争关系,例如普通牛奶和有机牛奶。

3. 新品类必须是符合消费者认知的,不能与人们对事物的认知相冲突

娃哈哈啤儿茶爽没从消费者的角度去考虑产品的开发,违背了人们对啤酒和茶的认知,喜欢茶的人不会为这瓶像酒的东西买账,而喝酒要么是聚会庆祝,要么是借酒消愁,喝酒有着刺激神经的作用,因此,想喝酒的人也不会考虑买瓶酒味的茶来喝。娃哈哈啤儿茶爽就算有再强大的品牌背景、再大的广告投入也无法改变失败的命运。而金典有机奶则是一个非常成功的品类创新例子,面对乳品市场趋向白热化的竞争局面,伊利集团嗅到了"有机食品"的美好市场前景,国人对生活品质的要求越来越高,有机食品越来越受到国人青睐,渐成风尚,"高端

品质、纯天然、无污染、有机"的消费诉求在乳品市场中暂时未被满足，金典有机奶因此诞生，有机奶品类的出现迅速受到广大消费者的接受与喜爱，同行竞争对手的跟进也促使有机奶品类的稳固形成。

新品类并不都是成功的，导致全新品类失败的原因可能有如下几种。

(1) 企业对消费者研究不够深入与精确，对消费者需求的洞察力不足，导致新品类与消费者需求没有对上号。

(2) 新品类没有继承现有品类的本质基因，脱离了消费者对品类的固有认知，做成了"四不像"品类，比如一款功能型酸奶既不像酸奶又不像保健品，在品类定位上出现了问题。

(3) 全新品类的市场分析不够，如果消费者需求面太窄、市场太小，则全新品类必将做不起来，导致失败。

(4) 企业对新品类的市场支持不够，资源投入不足，导致新产品淹没在大量产品之中，根本无法引起消费者的关注与购买。

所以，开创全新品类必须进行科学的新品类分析，如潜在市场规模的测算、竞争程度分析等。开创全新品类不如在现有品类上进行分化，因为现有品类所面临的市场规模是比较清晰的，所以新品类能够切分多少市场份额更容易测算。

6.3 品类分析定位

品类创新完成后，是否值得我们利用？这些需要对品类进行系统分析才能做出决策。品类分析可分为品类吸引力分析和品类竞争力分析。

6.3.1 品类吸引力分析

品类吸引力的影响因素包括品类规模、市场增长率、产品生命周期和利润率四类。

1. 品类规模

品类规模是指市场销售量的总和，它是品类分析的决定性因素。一般说来，规模大的品类市场拥有更大的市场潜力，也能提供更多的市场细分机会；规模大的品类市场更具有吸引力。

2. 市场增长率

市场增长不仅会带来收益增长的预期，还会导致竞争者方面的动态调整，市场增长率高的品类吸引力更大。

3. 产品生命周期

产品生命周期一般分为四个部分：引入期、成长期、成熟期和衰退期。引入期和成长期是产品生命周期的最初阶段，在这个阶段中销售增长非常快，成熟期意味着销售趋于稳定，衰退期则是产品生命周期的结束阶段。

在引入期，品类市场增长率和市场规模都比较小，其吸引力较小，大多数企业会观望一段时间。当市场规模和销售量开始提升，市场吸引力也随之增强。在成熟期，增长率较低，市场规模可能达到了顶峰。衰退期，市场没有吸引力以致大多数竞争者会放弃这个品类。

品类吸引力分析如图 6-9 所示。

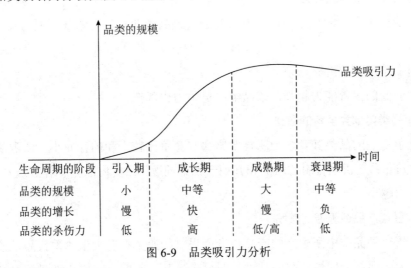

图 6-9　品类吸引力分析

4. 利润率

产品品类发展的目标是获取利润，利润比较高的品类其吸引力也更大。另外，利润率的变化程度通常被用来作为衡量行业风险的标准。

6.3.2　品类竞争力分析

新品类的竞争力是相对公司能够利用该品类开拓市场的能力，可以从与本公司的关联度和竞争环境两个维度分析。

1. 新品类与本公司的关联度

从产品的角度分析,新品类与本公司所提供产品的相关度越强,则该新品类相对自己公司的竞争力也越强,利用价值更大。同理,新品类与本公司的市场营销能力、技术储备、原有客户等资源相关度越高,则该品类的竞争力也越强,反之则弱。

2. 竞争环境维度

波特教授提出的经典模型分析了在评估品类竞争力时所要考虑的五个因素。

1) 新进入者的威胁

如果新进入者进入某一产品品类的威胁较高,则该品类的竞争力就会降低。市场新进入者只会带来更多的产量,加剧市场的竞争并逐渐降低利润率。

2) 购买方的议价能力

一般情况下,购买方的议价能力越强,该品类的竞争力降低。因为买方可压低价格。

3) 供应商的议价能力

供应商的议价能力越强,该品类的竞争力也降低。

4) 品类内部竞争者的数量

竞争激烈的品类其竞争力明显要比那些竞争比较平和的行业小。激烈的竞争会导致价格战、营销费用的增加和其他一系列问题。品类内部竞争者的数量越多,其竞争力越小。

5) 替代产品或服务的威胁

如果一种品类中所生产的产品或者所提供的服务存在大量的替代品,该品类的竞争力比那些专用性较强的品类,即只满足某一类顾客需求或者只解决某一类特定问题的品类的竞争力要小。因为大多数的品类都受到替代品的影响,在回报率较高的一些品类中,一般其替代品比较少。

6.3.3 品类定位模型

针对市场吸引力和品类竞争力两个维度构建模型,模型纵轴表示品类市场吸引力的大小,从下而上逐渐增大;模型横轴表示品类竞争力的大小,从左向右逐渐变大。

根据市场吸引力和竞争力的大小模型分成四个象限，如图 6-10 所示。利用模型可以清晰明了地掌握各品类的优势和劣势，方便公司采取相应的策略。

最好是选择 A 象限的产品品类作为公司主要提供的产品品类。对于 B 象限的产品品类，特别重要的产品要想方设法进行技术创新，提升产品的竞争力。对于 D 象限的产品品类，要想办法提升产品的市场吸引力；对于 C 象限的产品品类，要暂时放弃进入。

不同的行业、产业的产品有不同的分类属性，品类分析的标准也应该根据行业特点进行适当的调整和取舍。

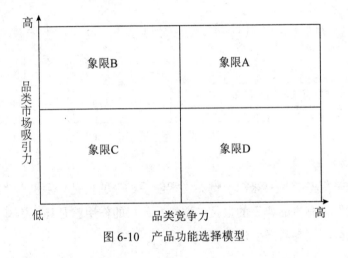

图 6-10　产品功能选择模型

6.4　品类定义与命名

有的企业可能会遇到这样的状况：做了大量的创新工作，新品类已经逐渐成形，但却没有定义品类，因而创新只停留在产品层面，无法进入目标客户群的心智，从而错失了开创并主导一个新品类的机会。

品类定义有品类命名、品类识别设计和品类故事三个关键环节。

6.4.1　品类命名

新品类命名也是企业最重要的决策，因为产品品类的名字与消费者心智接触

第1部分 产品灵魂篇

最为紧密,一个糟糕的名字可能葬送一个新品类的前途。

1. 品类命名的要点

接触到一个新品类时,消费者常常会疑惑,这是什么东西?所以,品类名首要作用就是直接、简洁地告诉消费者"我是谁"。所以,新品类的名称必须通俗易懂。一个好的品类名字遵循以下四个要点:有根、简短、直白、好感,如图6-11所示。

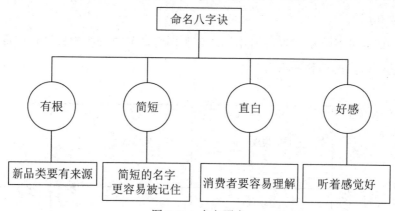

图 6-11 命名要点

1) 有根

有根就是新品类要有来源。例如"智能手机"的根是"手机","冰红茶"的根是"红茶","有机酸奶"的根是"酸奶"。根的作用就是让顾客马上关联到这个品类是什么,更容易产生消费需求。

2) 简短

好名字当然是越短越好,这样才能容易被记忆和传播。现在人们普遍信息超载,简短的名字更容易被记住。顾客会自动简化那些过长的名字,如"超级市场"变成了"超市","四轮驱动越野车"变成了"四驱越野车"。

3) 直白

让消费者要容易理解,例如空气能热水器的发明者,最初将其命名为"热泵热水器",然而这个名字对消费者来说并不容易理解。将"热泵"改为"空气能",才解决了人们认知上的障碍。热水器从燃气、电能、太阳能再过渡到空气能,十分顺理成章,符合消费者对热水器的认知。

4) 好感

让消费者听着感觉好,例如"人造奶油""人造黄油"不如叫"植物奶油"

和"植物黄油",这样才不会产生不好的联想。

2. 品类命名的途径

【案例分享】

猕猴桃、奇异果盛行中国前,古人其实对这个毛茸茸的水果有另外一种称呼:醋栗。当你第一次听到这个名字时,估计喉咙管会下意识地痉挛一下,唾液开始悄悄分泌。醋栗这种水果能够被中国大众喜爱,品类名应居首功!

新西兰人引进中国醋栗后,除了对品种进行了改良,把品类名换成了"奇异果"。从地球东半球和南半球晃了一圈的中国醋栗,摇身一变成了高档水果市场趋之若鹜的强势品类,以前国人避之不及的醋栗,因为品类名的改变大放异彩。

这说明了品类名对于产品的发展影响是多么巨大。当听到"醋栗"这两个字时,下意识地反射,把"醋"的酸、难以下咽与水果的香、甜感画上不等号,"栗"的干涩和水果应有的润、入口即化产生了强烈的反差。后来机智的中国商人也发现了这个问题,把国产醋栗换名为"猕猴桃",既然是猴子爱吃的水果,应该错不了。

品类名会引起人的视觉、听觉、味觉、嗅觉、味觉、触觉和认知的条件反射,直接影响人对品类的价值预判,所以,起品类名应该从人们的体验出发,好的品类名要让人在两三秒内就能够记住。

品类命名的六大途径如下。

1) 视觉角度

视觉是我们人类的第一感知力,从品类名中增加画面感,不仅能让消费者产生深刻的记忆,还能激发他们的尝试、探索欲望。例如,速溶咖啡这个名字的画面感很强,顾客仅听到名字就能够联想到咖啡粉倒入开水即可快速融化成一杯香浓咖啡的样子。

山地越野车就让消费者联想到颠簸的山路轻松驾驶的征服感、愉悦感。此外,像纯净水等品类名也都是从视觉角度触动消费者的好名字。

2) 听觉角度

营销大师爱玛·赫伊拉曾说:"不要卖牛排,要卖滋滋声。"这说明要充分利用消费者的听觉感官，赋予产品与生俱来的戏剧性。例如，"干脆面"三个字，触动了人们对脆爽方便面最直观的口感体验，干脆面"干""脆"即是产品基本形态的形容。

3) 嗅觉角度

"口香糖""臭豆腐"都是充分利用了人的嗅觉的好例子。

4) 味觉角度

"辣条"代表了刺激、畅快的味觉体验，一听这品类名足以让孩子垂涎三尺。辣条的行业名叫"植物蛋白调味零食"，后来被人称为更简单直观的"辣条"，既符合产品的味觉体验，又符合产品的基本形态。

5) 触觉角度

"羽绒被"就是利用了人们触觉感官的品类名，"羽绒"带给人轻、柔、滑、细腻的触觉体验，让人一听羽绒被这三个字就知道它有多舒服了。

6) 认知角度

品类名要直接满足人对品类价值的基本预判。因为人们对品类名的反应，习惯性地从经验、已知认知的反射中对比记忆，容易接纳与已有的分类信息相吻合的品类。人们更愿意听到他想听到的，例如，"大吸力油烟机"听上去就有价值感。

6.4.2 品类识别设计

图 6-12 中的这三件物品，一看就知道它们都是计算机，但它们是三种不一样的计算机，分别是笔记本计算机、一体机和台式机。这就是品类识别的作用，既能辨别出该物品同属一个母品类，又能分辨出是不同的子品类。

图 6-12　品类识别设计

这是品类外形识别设计的核心所在：既要与母品类相似，又不尽相同。

为什么要这样？与母品类相似比较好理解，既然是从母品类分化而来的，就应该有一部分基因源自于母品类，自然与母品类相似。

一般来说，品类识别大多从产品外形、颜色和包装几个维度上着手增加分辨度。

市场上的产品，像计算机、汽车等产品的品类识别度大多建立在产品外形上，而像化妆品则通常建立在包装和颜色上。

6.4.3 品类故事

既然品类是从分化中来，需要说清楚，你的品类诞生于哪一个母品类。这个新品类跟母品类相比，有什么优点，与母品类的差异点。要让消费者更容易记住你的产品品类，则将品类的重要特点转化为故事是一个好方法。例如乔布斯重新回归苹果后，开创了三个划时代的新品类：iPod、iPhone 和 iPad。这三个品类在第一次发布亮相时，乔布斯把戏剧性发挥得淋漓尽致。

发布初代 iPod 时，首先从音乐播放器没有领导品牌说起，然后回顾音乐播放器发展进程，从 CD 播放器、MP3 播放器、Flash 播放器等旧品类入手，比较它们的歌曲容量和每首歌的均价，一直说到 iPod 诞生了，接着逐一呈现 iPod 的优点。

发布初代 iPhone 时，他说他要发布三个产品，然后画风一转，这三个产品其实就是一个产品，叫 iPhone。与老品类对比，突出 iPhone 的优点。

发布初代 iPad 时，他说苹果定义了计算机，2007 年又定义了智能手机，接着一个转折，说在 iPhone 和 Mac 之间是否能容得下另外一个产品品类？这个产品要比手机和计算机有更好的体验，然后对比上网本，说上网本只是便宜的计算机，最后推出了 iPad，再逐一介绍 iPad 的优点。

【案例分享】

美的电器更名"空气能热水器"，释放近 200 亿元市场

对于大多数企业家、技术人才和营销人员来说，大家习惯把已熟知的技术名词、称谓作为新品推广的品类名。"空气源热泵热水器"这个技术诞生于 1924 年，两次世界大战、世界能源危机、世界经济危机导致该技术一直被荒废。经济复苏后，一直被发达国家视为新一代能源技术，广泛应用于工业、家居、家电领域。

2000年广东企业家利用该技术开发出"热水器"产品。

2000—2008年期间，这块"新大陆"一下涌现了近千企业参与其中，企业都向外宣传"空气源热泵热水器"，谁都想成为空气源热泵热水器的领导品牌。在品类未被市场广泛接受的时期，各企业展开了材料战、安全性能战、节能性能战、残酷的价格战。在如日中天的太阳能热水器面前，"空气源热泵热水器"一次次失望而归，生产厂家数量锐减。

究其原因，在精通技术人的眼中，空气源、热泵都是很直观到位的品类名，但对于一般的消费者来说，空气源是什么？热泵又是什么？不管厂家如何画图解释它的原理和性能，人们还是习惯性地对未知世界关闭了探索的欲望，再加上动辄4000～10000元的价格，和太阳能、电热水器对比，毫无竞争优势。

2008年，美的电器发现了"空气源热泵热水器"这个品类名教育市场消费者的成本高、效率低和周期长的问题，根据人们已知的"太阳能"信息为出发点，把"空气源"换成了"空气能"，把"热泵"这个专业的技术名词直接去掉，把品类名更换为"空气能热水器"。一加一减的改变，助推了整个行业的迅猛崛起。

随着品类名的更换，全行业看到了一线生机，纷纷采用新的品类名。当年整个行业销售额首次突破10亿元大关，2012年突破30亿元大关，2016年达到历史新高点200亿元。在国家新能源的政策红利下，节能性能突出的空气能热水器未来依然有很大的增长空间。

品类名的价值，是唤醒人们在需要它时呼之欲出的称谓，最后才是对产品品牌的选择。

第2部分
产品定位篇

第 7 章
目标市场的客户定位

* * * * *

人们会自觉不自觉地购买反映其社会地位的物品,从而使该物品成为其社会地位的象征,所以目标市场的客户定位分析对产品的成功至关重要。明确目标市场的客户定位,有针对性地分析此类目标客户的特点,策划好产品功能定位和用户情感定位,才能设计和开发出适销对路的产品。

目标市场的客户定位就是根据市场细分的原则来确定特定产品的市场位置,是指企业对目标消费者或目标消费者市场的选择,其目的是将产品定位在最有利的市场位置。例如主要是面对男性消费者的市场,或主要是面对女性消费者的市场;主要是面对婴幼儿的市场,或主要是面对青少年的市场等。企业所面对的市场不同,也就意味着所面对的消费需求不同,广告诉求也就相应有所区别。失去了这些特定的消费者对象群体,产品也就失去了最有利的市场位置。

产品定位,是指企业用什么样的产品来满足目标消费者或目标消费市场的需求。从理论上讲,应该先针对特定的客户的需求,然后再进行产品定位,指导产品设计和开发。产品定位是目标市场的选择与企业产品结合的过程,也是将市场定位企业化、产品化的工作。

在进行目标市场客户定位的时候，应防止进入三种误区：一是防止"错位"。例如企业设计开发的产品主要面对女性消费者，结果却是在对男性消费者大做广告宣传。二是防止不恰当地缩小消费者群体的范围。例如目标消费者群体中可以包括小学生，也可以包括中学生，结果却只是针对小学生大做广告。三是要防止不恰当地扩大消费者群体。例如特定产品只适合于老年消费者使用，结果却以各年龄层次的消费者为广告的诉求对象。万宝路香烟算是一个比较成功地运用市场定位进行广告宣传的案例，这种香烟一开始只是对部分女性消费者有吸引力，因而市场容量和销量有限。后来，在市场调研的基础上，吸烟的群体还是以男性为主，产品定位和广告宣传有意识地进行了调整，将万宝路香烟宣传成身强力壮的男子汉吸的香烟。电视广告中那骑着骏马奔驰的潇洒的西部牛仔形象，深得男性"烟民"的好感。由此，万宝路香烟也就卓有成效地拓展了男性市场，打开了销路。

本章将市场定位分为市场细分和目标客户群定位两部分。

7.1 市场细分

市场定位理论是指企业在一定的市场细分的基础上，确定自己的目标市场，最后把产品或服务定位在目标市场中的确定位置上。市场细分是指根据顾客需求上的差异把某个产品或服务的市场划分为一系列细分市场的过程。目标市场是指企业从细分后的市场中选择出来的决定进入的细分市场。市场定位就是在营销过程中把其产品或服务确定在目标市场中的一定位置上，即确定自己产品或服务在目标市场上的竞争地位。如图7-1所示为细分市场层次。

第2部分 产品定位篇

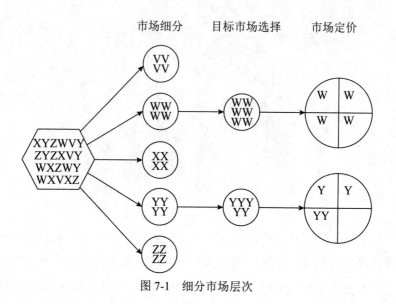

图 7-1 细分市场层次

7.1.1 市场细分概述

市场细分是指企业按照某种标准（如人口因素、心理因素等）将市场上的顾客划分为若干个消费群，每个消费群构成一个细分市场，并描述每个细分市场的整体轮廓。在同一个市场细分中的消费者，他们的需求和欲望极为相似；而不同细分市场中的消费者，对同一产品的需求和欲望存在着明显的差别。细分市场维度如图 7-2 所示。

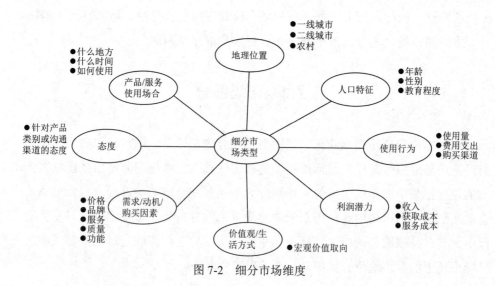

图 7-2 细分市场维度

7.1.2 市场定位

市场定位一般包括对企业整体形象的定位和企业产品的定位，指企业根据目标市场上的竞争状况，针对顾客对某些特征或属性的重视程度，为本企业的形象和产品塑造强有力的、与众不同的鲜明个性，并将其传递给消费者，求得消费者的认同。

如果需要科学、准确地进行目标客户市场定位，首先应该确定细分层次，即按照细分变量将消费者分为若干群体单元(细分市场)，观察这些消费者细分市场是否呈现不同的需求或产品反馈，一般通过辨别偏好的方式来区分，市场细分是产品功能定位的基础或依据，不同细分市场的特征(市场容量、增长率、需求特点、竞争激烈程度等)不同，根据细分市场和自己的优劣势，分析和确定自己的目标市场。细分变量包括地理变量、人口变量、功能需求变量和心理需求变量，关于市场细分方法的相关研究资料和书籍比较多，此处不再进行论述。

有效的细分需要满足以下五个条件。

(1) 可衡量。

(2) 足够大。

(3) 可接近。

(4) 可区分。

(5) 可操作。

目标客户定位是一个市场细分与目标市场选择的过程，即明白为谁服务。在市场分化的今天，任何一家公司和任何一种产品的目标顾客都不可能是所有的人，对于选择目标顾客的过程，需要确定细分市场的标准对整体市场进行细分，对细分后的市场进行评估，最终确定所选择的目标市场。

市场细分过程中要注意以下几点。

第一，列出顾客群体及市场。

第二，在市场调查中找到付费的用户是谁？

第三，切忌向所有人销售；资源控制在新市场中。

第四，了解目标市场真实情况，切忌带着"答案"与顾客沟通；所有的潜在顾客只需做到反馈信息即可，无须做出回答。

第五，市场细分要能够回答以下几个问题：①最终用户是谁？②采用的产品是什么？做出了什么改变？③获得什么实际利益？④市场特征是什么？⑤市场规模多大？顾客数量多少？⑥竞争对手是谁？⑦互补性资产有哪些？

7.2 目标客户群定位

市场定位的实质是使本企业与其他企业严格区分开来，使顾客明显感觉和认识到这种差别，从而在顾客心目中占有特殊的位置。

市场定位可分为对现有产品的再定位和对潜在产品的预定位。

对现有产品的再定位可能导致产品名称、价格和包装的改变，但是这些外表变化是为了保证产品在潜在消费者的心目中留下值得购买的印象。

对潜在产品的预定位，要求必须从零开始，使产品特色确实符合所选择的目标客户群市场。公司在进行市场定位时，一方面要了解竞争对手的产品具有何种特色；另一方面要研究消费者的需求，对该产品的各种属性的重视程度，然后根据这两方面进行分析，再确定本公司产品的特色和独特形象。

目标消费者定位是指企业应从该产品或服务的消费者当中选择一个特定的细分人群进行价值差异化服务。价值差异化则是指企业的产品或服务能够为目标消费者提供有别于竞争者的利益。这种差异化可以是功能上的利益，如海飞丝定位于"专业去屑的洗发液"，从而一举与其他同类产品区分开来。

在市场细分之下，可在产品定位上做如下的策略选择。

(1) 无视差异，对整个市场仅提供一种产品。

(2) 重视差异，为每一个细分的子市场提供不同的产品。

(3) 仅选择一个最适合的细分子市场，提供相应的产品。

在进行目标市场的定位或选择过程中要考虑很多的因素，如目标市场的吸引力和市场竞争地位等。

7.2.1 市场吸引力的评估

根据行业不同，结合细分市场选择市场吸引力的评价指标，主要包括：市场规模、市场增长率、市场竞争程度、市场收益率和战略价值，要对各细分市场吸引力进行评分，计算各细分市场吸引力的强弱，为市场定位做准备。

第一步，明确各细分项目。

第二步，确定评分标准。可参考表 7-1 细分市场吸引力评分标准，依据公司所处行业对其进行修改，制定符合本行业、产品的评分标准。

第三步，确定评价指标权重，每项指标会因行业、时间的不同而不同。

第四步，确定各评价指标分解出的小项权重。

第五步：分别给各细分市场的各评价指标、小项按评分标准打分，并参照公式 (1)、(2)、(3) 计算得分，其中 B_i 为各评价要素的实际得分，C_i 为各评价要素乘以权重后的相对得分，D 为细分市场 A 的最终分数。

$$B_i = \sum_{j=1}^{5} a_{ij} * A_{ij} = a_{i1} * A_{i1} + a_{i2} * A_{i2} + \cdots a_{ij} * A_{ij} + \cdots a_{i5} * A_{i5} \tag{1}$$

$$C_i = a_i * B \tag{2}$$

$$D = \sum_{i=1}^{4} C_i = C_1 + C_2 + C_3 + C_4 \tag{3}$$

i=1，2，3，4，代表不同的评价要素。

$1 \leqslant j \leqslant 5$，代表各评价要素的不同小项。

表 7-1 细分市场吸引力评分标准

市场吸引力评价指标		评分标准				
		5分	4分	3分	2分	1分
市场规模	现有市场规模绝对值					
	所涉及市场细分的名次					
市场增长率	市场增长率					
市场竞争程度	市场竞争激烈程度					
利润潜力	替代产品威胁					
	新进入者的威胁					
	供应商议价能力					
	购买商议价能力					
战略价值	战略价值					

7.2.2 市场竞争地位的评估

市场竞争地位是指企业在即将进入的细分市场中所占据的位置，它是战略分析的重要维度之一，也是企业规划竞争战略的重要依据。公司在细分市场上的竞争地位主要来自于产品优势、品牌优势、技术优势等多种因素产生的差别，依据差别可以确定企业在细分市场中的竞争优势和劣势，从而确定企业在市场中的竞争地位，竞争地位典型影响因素见表7-2。

表7-2 竞争地位典型影响因素

评价指标	典型影响因素	概念
竞争地位	产品优势	指产品的质量、性能、价格等一系列综合因素产生的效应
	品牌优势	是企业、产品、文化形态的综合反映和体现
	渠道优势	指商品流通路线的结构、范围及信息传递流通性、准确性等综合表现
	生产能力	是反映企业所拥有加工能力的一个技术参数，它也可以反映企业的生产规模
	营销能力	是企业有效开展市场营销活动的能力
	技术研发能力	指利用从研究和实际经验中获得的现有知识或从外部引进的技术，为生产新产品，建立新的工艺和系统而进行实质性的改进工作的能力

根据行业、企业自身情况与目标，识别企业的关键成功因素与核心竞争力，选取对竞争地位具有重要影响的、可衡量的、有限的因素对竞争地位进行评估。

第一步：明确需评估的公司细分市场，并考察该细分市场的竞争地位的主要评估指标体系。

第二步：确定评分标准。可参考表7-3市场竞争地位评分标准，依据自己所处行业情况对其进行修改，制定符合本行业的评分标准。

第三步：确定关键成功要素权重，每项指标会因行业、时间的不同而不同。

第四步：给各细分市场的各因素按评分标准打分，并参照公式(1)、(2)、(3)计算得分，其中B_i为各要素的实际评分，C_i为各评价要素乘以权重后的相对得分，N_A为关键成功要素相对总得分。

$$C_i = a_i \times B_i \tag{1}$$

$$M_A = \sum_{i=1}^{n} B_i = B_1 + B_2 + \cdots B_i + \cdots B_n \tag{2}$$

$$N_A = \sum_{i=1}^{n} C_i = C_1 + C_2 + \cdots C_i + \cdots C_n \tag{3}$$

$i=1, 2, 3\cdots n$，$n<5$，代表不同的评价要素。

$1 \leq j \leq 5$，代表各评价要素的不同小项。

表 7-3 市场竞争地位评分标准

评分标准	优秀：5	良好：4	一般：3	差：2	不可接受：1
序号	关键成功因素	权重		评分	得分
1	产品优势	a_1		B_1	C_1
2	品牌优势	a_2		B_2	C_2
3	技术研发能力	a_3		B_3	C_3
…	…	…		…	…
i	生产能力	a_i		B_i	C_i
…	…	…		…	…
合计		100%		M_A	N_A

7.2.3 细分市场定位

通过 Span 图（可参考《产品战略规划》）对细分市场的吸引力和竞争地位两个维度进行分析、评估、制图，最终可以在 Span 图中看到各个细分市场的战略位置。根据市场吸引力和竞争地位的大小将 Span 图分成四个象限，如图 7-5 所示。利用 Span 图可以清晰明了地掌握各细分市场的优势和劣势，方便公司采取相应的策略。

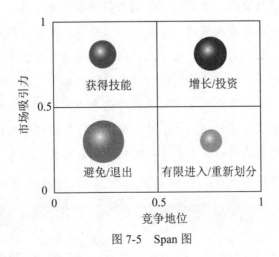

图 7-5 Span 图

这四个象限的特点描述如下。

1) 第一象限（增长/投资）

处在这一象限的细分市场具有很强的市场吸引力和很高的竞争地位，它们是公司的容易成功的细分市场，是公司发展的优先选择的目标市场。

2) 第二象限（获得技能）

处在这一象限的细分市场虽然有足够的吸引力，但是公司的竞争优势较弱。建议公司先差异化设计产品，提升公司的竞争地位后再进入该细分市场。

3) 第三象限（避免/退出）

处在这一象限的细分市场不但没有吸引力，而且公司的竞争优势也较弱，建议暂不进入/退出该细分市场。

4) 第四象限（有限进入/重新划分细分市场）

处在这一象限的细分市场吸引力较弱，但是公司有很强的竞争优势。大多数情况下，建议有限进入该细分市场，或者再进一步细分市场。

【案例分享】

精准消费者定位

在美国，用后即丢的纸尿布销路极好，但当它想打入日本市场时，却屡屡受挫，一直未打开销路。问题出在哪儿呢？经过调查发现，是产品定位不当。在美国，这种纸尿布的宣传定位一直是："令妈妈更省心、更方便。"但在日本，这种宣传定位却使一些以家庭为重的妇女觉得如果给孩子使用这种尿布，就成了一个懒惰的、浪费的、放纵自己的母亲了。因此，她们使用时总有一种内疚感，不是旅游外出便很少购买。假如她使用这种尿布时恰逢她的婆婆来看她，她会迅速把这种尿布藏到衣柜里或踢到床底下去。搞清这个事实后，美国制造商立即改变产品宣传定位："令宝宝更舒服、更干净、更清爽。"这样的定位表明：尿布不是对母亲好，而是对婴儿更好。于是重新定位的广告宣传立见奇效，日本妈妈的内疚感消除了，产品大获成功。

【案例分享】

熟悉竞争对手进行精准定位

美国的"七喜"推出时,产品定位策划人员就曾为如何定位大伤脑筋,因为当时软饮料市场已被可口可乐和百事可乐两大公司瓜分殆尽,无论从哪方面来说,七喜都无法与可口可乐和百事可乐相抗衡,那么,如何树立一种与之不同的产品形象,以突出七喜的个性、加强消费者的认知呢?"七喜"最终以人们惧怕咖啡因的心态作为切入点,绕过了产品的特质、味道、功能等,宣称"七喜:非可乐!"

原来,汽水有两种类型,一种是可乐型的,含有咖啡因,另一种是非可乐型的,不含咖啡因。由于七喜这一定位鲜明地突出了自己"非可乐型"的个性,所以产品定位非常成功。

7.3 市场定位测试

公司在市场定位测试阶段,着重对产品进行测试,从而确定公司提供的产品是否满足需求。可以使用符号、模型或者实体形式来展示未来产品的特性,从而判断潜在消费者对产品概念的理解、偏好和接受程度。这一过程对产品经理的要求比较高,其需要通过主观的判断以及对数据的敏感性来判断消费者对某一产品概念的整体接受情况。

一般需要考察以下几个方面。

(1) 考察产品概念的可解释性与传播性。

(2) 考察同类产品的市场开发度。

(3) 考察产品属性定位与消费者需求的关联。

(4) 考察消费者的选择购买意向。

首先,需要进行产品概念与顾客认知度、接受度的对应分析,针对某一给定产品或概念,主要考察其可解释性与可传播性。很多创始人其实并不一定是新产品的研发者,而是新概念的定义和推广者。

其次,考察同类产品的市场开发度,包括产品渗透水平和渗透深度、主要竞争品牌的市场表现已开发度、消费者可开发度、市场竞争空隙机会,用来衡量产品概念的可推广度与偏爱度。从可信到偏爱,这里有一个层次的加深。

再次，考察产品属性定位与消费者需求的关联，因为产品概念的接受和理解程度再高，如果没有对产品的需求，如果产品的功能不是恰恰满足了消费者某方面的需求，或者消费者的这种需求有很多的产品给予了很好的满足，这一产品概念仍然很难有好的市场前景。

最后，探究消费者是否可能将心理的接受与需求转化为行为上的购买与使用，即对消费者的选择购买意向进行考察，以进行企业自身市场定位和产品定位的最终效果测定。

第 8 章
产品功能需求定位

* * * * * *

需求是打造有生命力产品的动力。用户需求可分为功能需求和心理需求。本章重点分析客户的功能需求，用户的心理需求与定位放在下一章阐述。

一百多年前，一个名叫亨利·福特的美国人到处询问："您需要一个什么样的更好的交通工具？"几乎所有人的答案都是："我要一匹更快的马。"听到这个答案后，很多商人便立即跑到马场选马配种。但福特并没有这样做，他选择了制造汽车去满足人们的需求。于是，他成了福特公司的创始人、世界"汽车大王"，并和其他汽车制造业的先驱一起，开创了一个崭新的汽车时代。

在一百多年前的美国，主要交通工具是马车，所以大多数人就形成了一种惯性思维：为了"更快地到达目的地"，就要购买一匹更快的马；为了满足消费者的需求，大部分商人考虑的只是怎样改良马匹的品种。而福特敏锐地意识到，消费者是希望：乘坐一个交通工具更快到达目的地。

分析："更好的交通工具"代表用户的"需求"；"更快的"是用户对于解决这个"需求"的"期望值"；"马"是用户对于解决这个"需求"的自假设"功能"。所以，我们应该分析消费者的真实需求和期望，而不能被客户的自假设的功能所迷惑。

上面的案例启示我们，应该首先分析客户的真实"需求"，他们的期望是啥？哪些是自假设的需求。

第2部分 产品定位篇

8.1 需求与获取

需求分为用户需求和产品需求，用户需求不等于产品需求。

用户需求是指用户表达出的自己认为的需求(need)，在实际工作中，我们获得的用户需求往往是用户所提出的解决方案，往往不是产品需求。

产品需求是指经过产品经理深度剖析用户需求，并分析出用户内心真正的诉求(want)后，结合该需求的价值与公司资源，所提出的能满足用户内在需求的解决方案。就像前面福特汽车的例子，用户需要的是一匹更快的马，但福特提供了一个更好的产品解决方案——汽车。在这个例子里，用户需求是"一匹更快的马"，而产品需求是"一辆汽车"。用户表达的是外在的"想要"(want)，产品需求满足的是用户内在的需求(need)。产品需求是满足用户内在诉求的解决方案，对标用户的需求need，而不是外在表现的want。

所以，我们应该根据用户需求(need)，探明用户的真正诉求(want)，并依照需求价值与企业的资源优势来寻找解决方案，如图8-1所示和图8-2所示。

需求分析流程如图8-1所示。

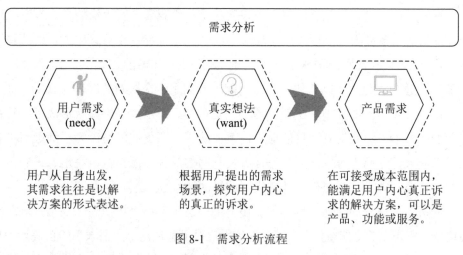

图8-1 需求分析流程

用户需求与产品需求关系示例如图8-2所示。

第8章 产品功能需求定位

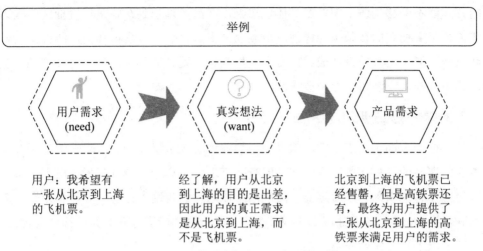

图 8-2 用户需求与产品需求关系示例

我们应该探寻用户真正的需求，并判断有价值需求，结合自己的资源优势选取优先级需求开发产品，解决客户问题，实现价值创造。

1. 需求来源于生活，需求的本质往往可以归结为人的心理诉求

人类生活中存在各种问题，为了解决问题，就产生了需求，无论是实体产品还是虚拟产品，都是为了解决用户生活中的问题、满足用户的需要而存在的。有些需求往往可以归结为人的心理诉求，像微信这个产品，在设计之初的定位是一种生活方式，而非仅仅是一个通信工具。用户选择使用微信的驱动力，并非仅仅为了节省通信费，还为了获取一种心理满足。

微信的很多功能都围绕这个理念而设计："摇一摇"顺应了人对随机性的好奇心，人们用简单的动作，就能找到跨空间的同类群体；"朋友圈"满足了每个人都希望获得关注、产生存在感和价值感的需求，"朋友圈"让用户既能扎堆但又不用暴露好友，很好地照顾到了用户的安全舒适感，满足了私密性需求。

2. 需求来源于用户

产品经理需要体验生活、深入用户，来感受和把握时代潮流，感知用户是什么样的人，有哪些兴趣喜好，从而获取需求灵感。好的产品经理，往往都在观察用户的生活细节，琢磨用户的心理，不断体验，挖掘需求，从而设计出更让用户心动的产品。例如微信群红包的设计理念来源于广东有过年"讨红包"的风俗，春节后，员工一般都会找老板领开工"红包"，产品经理们想，这种线下发红包

的方式能不能移到线上呢？在具体玩法上，产品经理想到在腾讯随机抽红包很有趣，每个人抽到的钱是不一样的，金额差别很大，这个过程很有趣，所以微信群红包从一诞生，就被设计成跟日常生活里大家感受到的一样，可以抢，抢到的金额还不一样，充满随机性和趣味性。

3. 需求来源于用户，但不止于用户

从两个方面讲需求：需求的来源、如何评定需求优先级。需求来源于用户在生活中遇到的各种问题、不便利，但有些需求，用户并不会直接表达出来，甚至自己都没有意识到，这就需要产品经理站在用户的角度去体会、分析和挖掘。需求既包括功能需求也包括心理诉求。本章重点挖掘功能需求并对其进行分析评价，心理需求下一章再做介绍。

如何发现用户真正的需求？

1) 了解市场，找到市场的关键驱动因素

分析并找出市场上的关键驱动因素，包含技术、消费者面临的困惑和发展趋势等。例如微信崛起源于移动互联网和智能手机的技术风口；拼多多抓住的是中国大量低端供应链过剩产能需被消化的契机。所以，要深入了解市场，抓住客户的真实需求，找出市场的关键驱动因素，并明确自己的客户群定位。

2) 学会观察，识别客户需求

盯准自己的目标客户群，观察用户的行为路径。因为用户的行为路径是最真实的反馈，他们每天都在用的功能足以证明他们的真正需求，观察用户每天是怎么生活的，在各种问题面前如何做选择，选择什么样的消费品？然后探讨用户行为反映出怎样的用户需求。例如，早期豆瓣只有书评和豆瓣小组，产品经理发现大量的用户小组正在讨论电影，于是开发了独立产品豆瓣电影。

3) 不断追问，获取客户的根本需求

敢于追问一些看似"愚蠢"的问题。亨利·福特在设计福特汽车的时候，曾这样回顾：当时我去调研，问用户你需要什么交通工具，用户告诉我，他需要一匹更快的马，然而通过不断追问我发现，用户的根本需求是"用更短的时间，更快地到达目的地"。

4) 基于场景挖掘需求

想要把用户表达出的需求，转化为用户真正的诉求，我们就要从需求所在的

场景出发。因为场景不同，用户的真正诉求不同。例如前面提到福特发明汽车解决用户需要一匹更快的马的例子。如果用户基于赛马场这个场景提出了这个需求，用户真正想要的是战胜对手，那么我们的解决方案可能就是一匹更快的马，真正的诉求可能是一副更轻便、舒适的马鞍，也可能是一个骑术精湛的骑手。

所以，没有场景的需求犹如空中楼阁，只有从具体的场景出发，辅以用户调研与分析，才有可能把用户需求转化为用户真正的诉求。

用户需求并不是用户正在做的事情，不是用户想要的某种产品功能，不是统计数据，我们要洞察用户需求背后的动机，要用同理心去体会和理解用户需求。

好的产品，一定是满足用户真正需求的。

8.2 需求识别

如何有效将"用户需求"转化为"产品需求"呢？这需要我们分清楚产品需求与解决方案的关系。如何把客户需求通过解决方案转变为产品功能呢？这需要进行有效的需求识别，下面通过借鉴需求漏斗模型介绍如何挖掘客户需求。

8.2.1 需求漏斗模型

需求漏斗模型可以帮助产品经理在产品开发过程中，将模糊的问题转化成有价值的需求。

1. 需求与解决方案

先通过一个案例区分"需求"与"解决方案"，图 8-3 中，最左边这个小孩的需求是什么呢？

需求：需要爬上去，看到对面……

解决方案：他需要一张椅子、一把梯子……

需求来自使用者"尝试解决某问题而未果"的痛点，一个明确的需求通常会用"动词"来描述，其任务是找出使用者"试图要做什么"；而一个落地的、好的解决方案应该是以"名词"来呈现，并且非常具体与明确。

图 8-3　需求

在探索或识别需求时,如果太快地过渡到解决方案,通常会限制我们的想象,其通常是一个"收敛"并只考虑可行性的过程,但需求探索应该是"发散"的过程,透过不断地询问"为什么"去挖掘用户真正的需求。

2. Why-How-ladder 推论阶梯

Why-How-ladder,目的是通过 Why 和 How 两个发问词不断探索、追寻,从而帮助我们"越来越靠近用户的真实需求"或是"越来越落地找到需求的解决方案"。类似爬阶梯一样,当我们不断问"Why(为什么)"并发散性探寻多种可能性,会越往抽象的答案靠近,越往阶梯上层爬越看到更广更深的脉络逻辑。当我们开始问"How(怎么办到)",则是找到越来越具体的需求答案,逐渐落地找到可行的"需求"解决方案。图 8-4 为需求漏斗模型。

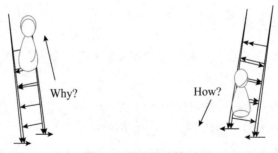

图 8-4　需求漏斗模型

1) 上阶梯时(Why?)

不断探究用户的真实需求或深层次的意图,探索"为什么这对用户重要?"的背后原因。

2) 下阶梯时 (How？)

尽量探究各种可能性，不断探究直观的解决方案。再回到图 8-3，让我们使用 Why-How-ladder 练习看看怎么运用这个工具帮助思考，如图 8-5 所示。

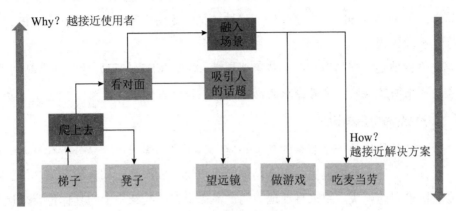

图 8-5　需求挖掘路径

最初的原始需求：小男孩需要一把梯子。

Why：为什么他需要梯子？因为他想爬上去。

How：若是想爬上去还有什么方法？还可以给他一把凳子。

Why：为什么他想爬上去？因为他想看到对面。

How：若是想看到对面还有什么方法？望远镜也能满足需求。

Why：为什么他想看到对面？因为他想和另外两个小男孩互动交朋友。

How：若是想交朋友，还有什么方法？或许可以与小伙伴一起做游戏或许可以……，这样另外两个小朋友就反而会被吸引，爬下来跟他玩。

Why：为什么要做游戏或是去吃麦当劳？其实他需要的是一个"吸引人的话题"，让他开启与同伴/朋友的互动。

……

客户真正的需求其实是"可以与同伴互动的引子/话题"。

由这个简单的练习可以发现，通过不断追问"Why(为什么)""How(怎样办到)"，不断地挖掘，帮助我们逐渐看清问题的脉络逻辑，并有意识地进行发散与收敛，得以摆脱定向思维的思考框架，探索多种可能性，最终获得客户的真正需求。

8.2.2 产品需求属性

将用户需求转换为产品需求再进行管理，是因为多数时候凭借经验根据用户需求制定初步的产品解决方案，这让我们更加深入地理解用户需求及产品需求和产品之间的关系，同时也方便我们准确地评估满足用户需求的产品新方案的技术可行性和优先级。

选择性地记录产品需求的一些重要属性，将有助于我们更好地管理产品需求，如产品需求所属模块、产品需求的需求类型、需求方代表等。

1. 产品需求所属模块

一个产品往往是一个复杂的功能系统，为了产品需求更容易分析和开发，产品会被分解为几个功能模块，每个功能模块负责完成产品一部分的系统功能。产品需求所隶属的模块，用来直观地说明产品需求在产品结构中的具体位置。例如微博数据中心分为粉丝分析、内容分析、互动分析、行业趋势分析四个模块，而页面访问分析隶属互动分析这个模块。

2. 需求类型

对产品需求进行必要的分类，不仅可以帮助我们更好地管理需求，而且还可以更好地分析需求，对每个需求的价值大小做出更准确的判断。同样的产品需求可以按照不同的维度进行分类，具体采用哪种维度可以根据实际需要来决定。

3. 确定产品需求优先级

要对产品需求优先级进行排序，判断产品需求优先级的主要依据是产品需求的投入产出比，即产品需求的产出价值与投入成本之间的比例。除此之外，还要考察需求的紧急程度、与产品策略的契合程度、需求之间的潜在关系、实际可调配的资源情况等因素，如图8-6所示。

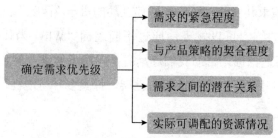

图8-6 确定产品需求优先级要考察的内容

8.3 需求分析

我们往往会获取到大量的需求，每一个都需要满足吗？做什么？不做什么？先做什么？后做什么？这需要对需求进行系统分析。

例如，2014年，在微信红包的带动下，腾讯微信的支付业务迅猛发展，同时也暴露出平台存在的很多问题。比如用户在发红包的过程当中，很多时候发不出去；在提取资金的时候，资金却常常到不了账；商户在使用各种功能的时候，却无法满足自身的需求。

在众多的需求前提下，应该怎么样评判，哪一个做，哪一个不做，先做什么，后做什么，这成为腾讯微信当时需要解决的一个问题。于是，团队把整个需求分为四个层级(按重要程度排序)。

第一层级是资金的安全性和可用性，就是说在整个保障安全的前提下，每一笔支付都能够顺利进行，让用户资金像水一样流来流去，不会出现中断，这是一个必备的前提，也是基础的保障。

第二层级是用户体验，用户在使用腾讯微信的支付业务的过程中能够感到快速、清晰，并且能够在界面美观的前提下，感到舒服、愉悦。

第三层级是扩展性和兼容性，让各种各样用户的银行卡都能够被绑定、使用，让用户线上和线下的场景都可以被兼容。

第四层级是产业的生态，行业上下游和银行合作机构的关联紧密，有助于支付行业能够长期健康有序平稳地发展。

这四个层级构建了整个评判需求优先级的一个体系。它就像一个金字塔一样，从基础到高级，依次去满足、去实现，如图8-7所示。

对于第一层级，最大的痛点是用户在春节等节日期间红包发不出去，腾讯微信发现，支付业务和传统的互联网业务有很大的不同，它的链条非常之长。从微信平台，到微信支付平台，到FIT基础支付平台，再到银行接口，任何一个环节都可能导致我们的支付变慢。在梳理过程中发现银行接口处理的并发量是一个重要的瓶颈。这是因为，传统银行的设计无法满足互联网移动支付业务小额高频，一秒钟达到几万笔，甚至几十万笔的支付请求。

通过这样的梳理，产品经理们重点优化了银行接口，使银行的核心处理系统满足支付业务的小额高频的处理请求。最终，在和银行团队共同的努力下，并发的总容量扩展了30倍以上，解决了这样的一个痛点。

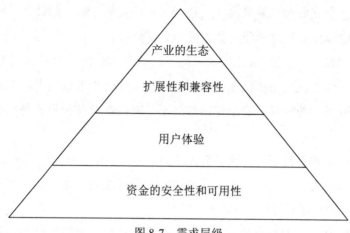

图 8-7　需求层级

第二层级用户体验，最大的痛点是提现到账的速度慢。2014年，腾讯微信的产品经理做了一个用户调研，发现理财通赎回到账的速度竟然比其主要竞品慢6倍以上。这使其深受触动，于是，产品经理把从用户提现开始，到送交到银行处理整个链条进行了逐步的拆解。发现在腾讯内部处理的时长高达半个小时以上。这是因为腾讯微信在处理提现到账的时候，每一笔都要经过人工的审查，在支付业务当中，这显然是不能接受的。

于是其优化了系统处理的方式，把人工审批改成了进行自动处理，通过这样的一个提升，大大缩短了提现处理的时长。

另外一方面，也把银行的批量处理的接口进行了单笔处理，这使(发到银行的)数据包等待的时长大大地缩短。经过这一系列改善的动作，使用户提现几乎可以做到实时到账，这大大优化了用户在提取资金时的核心体验。

一般来说，每个业务都可以建立从基础到高级的需求模型。我们优先保障可用性，不断优化体验，这两层需要不断打磨完善，这是产品的核心竞争力；之后，再扩展用户群，放大影响力，实现业务生态布局，从基础到高级依次向上满足。

如何分析需求？微信团队面对各种各样的需求时，按照可用性、更佳体验、扩展兼容、生态完善四个方面进行分层，从基础到高级依次向上满足。

需求分析是经过深入的调研和分析，准确理解用户的具体要求，将用户的需求表述转化为完整的需求定义，从而确定系统必须做什么的过程。

8.3.1 基于场景的需求分析

用户需求是提出问题,产品需求是解决问题,在提出问题和解决问题之间少不了"问题分析"。

基于场景的需求分析可分为四个步骤:场景细分、用户细分、诱因分析、定义解决方案,如图8-8所示。

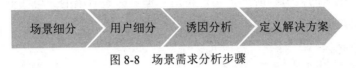

图8-8 场景需求分析步骤

1. 场景细分

场景细分是将用户需求中所涉及的场景尽量罗列出来。因为只有特定的、明确的场景才能让用户需求落到一个可评估的位置上,需求才有意义。

例如,如果我们想解决用户"语音转文字"的需求,可以列举出在什么样的场景下用户有将语音转成文字的需求。主要有会议、演讲、授课、采访、访谈、庭审、谈话、语言练习、直播、音视频录制10种主要使用场景。企业可根据自己产品的战略需求,对各个场景进行市场吸引力和竞争地位分析,找出自己企业最适合占领的场景。

2. 用户细分

在场景细分的基础上,可以做用户细分。用户细分就是在独立场景下,将此场景下的角色全部罗列。用户细分的目的是在特定的场景下,对于特定的用户进行诱因分析。

3. 诱因分析

诱因分析是需求分析中重要的一环,对于在特定场景下的特定角色,不仅要做到原因层面的分析,还要做到期望层面的分析,如果可以深入人性,我们也要对用户内心的真实诉求进行分析。例如,会议场景下的记录员的基本诉求是将会议内容完整记录,并做成会议纪要发送给其他人。而整理会议纪要是一件耗时耗力的事情,所以他期望能够自动整理会议纪要,哪怕只是重点部分内容也可以,比如重要领导的发言。如果会议纪要不需要人去整理,直接生成会议纪要,这就极大解放了记录员,其可以将工作重点放在跟进会议决策的进展上。

4. 定义解决方案

这也是最后一个阶段，根据场景细分、用户细分、诱因分析，结合核心技术能力、资源形成产品方案。

针对这么多解决方案，如何才能确定哪一种解决方案真正是我们需要的呢？如果有能力尽可能实现更多的解决方案，实现多种功能，因为实现更多的解决方案就能帮助更多的人节约时间、实现价值。但资源是有限的，可按照"满足主要情景、多用户原则"开发"钉子型"产品，随着企业和产品的发展，逐步向多功能型产品发展。

8.3.2 需求要素分析

只有对需求关键要求有清晰的认识，我们才能正确定位问题，有针对性地设计解决方案。所以，我们必须明确产品需求，下面从需求要素的角度进行分析。

需求要素包括场景、主观价值、资源、心理和用户量。

1. 场景

大家一般都有旅游的经历，在景区一瓶普通矿泉水卖5元钱，如果这个时候，你渴了，你会购买。如果是在家中，你渴了，一瓶矿泉水还是卖5元钱，水还是那个水，你还会购买吗？场景不同，需求不同，主观意识不同。

2. 主观价值

"人总是根据主观上认为的自身利益最大化的标准做出决策。"如果在景区的一瓶普通的矿泉水不是卖5元，而是卖50元，这个时候，你还会购买吗？在不喝水不会出现非常严重后果的情况下，大部分人都不会去购买了。

但此时，如果是你的女朋友渴了，经过综合衡量，你就可能会去购买，或者因为太炎热，很可能出现中暑或者脱水现象，影响到你下一步行动甚至是你的健康，此时你也可能会去购买。

3. 资源

一个人自身的资源或能力也会影响其主观价值判断。还是以在景区为例，此时，水涨价了，涨到10000元钱一瓶，这个时候，你还会买吗？即使可能中暑了，多数人会停止旅游或是去寻找别的解决途径，因为这时候影响其是否购买的最重要因素是没有这个支付能力或是感觉不值得。

4. 心理

一个人在场景中的心理感受会影响其主观价值判断。还是以在景区为例，此时，水卖到500元钱一瓶，这个时候，即使你女朋友已经渴了，你付得起但也不想去买，因为你有一种被坑的感觉。

5. 用户量

景区为了服务游客，解决游客口渴的问题，准备在景区里开一个卖水的超市，可是景区很大，是开在游客刚进来的入口处，还是开在某人气旺的景点处？还是开在偏僻的人烟稀少的景点处？在场景、用户价值、资源一定的情况下，景区能获得的买水的用户数量是不一样的，这也是影响卖水的超市设置地点的重要因素。

所以，在进行需求分析的时候，不能脱离开场景、主观价值、资源、心理及用户量，需要对需求要素进行系统分析，得出最适合的需求解决方案。

8.3.3 痛点要素分析

用户需求应从痛点出发，找到用户痛点是成功的关键。需求是在一定时期内人们的某种需要或者欲望。而痛点是指尚未被满足的，而又被渴望实现的需求，它可以驱使我们采取行动做出改变，所以一旦找到了痛点，也就找到了产品开发的抓手。

光找到未被满足的需求是不够的，还要分析用户的需求程度和紧迫性。需求是动态变化的，需要找到用户的刚需。刚需是指在所有的需求里最重要的一个或两个。紧迫性是找到真正痛点的关键钥匙。紧迫性越高，痛点越痛，产品服务被需要的可能性也就越大。

痛点要素包括场景、刚需、紧迫性、用户量。

此处对场景和用户量不再赘述，重点介绍痛点需求模型，也就是四方格分析模型。假设需求是一条纵轴，越往上需求越刚性，横轴代表紧迫性。随着横轴从左到右，紧迫性就会不断提高，我们就能更容易发现痛点机会，如图8-9所示。

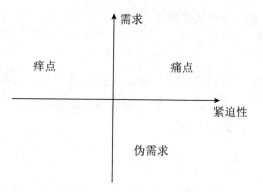

图 8-9　痛点需求模型

需求越紧迫，用户痛点越痛，付费意愿也越强烈。

痛点能否变成用户需求，取决于我们是否有能力来解决这个痛点。例如，痛点就是从北京到上海走路太慢了，太浪费时间，为了解决这个痛点，提供了不同的需求解决方案，比如汽车、高铁、飞机等满足不同人群的需求。如果是在公司建立初期，发现了这个痛点，因为技术等条件限制，只能提供"汽车"这个解决方案，这样可以解决一部分人的痛点了，但是汽车还是慢；随着技术发展，又提供了"高铁"这种解决方案，又多解决了一部分人的痛点了，但还是不够快，最后提供了"飞机"这种解决方案。

所以产品开发初期，根据企业的资源优先解决那些"关键"的痛点，着重针对"痛点"来解决主要矛盾，让产品先活下去，中期再解决次要矛盾，后期再解决锦上添花的需求。

8.4　需求评估与定位

本书将从需求价值分类、需求优先级排序、需求质量分析三个维度对需求进行评估，为产品经理和研发人员提供决策依据。

8.4.1　需求价值分类

通过典型的 KANO 模型将需求价值分为五类。KANO 模型是对用户需求分类和优先排序的有用工具，体现了产品性能和用户满意之间的非线性关系。

KANO 模型是由东京理工大学教授狩野纪昭发明的，将用户需求分为基础型需求、期望型需求、兴奋型需求、无差异型需求和反向需求五种。

1. 基础型需求功能

一旦实现了一定数量的必需功能，就无法再通过增加这类功能来提高用户的满意度了，无论增加多少必需功能，用户满意度都不会超过中点以上。

基础型需求功能是指有了这个功能，用户并不会对这个产品产生多少好感，但是没有这个功能，用户的满意度会直线下降，这类功能通常都是产品中的基础功能，比如一个社交产品中的加好友、留言、分享等功能，这些都是用户社交产品的标配。

2. 期望型需求功能

期望型需求功能的增加和用户满意度呈线性增长，所以这类需求功能越多越好。期望型需求功能是指有了这个功能，用户的好感会明显增加，没有这个功能，用户的不满也会增加，这类功能往往对应的都是用户的核心需求。

3. 兴奋型需求功能

只要实现一部分兴奋点，就可以明显提升用户满意度，苹果的产品在这方面做得比较好。

兴奋型需求功能是指有了这个功能，用户的好感会明显增加，没有这个功能，用户也不会觉得怎么样，这类功能往往是一些很酷炫，很花哨，但是实际上用处不大的功能，兴奋型需求功能往往是在功能刚推出的时候用户觉得有新鲜感，但随着使用时间的变长，兴奋度会慢慢降低，功能慢慢就会被用户放弃。

4. 无差异型需求功能

无差异型需求功能是指有了这个功能，用户可能会使用，但不会表现出满意，没有这个功能，用户也不会不满意，总之这个功能有没有，对用户使用这个产品影响不大，像很多产品中都有企业的自我介绍、产品版本信息介绍，引导用户去 App Store 点评等就属于这类功能。

5. 反向需求功能

反向需求功能是指没有这个功能，用户不会不满意的，但是有了这个功能，用户满意度反而会直线下降。

用户的需求类型是随着时间变化的，也许期望型需求变成了基本型需求，兴奋型需求变成了期望型需求，需要重新挖掘用户的兴奋型需求。

对于必须完成的需求，在产品发布时需要完成要及时跟进用户的需求状态和类型，不断挖掘用户新的兴奋型需求。

8.4.2 需求优先级排序

用户的痛点往往很多，这意味着需要解决的问题很多，但一个产品的功能不能面面俱到，这就意味着对产品的功能要有取舍，需要根据自己企业的竞争优势和产品定位找出产品的一些核心功能进行创新，精心进行产品打造，也就是说每个企业的资源都是有限的，需要根据市场竞争情况和上市紧迫性等因素确定业务优先级。

1. 象限分析法

在有了具体的产品功能需求之后，我们应该按照象限分析法排出业务需求优先级。

1) 第一步，在表格中找到具体的业务需求的位置

按照这两个维度，由产品经理和需求方一起讨论："如果有这个功能"，结果是"好""无所谓"或者"不好"；"如果没有这个功能"，结果是"好""无所谓"或者"不好"，如图8-10所示。

	如果有这个功能		
	好	无所谓	不好
如果没有这个功能 — 好			
如果没有这个功能 — 无所谓			
如果没有这个功能 — 不好			

图8-10 象限分析模型

2) 第二步，快速剔除矛盾需求与无效需求

在象限分析模型中，如果"有"这个功能和"没有"这个功能同时"好"，则是矛盾需求；同理，如果"有"这个功能和"没有"这个功能同时"不好"，

也是矛盾需求；如果"有"这个功能"不好"，反而"没有"这个功能"好"；如果有这个功能"无所谓"，没有这个功能"好"；或者如果有这个功能"不好"，没有这个功能"无所谓"，这三种情况都是无效需求，如图 8-11 所示。

	如果有这个功能		
	好	无所谓	不好
如果没有这个功能 好	×	×	×
如果没有这个功能 无所谓			×
如果没有这个功能 不好			×

图 8-11　象限分析 1

这样我们就只剩下四个象限的需求要考虑，如图 8-12 所示。

	如果有这个功能		
	好	无所谓	不好
如果没有这个功能 好	×	×	×
如果没有这个功能 无所谓	P3	P4	×
如果没有这个功能 不好	P1	P2	×

图 8-12　象限分析 2

(1) 如果有这个功能"好"，如果没有这个功能"无所谓"。

举个例子，运营提了一个营销工具的需求，有这个功能很好，没有这个功能现在的功能也能支撑。

(2) 如果有这个功能"好"，如果没有这个功能"不好"。

这个象限的需求非常重要，一般定位是产品核心功能，不可以缺少，所以优先级一定最高。

(3) 如果有这个功能"无所谓"，如果没有这个功能"不好"。

比如，无线耳机是未来的趋势，现在手机的"耳机孔"是否保留呢？有人认为这个功能我可以不用，但却不能没有。因为保留耳机孔可以方便人们边充电时边使用有线耳机，避免了使用转接线的麻烦以及蓝牙耳机需要经常充电的烦恼。

(4) 如果有这个功能"无所谓"，如果没有这个功能也"无所谓"。

有些公司的产品有这种"无所谓"的需求，这种需求优先级最低。这类需求的来源方一般都是强势的业务方或者强势的企业。

3) 第三步，确认业务优先级

将上面的四大象限排出优先级，按照从高到低，分别表示为 P1>P2>P3>P4。

这样就得出了业务的优先级。很多公司就以这个业务优先级直接进入开发环节，这样有时候是不对的，特别是对于需求响应速度要求极高的增长行业。有时候虽然在开发 P1 的需求，但是可能 P1 需求需要 1 年的开发周期，而 P2 需求只要 10 天。如果该产品的时效性和上市的紧迫性比较高，P2 需求的价值明显高于 P1 需求，此时就需要及时进行调整。

4) 第四步，功能差异化对比定位

产品差异化对比定位就是综合考虑产品所处市场的竞争对手情况，结合产品的自身特点来进行差异化价值的定位。需要跟市场上的其他产品有不相同的地方，但要能实实在在地解决用户的需求。

在确认了业务优先级之后，还需要同步考虑与分析市场上已有产品和竞争对手产品的情况，确定差异化的功能需求，如果某个优先级较高的需求，竞争对手已经强大了，可以避开同质化竞争，不予以开发，如图 8-13 所示。

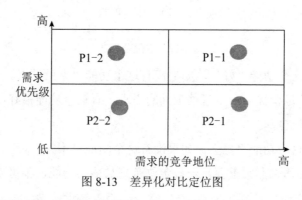

图 8-13　差异化对比定位图

模型的纵轴是本企业产品的需求优先级，第一象限和第二象限都是已经评估出优先级最高的需求 P1，第三象限和第四象限是优先级其次的需求 P2。横轴是需求的竞争地位。

根据差异化对比定位图(见图8-14)，需开发的产品需求优先级，按照从高到低分别表示为 P1-1>P2-1>P1-2。

需求的竞争地位

		期望时间内	可接受时间	不可接受时间
需求优先级	P1	1	2	×
	P2	3	4	×
	P3	5	6	×

图8-14　象限分析图

5) 第五步，确认开发优先级

在进一步确认了业务优先级之后，还需要同步考虑产品的上市紧迫性问题。

通过区分业务优先级和上市紧迫性，可以重新得到一张象限分析图，如图8-14所示。

由于有些产品对上市时间的要求很高，在图8-14的9个象限中，我们重点关注业务需求的排序是 1>2>3>4>5>6。

确定需求优先级的方法还有很多，企业可根据行业和评估人员的成熟度，选择自己熟悉的、实用的方法即可。

乔布斯有一句话说，人们从来就不知道自己要什么，直到你把产品放到他们面前，他们才会发现这正是他们想要的。所以人们嘴上说出来的需求往往都是虚的，他们真正的需求需要用心去感受，进行科学分析与管理。

2. 判断产品核心需求的价值

核心需求决定了产品的战略方向，如果一个产品的核心需求对用户来说没有使用价值，非核心需求做得再好，用户不会去用，自然也就没有价值。如何判断一个产品的核心需求的价值呢？可参考以下三个方面。

1) 是否能为目标用户解决痛点，创造价值，而且能持续创造

所设计开发的产品，能够真正满足客户的需求，解决客户的痛点，极大地改变客户的现状，产品才有生命力。例如，乘坐马车去上海，时间太长。高铁5个

小时，又不受天气影响。飞机虽然更快但受天气影响经常晚点，不好。要尽量做到比竞争对手好，在现在或未来一段时间内是最好的。如果自己好，但是比竞争对手弱，还是不行的。

2) 目标用户群体数量大小

一个用户有的需求只能叫需求，有一千个用户有的需求才能叫市场。目标用户群体数量直接决定需求价值的大小。例如对于"北上广深"这样的人口超过千万级别的大城市，新鲜蔬菜的市场需求极大。

3) 是否有盈利模式

任何一款产品如果想要持续为用户创造价值，必须以能够赚取利润为基础，也就是有能够盈利的模式。实现用户价值是途径，终极目的还是要实现商业价值，但是如果产品无法实现用户价值，商业价值也无从谈起。如果一款产品不能赚取利润一味烧钱，用户价值实现了，但是没有实现商业价值，注定也不会长久。

8.4.3 需求质量分析

需求的价值与企业已掌握的技术匹配性分析，也是需求评估的一个重要方面。质量功能展开是一种将产品需求、技术、竞争力进行全面分析的方法，其目标是要找到最有价值的功能。质量功能展开可以利用多种工具，其中最核心的工具是质量屋(Hose of Quality，HOQ)。质量屋是 1988 年由两位美国学者提出的，这是一种将用户需求和产品或服务的性能进行关联的视图表达形式。

1. 质量屋的结构

质量屋分为如下几个部分。

左墙：WHATS 输入矩阵，表示客户需求及客户需求的重要度。其中需求是用户希望实现的产品或服务特性，重要程度则由客户定量评分得出，也就是确定需求优先级。

天花板：HOWS 矩阵，展示解决客户需求所需要用到的技术手段，即"怎么做"，将客户需求转化为可执行、可度量的技术方案。

房间：相关关系矩阵，主要展示客户需求和技术要求之间的关系。

屋顶：HOWS 相互关系矩阵，主要展示技术要求之间的相关关系。

右墙：评价矩阵，主要与市场竞品进行各种竞争要素的比较，做出产品在该领域竞争优劣势的评价。

地下室：HOWS 输出矩阵，对技术要求的成本进行计算，包括考察技术特性的重要度、目标值、竞争优势等，进行综合的计算，最终确定优先开发的需求和优先满足的需求。

2. 需求质量分析的步骤

1) 用户需求分析

产品设计的第一步，需要尽可能多地收集用户需求。这个过程中，我们首先需要识别产品的客户是谁。

识别产品目标用户后，需要通过各种渠道收集用户需求并进行需求分析，找出客户的真正需求。

需求收集完成之后，需要进一步对需求进行整理，各种需求有可能出现类似、包含、相互交叉等关系。在这个阶段，可以使用亲和图法对需求进行整理。

首先，将内容相近的需求归纳到一起，只保留其中一个需求，并记录需求出现次数。

其次，将剩下的需求再进行分组，并重命名新的分组，重复这个步骤继续进一步分组，一般情况下，只需要分 2～3 个层次即可。

最后，画出代表各个需求关系的亲和图，如图 8-15 所示。

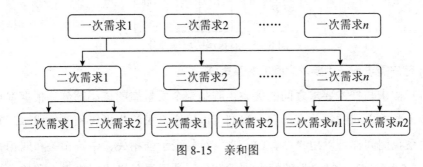

图 8-15　亲和图

需求整理完成之后，我们需要对用户进行进一步的调研，使用问卷调查法等方法，了解我们所整理的需求在客户心目中的重要程度。

可使用层次分析法，采用 1～10 分的分值代表每个需求的相对重要程度，尽可能覆盖不同类型的用户，每个需求取其平均值作为该需求的重要度，也可以使用需求优先级排序方法，如表 8-1 所示。

第2部分 产品定位篇

表 8-1 需求优先级排序

需求	C1	C2	……	Cn	重要程度评分
Q1	V11	V12		V1n	Vf1
Q2	V21	V22		V2n	Vf2
……					
Qm	Vm1	Vm2		Vmn	Vfn

2) 技术要求分析

明确用户需求之后,下一步需要考虑开发成本的问题。首先需要列出实现用户需求的技术要求。

这一阶段的工作需要技术开发人员参与评估。由于技术要求本身具有相关性,为了更准确地评估开发成本,我们需要分析技术要求之间的相关关系,并建立关系矩阵,使用"◎、○、△"符号表示强相关、中等相关和弱相关,用"◎=5,○=3,△=1"的标准进行打分,就此构建了质量屋的屋顶部分,如图 8-16 所示。

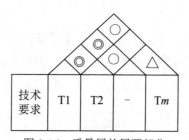

图 8-16 质量屋的屋顶部分

3) 客户需求与技术要求之间的关系矩阵

客户需求与技术要求之间的关系矩阵是整个质量屋的核心部分。根据客户需求与技术要求之间的相关度计算,我们可以确定需求的优先级和开发成本。其两者的关系我们同样可以用"◎、○、△"符号表示强相关、中等相关和弱相关,用"◎=5,○=3,△=1"的标准进行打分,利用得分描述用户需求和技术要求之间的关系。

这一步需要技术人员与设计人员共同评估,根据团队以往的项目经验,推断出需求与技术之间的关系,如表 8-2 所示。

第8章 产品功能需求定位

表 8-2 需求与技术之间的关系

技术 需求	T1	T2	……	Tn	重要程度评分
Q1	R11	R12		R1n	Rf1
Q2	R21	R22		R2n	Rf2
……					
Qm	Rm1	Rm2		Rmn	Rfn

根据表 8-2，我们可以得到用户需求和技术要求之间的对应关系矩阵 **R**。

$$R = \begin{cases} R11 & R12 & \cdots & R1m \\ R21 & R22 & \cdots & R2m \\ R31 & R32 & \cdots & R3m \\ & \cdots \cdots & & \\ Rn1 & Rn2 & \cdots & Rnm \end{cases}$$

技术要求与用户要求关系如图 8-17 所示。

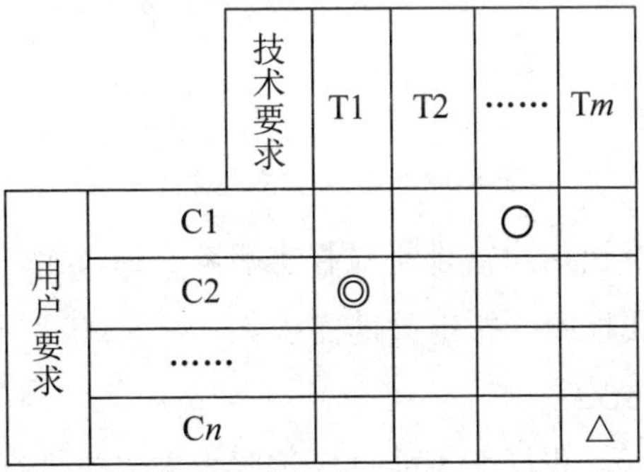

	技术要求	T1	T2	……	Tm
用户要求	C1			○	
	C2	◎			
	……				
	Cn				△

图 8-17 技术要求与用户要求关系

4) 决定需求优先级排序

(1) 设定需求目标值。

我们已经了解了用户对各个需求的重要程度的评分，结合需求的重要程度，团队需要为需求进行一个目标值评价。

(2) 选出产品卖点。

在众多需求中，并不是每个需求都是我们主打的，要在市场上建立竞争优势，必须有自己突出的卖点，对产品进行差异化设计。这里我们可以简单使用 1 和 2 两个分值，1 代表卖点，2 代表非卖点。至此，我们可以计算各个需求的相对权重了。

(3) 计算用户需求的绝对权重。

在质量功能展开中，我们首先从需求的角度出发，通过三个指标，重要度、目标值、卖点进行需求绝对权重的计算，计算公式为

$$绝对权重(S) = 顾客重要度(C) \times 目标值(M) \times 卖点(N)$$

用户需求绝对权重如图 8-18 所示。

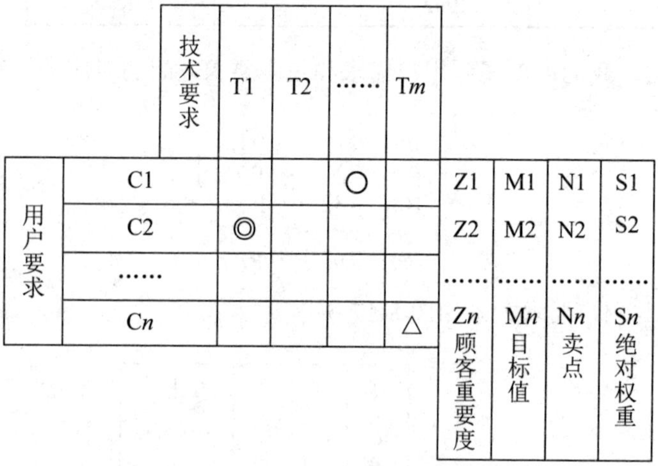

图 8-18 用户需求绝对权重

由此，我们可以得出用户需求绝对权重矩阵。通过绝对权重的对比，我们可以得出各个需求的重要程度，找出关键需求。

5) 技术要求的绝对权重

分析需求的权重后，我们还不能直接按照需求权重进行开发，还需要考虑客户需求和技术要求之间的关系。

因此，我们需要计算技术要求的绝对权重，以技术要求的权重作为产品开发的考虑因素。

结合用户需求绝对权重和技术要求绝对权重，我们可以直观判断需求开发的优先级。

6) 产品竞争力评价

为了保证产品在市场中的竞争力，我们还要对竞品进行比较研究，竞品至少应该在两个或以上。

产品竞争力评价分为两个维度，一个是对需求的满足程度，对比产品与竞品在需求满足程度方面的相对优势，我们使用 1～5 分，分值越高，优势越明显。同样，

我们也可以对技术要求进行对比，研究我们与竞品之间的相对技术优势和劣势。

产品竞争力评价如图 8-19 所示。

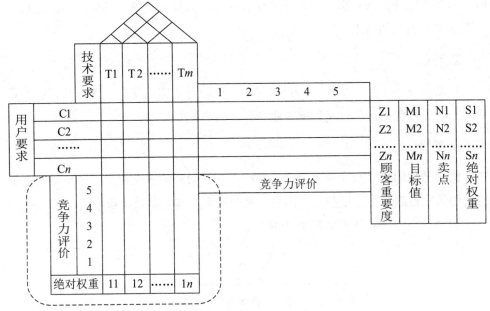

图 8-19 产品竞争力评价

7) 最终评价

通过质量功能展开，我们已经收集了很多的信息，包括用户需求的重要性、用户需求与技术要求之间的关系、产品与竞品之间的差距。

至此，我们可以建立一个完整的质量屋。通过这个质量屋，我们可以判断需求开发的优先级，以及我们产品与竞品之间的优劣势，解决产品设计方向模糊的问题，保证产品设计及后续开发的质量控制。

8.5 需求验证

为了解决以用户为中心、提升用户体验的问题，企业开始使用用户体验表。用户体验表既能验证需求解决情况，也能验证需求解决痛点的程度。

用户体验表由三个最基本的核心要素构成，这三个核心要素均是从用户的视角出发。

1. 需求

需求是指用户期望从企业那里获得什么，在每一次互动中想要实现什么目标，用户需要哪些帮助来实现目标，用户期望获得什么样的待遇与感受，客户是否有自己尚未意识到的需求。

2. 行动

行动是指为了实现目标，用户所采取的行动与步骤，每个步骤中都有哪些具体的互动点与触点，用户是如何与企业互动的等。

3. 感受

感受是指用户在与企业互动前、互动中及互动后的感受如何，用户是否感到他们的需求被满足了，用户是否满意，是否认为这些互动很有价值。

用户体验的核心要素如图8-20所示。

图8-20 用户体验的核心要素

创造用户体验其实就是创造更多的互动，创造情感上的愉悦体验，让客户在与企业接触的过程中有更多正面的关键时刻。通过对用户体验的研究，企业能扫清每个阶段之间的障碍。

用户体验三个核心要素的详细节点如表8-3所示。

表8-3 用户体验要素的详细节点

需求	整体需求	用户希望从企业那里获得什么
	分解的需求	在每一次互动中想要实现什么目标
	需求实现条件	用户需要哪些帮助来实现其目标
	期望	用户期望获得什么样的待遇与体验
	隐性需求	用户是否有自己尚未意识到的需求
行动	行动步骤	用户为了实现其目标而必须采取的行动步骤，将整个体验过程从用户的角度拆分为一个个的小行动
	互动	每个步骤中用户与企业都有哪些互动
	触点	每个步骤中用户与企业的触点
	互动方式	用户如何与企业发生互动

续表

行动	渠道	每个步骤、触点发生的渠道
	服务	在每个步骤中，用户所得到的服务
	关键人物或部门	在该触点中由哪些部门提供服务，影响用户体验的关键人物是谁
	关键诱因	触发用户与企业进行互动的要素是什么，使用户产生某种感觉的原因是什么，促使用户走向下一个阶段的动力是什么
	可改进的互动与触点	哪些地方可以改进以更好地满足用户需求
感受	关键时刻	体验过程中对用户来说最为重要的关键时刻，如感到愉悦、满意的时刻，以及感觉到受挫、失望、愤怒、沮丧的时刻
	满足与否	在每一个阶段中，用户是否认为他们的需求被满足了，是否感到满意，是否认同这些价值

人们对某种产品的需求和它带来的体验以及得到它要支付的成本密切相关。只有摸透产品本质，调研清楚需求，才能赢得用户的青睐。能给用户惊喜、超出用户预期的产品设计才叫体验。照顾用户的心理和情感，做到洞悉用户心理，就能让他们喜欢甚至爱上你的产品。

例如，瑞幸小蓝杯如何解决咖啡外卖的体验问题？星巴克使用的是PET杯盖，这种杯盖更好盖，但出口很难封死，不管怎么贴贴纸，咖啡都会很容易漏出来，在配送的时候，可能会漏得特别严重。为了解决漏洒问题，瑞幸小蓝杯的杯盖采用的是PP材质，它的优点是杯子和杯盖扣得特别紧，但对杯沿卷边的精度要求特别高，只有在某个特定宽度，杯盖才能正好扣进去，保证不漏，并且不会压坏杯体。

于是瑞幸开始不断调整设备和工艺，解决纸张、杯盖的开模尺寸、杯子卷边的精度等一系列问题。盖子问题解决后，又出现了新的问题：顾客拿到的咖啡比较热，受热胀冷缩的影响，液体很容易顺着杯子往外流。于是，瑞幸又花了很长时间对纸张进行调整，大大提高小蓝杯的纸张韧性，才彻底解决了问题。

体验之所以重要，不仅在于良好的体验能促进购买行为的产生，更重要的是它将带来由此而产生的用户对企业的信任感，这种信任感是客户与企业之间的黏合剂，这样的黏合剂能使客户在企业出现了小失误时仍能对其有信心、愿意继续支持该企业。

8.6 产品版本规划

产品版本规划的关键是产品功能聚焦,也就是需要找出最关键需求,论证并聚焦开发某一个或几个功能,做到极致,提升产品的竞争能力。

在需求列表中有很多的功能,考虑到开发成本、时间成本、风险等因素,不能全部开发,这时候最实际的做法就是将产品划分成不同的版本,按照版本进行开发,如何进行版本规划呢?

8.6.1 分解产品目标

分解产品目标就是把大的方案,分解成一个一个小方案,先实现一个一个小目标,小目标都实现了,最后大目标就实现了,一般结合产品的生命周期和企业的产品代系标准来设置产品目标,产品的生命周期包含种子期、成长期、成熟期、衰退期四个部分。比如我们现在要开发一个校园社交产品,这个需求市场是存在的,但是我们提供的产品解决方案是不是用户满意的,能不能解决真正的需求,这是未知的。我们结合产品生命周期分别设置产品目标如下。

种子期:验证用户反馈。

成长期:完善产品功能。

成熟期:实现商业变现。

衰退期:寻找新的增长点。

8.6.2 确定产品功能

明确了产品目标,可根据目标对产品需求再进行分类,确定实现每个目标需要的功能,这时候要考虑的因素如下。

1. 种子期

目标是为了做验证,所以一般用尽可能少的功能实现用户需求,一般优先实现期望型需求和部分基础型需求功能,实现产品的使用价值和性能价值。

2. 成长期

需要产品不仅能运行起来,还需要吸引更多用户使用,要稳定、安全地运行,这时候需要实现大量基础型需求和期望型需求功能,以及部分兴奋型需求功能,不但不断完善产品的使用价值和性能价值，还可能进一步分化产品，增加产品的功能价值和精神价值，提升产品的档次。

3. 成熟期

需要变现，这时候可以考虑实现广告、支付等反向型需求功能，扩大产品市场占有率，提升产品品牌知名度和美誉度，实现公司成长。

4. 衰退期

用户增长放缓，可以实现一些兴奋型需求功能来刺激用户，也可以找新的期望型需求，满足用户没有被满足的需求。

8.6.3 需求评审

因为产品方案需要多人配合才能实现，所以功能并不是完全由产品经理最终决定，需要组织产品专家、公司领导、研发人员、运营人员等跨部门组成产品论证委员会或小组，一起对划分的版本和功能可行性进行评估，如果觉得有不合适的，可以根据意见对目标和目标中包含的功能进行调整，直至觉得合理为止。

通过分解产品目标、确定产品功能、需求评审三个步骤后，我们已经将原本的产品方案和功能，划分成了一个个小版本。

8.6.4 完善产品版本

完成产品规划后，进入产品实施阶段前，需要把产品需求按照如表 8-4 所示排序，优先开发的版本所包含的产品需求优先级是最高的。

表 8-4　产品版本功能需求列表

编号	版本	功能名称	功能描述	价值	优先级	备注
1	v1.0				1	
2					1	
3					1	
4	v2.0				2	
5					2	
6					2	
7	v3.0				3	
8					3	
9					3	

第 9 章
基于心理需求的产品定位

* * * * *

消费者的消费行为一定是受消费动机支配的,而消费动机又是由需求引起的,把握消费者的心理需求倾向,是产品开发成功的基础。

科学技术的快速发展,人们生活水平的提高,使消费者对产品的体验和情感需求提出了更高层次的要求。市场上同类产品竞争日益激烈,人的感性心理需求得到了前所未有的重视,人们渐渐地不仅关注产品的功能性和易用性,人的需求正朝着情感、互动和体验的方向发展。在产品设计中,产品的情感化成分影响越来越大,设计出更多满足用户心理需求的产品,是未来市场的必然发展趋势。

所以,用户需求和痛点是产品起点,心理需求是产品定位的关键依据。

9.1 心理需求

产品定位既要满足消费者对产品功能的需求,更要迎合消费者的心理需求。

9.1.1 心理需求的概念

何为心理需求呢?

心理需求是指最初源于遗传的、先天的生理需要,后逐渐独立于生理需要,主要有三类:第一类是探索、好奇需要,亦称好奇驱力、探索驱力,如幼儿对新事物表现出的兴奋；第二类是成就需要，指个体对自己认为重要的或有价值的工作，力求达到完美程度的内在驱力；第三类是亲和需要，指渴求获得关心、友谊、爱情及别人的许可与接受、支持与合作等的内在驱力。

优秀的企业都善于洞察并抓住消费者的心理需求，善于抓住消费者一个个的痛点，用痛点来打动用户，切入市场，培养客户，延伸产品体系，最后实现盈利。

9.1.2 心理需求的消费特点

1. 消费者的心理需求和生理需求共存

消费市场正在两极分化，呈现出两个趋势：趋低消费和趋高消费。

一方面向上奢华：奢侈品消费跳跃式增长。

另一方面向下实惠：网络购物、平价购物方式也正形成风潮。

一部分消费者在高端市场通过购买高品质、可炫耀的产品来证明自己的地位，一部分消 费者在低端市场挖空心思购买高性价比产品来显示自己的高明。

2. 产品使用价值和心理价值共存

大多数认为，低收入群体应该主要在折扣店里购买低价产品，中等收入群体在传统商店和精品店里面购买中等价位商品，而富裕群体习惯于到高档专卖店购物。

然而现在的消费者关注的是价值，价值＝使用价值＋心理价值。使用价值使消费者趋低消费，心理价值使消费者趋高消费。

所以，在设计产品时，要明确自己的产品哪一些部分是功能价值，哪一些部分是满足心理需求的心理价值。

如果消费者为了获得"使用价值"，那么他们会选择趋低消费；如果消费者为了满足"心理价值"，那么他们会选择趋高消费。

9.1.3 产品的性质定位：是必需品还是炫耀品

20年前，电视还没有普及，当时中国的老百姓谁家有"彩电"是值得炫耀的事情。那个时代，邻里关系非常熟络，遇到重大节日或者流行剧目，大家一定聚在有"彩电"的家庭中集体观看。在傍晚聚会散场时，谁家男主人放言一句"吃完饭去我家看电视"在当时是风光无限的。20年后的今天，当家电行业产品竞争基本结束，技术水平相似、产品设计雷同时，它已不是奢侈品、炫耀品，而是成为每个家庭的必备品了。这时我们发现，家电产品依靠低价逐渐占有市场。

炫耀性产品可以满足消费者的"情感需求""被尊重的需求"和"自我实现需求"，这些需求都是一种社会化的需求，要通过别人的反应、互动、言行来体现，消费者对这部分需求会"不惜重金"。调查发现，消费者最重视品牌的五大品类分别是手表、汽车、酒、电子产品和服装，消费者最重视性价比的五大品类为罐头食品、点心、家庭洗涤用品、纸制品、家政服务。与社交有关的产品，会注重品牌，需要具备表明消费者的地位、层次、品味、圈子等特征的价值联想；而与自我使用有关的产品，仅具备出色的"使用价值"即可。

9.1.4 "趋低消费"与"趋高消费"

"趋低消费"：注重使用价值的产品消费者买的是占便宜；注重心理价值的产品消费者买的是满足。

"趋低消费"时，消费者会在同类、同品质、同级别产品中选择价格最低的商品，此时他们有"占便宜"的心态，希望能够在自己熟悉的产品领域里面成为"专家型"消费者，了解产品的属性与价值，进而以最低的成本获得商品。对"趋低消费"品类进行营销的关键是"让消费者占便宜"。

"趋高消费"：消费者买的是满足。

"趋高消费"时，消费者在意产品的形象价值、文化价值、品味价值和消费群属性价值，希望能够通过成为商品的拥有者、使用者来体现自我价值。对"趋高消费"品类进行营销的关键是"让消费者获得满足"。

所以，只有分清产品的使用价值和心理价值所处的地位，才能精准策划、开发出有生命力的产品。

9.2 心理需求对产品开发的影响

近些年，各行各业发展迅速，新产品层出不穷，竞争激烈程度日趋加剧，消费者面临越来越多的选择。另外，消费者的消费理念更为成熟，要做到供其所需，在众多品牌中脱颖而出，就必须真正做到从消费者需求出发，洞悉消费者内心所需。

显性需求是功能需求，隐性需求是心理需求，如图 9-1 所示。

图 9-1　显性需求与隐性需求

任何火爆的产品，都肯定能很好地满足用户特定的需求。买卖其实就是需求被满足的过程，产品能迎合受众或潜在客户的需求是成功的关键。了解消费者想要什么，应该了解人类的心理。美国著名心理学家马斯洛提出的需求模型，是解释人类动机的重要理论，动机是由多种不同层次与性质的需求所组成的，而各种需求间有高低层次与顺序之分，每个层次的需求与满足的程度，将决定个体的人格发展境界。它是一个五层的心理学模型，每一层代表了人类不同层次的需求，模型认为人总是从低层次需求转到高层次需求，最高的自我实现需要是最高级的需要，越是低级的需要，对个体的重要性越强。同时，只有低一级的需求被满足时，人们才会向高一级需求转化。但是需求并不是不可逾越的，有时会越过较低级需求层次而向高级层次跃进。

1. 生理需求

这个层次处在金字塔的底部，是最基本的需求。在生理需求得到满足之前，该模型中的其他需求都是次要的。

2. 安全需求

一个人的生理需求得到满足后，对安全和安全感的需求就成为人们下一个阶段的需求。每个人都希望在生活中体验到稳定和可预测性。

3. 归属感和爱的需求

在基本需求得到满足后，需求层次中的第三个层次，归属感和爱的需求会开始变得突出，包括与朋友、亲人、爱人，甚至与他人建立人际关系。

4. 自尊心需求

当满足前面几项需求后，人们就会追寻更高层次的自尊心与成就感需求，一般通过提高成就、名声、社会地位来达成。为了满足这个需求，有些人会通过购买奢侈品等方式实现。

自尊心需求是与生俱来的，在儿童和年轻人中最为明显。像轿车是一种代步工具，实际50万和100万的车差别不大，但大部分人，希望买一辆更贵的名牌汽车——这是一种提高社会尊严感的产品，代表了一定的社会或者财富地位。

5. 自我实现的需求

自我实现的需求是最高层次的需求，是指实现个人理想、抱负，实现人生理想。产品不应该仅是满足于大众需求，而应该是超越大众需求的，人希望实现精神上的满足。一旦商品或服务能满足客人的这种需求，消费者对公司的认同感与对产品的回购率应该都会拉到最高点。

用户的需求层级提升，也体现了用户的购买力的提高，因为人在能满足基本需求的情况下才有能力追求其他需求的实现。现在的产品与消费升级，不能脱离用户的心理需求和需求层次的提升。所以，首先应该研究用户的需求升级在哪个层次，这个层次的特点是什么，需要哪些产品功能开发。

那么，产品的层级与马斯洛需求层级是如何对应的呢？

第一层级产品——**核心产品**：应该以满足用户的最核心利益为主。

第二层级产品——**基本产品**：应该以满足用户的基本需求(生理和安全需求)为主。

第三层级产品——**满意产品**：应该以满足客户的期望需求(归属感和爱的需求)为主。

第四层级产品——**期望产品**：不仅满足用户期望需求，还有一定的附加功能和服务，远超用户心理预期，如实现客户会非常满意。

第五层级产品——**超越产品**：产品已超越了用户想象，用户已变成了它的粉丝，为它尖叫。

用户的需求，并不是只能靠单一产品去满足，同一样产品，经过不同的产品定位、产品精神、产品包装的重新设计，可以满足不同层级的需求，如图9-2所示。

以汽车为例，下面进一步阐述马斯洛需求。

满足"生理需求"的汽车：如果只是为了满足消费者交通的需求，只需要生产一辆代步车，其可能能卖3万元。

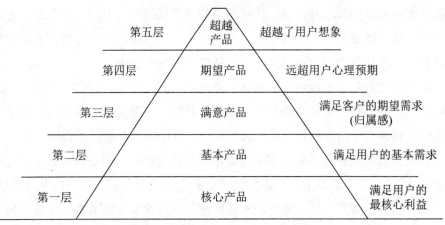

图9-2 需求模型与产品的对应关系

满足"安全需求"的汽车：如果是满足了消费者出行安全需求的汽车(比如加强刹车功能等)，可能可以卖10万元。

满足"社交需求"的汽车：如果可以满足消费者成为某个车款的忠实粉丝的归属需求，可能可以卖50万元。

满足"尊重需求"的汽车：如果能满足消费者体现高贵、富有的需求，可能可以卖100万元。

满足"自我实现需求"的汽车：如果能满足消费者个性化的需求，体现消费者的个性，彰显自己的社会地位，可能可以卖500万元甚至1000万元。

在不断开发新产品的时候，我们也可以考虑一下现有的产品能否进行升级优化，以满足消费者更高层次的需求，产品功能是根据心理需求层次定位而进行设计的，协同其功能、精神、形象和价格设计，结合相匹配的广告宣传，才能实现产品的价值。所以，产品定位不同，其功能和产品精神的侧重点不同，其价格差别很大。

9.3 基于心理需求的产品定位模型

产品的定位与功能设计要与消费者需求层次相一致，也就是说消费者的需求层次或是心理需求不同，则产品的定位也应该不同。根据马斯洛的需求层次理论，消费者关注的价值(使用价值、性能价值、功能价值和精神价值)不同，产品价值定位也应该有所不同，产品的"使用价值(基本功能需求)"是满足生理需求和部分安全需求的那部分价值,使用价值的满足依赖产品本身;产品的"心理价值"是满足"情感需求""尊重需求"和"自我实现需求"的价值,心理价值的满足有赖于产品背后的产品定位、产品精神及其品牌价值。

现在的用户对价格或名气的敏感度降低,回归关注产品的形象设计和品质感,用户强调产品体验,部分企业不再走低价格路线,而是走品质路线。产品重视用户体验,强调真正的体贴和实用,简约美观,以便更符合消费者心理需求。

影响消费者消费行为最重要的因素不再是钱包状态,而是心理状态。随着消费意识的进化,用户们看重的不是"大、多、贵",而是是否符合自己的生活和品位。

新产品的创新开发是企业适应市场需求、保持竞争力的本钱,可是,如果开发出来的新产品没有考虑消费者的心理需求特点,那么产品开发能力再强,设计出来的产品再新颖也不会被市场认可。

所以,企业需要明确产品定位,应该重视从消费者心理变化的角度来看营销的本质,从消费者的生活方式的转变提炼新的功能需求和心理需求,重视新一代消费者的生活方式。

根据心理学的观点,行为只是人们心理的外在表现方式,所以研究消费者根本在于研究人的心理而不只是其行为。做产品就是研究人,不了解用户,哪能设计出好产品?首先要弄清楚产品到底要解决客户哪个层面的问题,要解决到什么程度。

根据心理需求层次构建产品类型定位模型:该模型的纵轴是心理需求层次,从下往上心理需求层次逐步提升,一般可分为基本需求和高层次需求,其中基本需求可分为生理需求、安全需求,高层次需求可分为情感需求、尊重需求和自我实现需求;横轴是消费者价格不敏感性,从左向右消费者对价格的不敏感性越来越高,消费能力越来越强,详见图9-3。

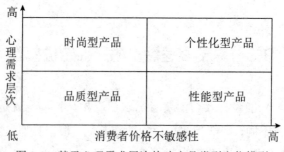

图9-3 基于心理需求层次构建产品类型定位模型

第9章 基于心理需求的产品定位

处于不同象限的消费者,其对产品的关注点不同,选择的产品类型也不同。

第一象限:处于此象限的消费者心理需求层次较高,主要为了满足自己的尊重需求和自我实现需求,并且对价格不敏感,属于成功人士。我们应该开发个性化产品,注重产品的精神价值,体现使用者的身份和满足其价值追求。该产品的特点是高价、高品质、差异化产品。

第二象限:处于此象限的消费者的心理需求层次也较高,主要为了满足自己的情感需求或受尊重的需求,但是对价格比第一象限的用户要敏感一些,更多是一些年轻的、财务还未能达到自由的人士。我们应该开发时尚型产品,满足消费者的情感需求。该产品的特点是时尚的、中低价的快消品。

第三象限:处于此象限的消费者购买产品主要还是为了满足生理需求、安全需求等基本需求,并且用户对产品的价格敏感性较高,所以,我们应该开发品质型产品,注重产品实用价值,追求产品的高品质。该产品的特点是物美价廉。

第四象限:处于此象限的消费者购买产品是为了满足自己的生理需求、安全需求等基本需求,其对产品的价格不敏感,用户注重产品的性能参数指标,追求高性能产品,所以我们应该开发性能价值比较高的产品。该产品的特点是高性能、中高价。

根据不同消费者的消费特征和偏好,研究用户的心理需求层次,结合自己企业所处行业或产品特性,参考基于心理需求层次构建的产品类型定位模型,研究产品的不同定位,开发出适应市场需求的产品,提升产品的价值和生命力。

所以,我们应该不断研究用户是什么样的心理(即满足了用户什么心理需求)?怎样才会对我们的产品或项目感兴趣?促使用户参与的底层逻辑到底是什么?

用户选择了某个产品就是出于对它的信任,产品时时刻刻都应该考虑到用户的心理需求是什么,要做到满足客户的心理需求,让用户感到安心、舒心。

未来产品的情感化设计必须遵循人的情感活动规律,关注用户的情感变化、体验感受,只有符合用户心理模型的设计才能和用户产生心理上的共鸣,让用户感受到产品带来的快乐。

第 10 章
产品定位

* * * * *

有效的产品定位是企业发展的"指南针"。

产品定位能够赋予产品灵魂，提升产品的生命力从而实现与目标客户群形成共鸣，得到用户的高度认可。

我们设想，某个品类的饮料，市场容量已经比较大，并且这个行业只有一个产品 A。这个时候，老板拍一下脑袋，说 A 只有一个，我们也做一个出来与它平分秋色，你看怎么样，我觉得不错。虽然 A 产品的那个配方是保密的，但是我们也可以重新做一个差不多的，于是你按照老板的意思，去研究了一个差不多口味和功能的饮料 B 产品，然后找了大量的客户进行体验验证，让他们去感受 A 和 B 产品哪个更好喝一些，最后参加实验的用户给出了你一堆的数据，你根据数据发现，自己配出来的 B 在口味上略胜 A 一点，看来是很有希望的，你就直接把报告给老板看，老板一看自己的想法原来被数据证实了，立马拨款给你去生产，你拿到钱计划大展拳脚，一下子铺开渠道把产品推了出去。一开始的时候销量并不好，你和老板说品牌战要慢慢打，我们先降低价格抢占市场份额，老板听了觉得有道理，立刻批准，于是价格一降再降，最后降到了 A 产品的一半，可是你发现，就算是这样，销量依旧是惨不忍睹。

这个时候，我们都会奇怪，这是为什么呢？产品的功能是相似的，一半的价钱却无法留住消费者。

以上的状况就是典型的产品定位困局，很多的公司都是根据老板的想法，进行类似的一系列的产品研发。

我们多数人知道，上述的困局历程就是百事可乐的实际成长经历，后来的可乐大战的结果是百事可乐重新思考了产品定位，不再以凭想象的形式去按照功能定位，而是重新进行市场研究和分析，选定了特定的市场，重新进行了产品的定位之后，才开始以这个核心进行品牌包装和宣传。若干年后，百事可乐几度在销量上超越了可口可乐，也成为一个非常成功的饮料品牌。

可以得出一个结论，不进行市场分析和用户心理需求分析，就直接进行产品定位，是不严谨的。

1. 先根据想法进行产品定位，再找用户数据分析，这样的方法不靠谱

直接提出原型然后进行产品定位和开发也有可能成功，但风险较大，特别是如果市场上已经存在了这样的产品，而且也有一定的用户基础，那么按照产品功能来定位，就算卖得便宜，用户也不会选择你的产品。原因很简单，既然你们功能都差不多，我为什么要换？

2. 功能性的产品定位，永远只适合功能性特别明显的产品

产品的本质就是对客户有价值（价值包括实用价值、性能价值、功能价值和精神价值），产品得到客户的认可，才能实现交换。所以，我们必然要先进行市场的细分和竞争对手的研究，依据用户的需求，从包括功能在内的多重维度去分析和探索，明确市场定位，进而进行产品定位。

3. 应该从多个维度思考，特别是基于客户的心理进行产品定位

产品定位的核心是基于客户的心理而产生的一种方法论，心理上的定位，说白了就是消费者心理上认可，能够对企业或产品产生信任，觉得东西确实是好的。如果你要想消费者买单，就要在他的心中占据一个位置，就像可乐，我们通常只记得两个，即可口和百事，有没有其他的可乐呢？绝对有，中国就有几种，但是你能记住吗？它的质量一定很差吗？说不定，有可能它的口感要比可口可乐还好，但是消费者却并不是很认可。

所以，产品定位对于产品的发展很重要，它赋予产品灵魂，给予产品生命力。其基本步骤首先是市场分析和需求分析，然后结合分析的结果进行目标市场定位，确定了市场定位之后才是产品的定位。

如果先是提出一个产品的原型，然后去找用户，看看类似产品的用户是哪些，然后进行产品定位，表面上看，也经过了用户分析，也和用户谈过需求，好像是那么回事，也做出过说得过去的产品，但这样的做法，严格来讲，是非常不严谨的。

10.1 产品定位内涵

不管是成熟企业还是新创业的公司，每年都有产品研发或产品创新的计划并推进实施，但是产品成功率不高，原因既有开发产品本身不符合市场需求，也有市场推广宣传不到位，还有产品定位不清晰，在功能开发方向和宣传推广上与产品精神不匹配，或目标不明确，没能占领客户心智，这些应该是造成产品失败的主因。所以，可通过以下几个途径提高创新产品的成功率。

(1) 仅通过产品功能很难取胜，产品定位可以提升产品的竞争力，助力产品胜出。

(2) 在满足产品功能需求的同时，提升产品的情感需求；要找到用户心理诉求的本质，明确产品的品类定位或基于用户心理需求的产品定位。

(3) 确定需求优先级和先后次序找出突破点，通过技术或设计理念，提升产品的差异化，实现产品差异化创新。

(4) 基于新商业逻辑，研究用户心理需求层次，定位产品类型，结合产品定位，赋予产品精神和灵魂，并针对性宣传，优化用户体验，提升用户对产品的认可度。

产品定位是基于心理诉求的，是更底层的心理供给。所有的产品定位都必须是统一的，是系统的，不能是相互矛盾的，这些产品定位是产品创新的基石，赋予产品灵魂。

10.1.1 产品定位概念

产品定位就是针对消费者或用户对某种产品某种属性的重视程度，塑造产品或企业的鲜明个性或特色，树立产品在市场上一定的形象，从而使目标市场上的顾客了解和认识本企业的产品，认同本产品。

产品定位是产品创新必须要走的一步路。现在很少有突破性的、具有生命力的产品诞生，各个领域的市场都趋近饱和，与其想通过开发出史无前例的产品抢占市场，不如思考如何依靠产品定位相关理念在市场里站稳脚跟。哪怕市场饱和，只有抓住顾客的真实的本原需求和心理诉求，明确产品定位，策划产品精神和产品基因，不断从"用户心智"中寻找第一梯队的位置，从用户心智中寻找产品定位，找准用户真正痛点，差异化创新产品设计，针对性地进行产品开发和宣传，才是产品定位的最佳选择。

10.1.2 产品定位的内容

市场定位是指在从事消费活动时寻求具有相似的需求和利益的群体，即什么样的人。

产品定位是指确定满足这一相似性需求和利益的产品，即什么样的产品。

品牌定位是指与具有相似需求和利益的群体具有强烈共鸣的、区别于竞争对手的独特的概念，即什么样的诉求。

但事实上，产品定位与品牌定位相关性比较高。

在产品定位中，一般说来应该明确以下内容。

1. 产品的市场定位(包括消费者群体定位)

就是在进行市场细分后，对市场细分进行评估并根据市场定位模型，选择本企业产品要开发哪个或哪几个细分市场。

2. 产品的需求定位

目标消费者有多个需求，可能需要定位哪个需求或哪几个需求对应开发产品。

3. 产品的精神定位

产品精神就是产品的个性化特征，根据目标客户群的特点和最重要的需求，确定产品的个性化特征，为产品研发指明方向。

4. 产品类型定位

企业的不同发展阶段具有不同的资源和生命力，根据企业特点确定产品类型，作为企业当前阶段的发展方向，提升企业的竞争力。

5. 产品定位

确定企业的产品在消费者心目中的位置。每一企业的产品都有其特定的定位，如奔驰牌汽车定位于高档车市场，大众牌汽车定位在中档车市场。

6. 产品功能属性定位

明确产品主要是满足消费者什么样的需求，对消费者来说其主要的产品属性是什么？

7. 产品的角色定位

确定产品的角色，是做市场领导者、挑战者、跟随者还是补缺者，以及确定相应的产品价格策略、渠道策略、营销宣传策略等。

8. 产品外形及包装定位

根据产品特点、产品定位和产品基因等，设计产品的外观与包装的风格、规格，有些产品外观承担着产品基因传承作用等。

不同行业或产品属性其定位的侧重点不同，应该确定产品的核心定位，持续优化、宣传、固定老客户，直至成功。

产品定位要清晰且聚焦，围绕定位持续打磨产品，才能打开市场；产品定位不是一成不变的，随着产品成长，边界也在扩大，定位也会改变。产品的发展机会来源于市场的变化，大部分产品能成功是因为它们找到了变化之中的确定性，根据市场变化修正产品的主攻方向，这有利于创始团队在有限资源的条件下，专注做好最重要的事。核心问题是：我们这款产品要以什么方式重点满足用户的哪种需求？也就是需要确定核心用户群的核心需求；"重点"即把关键需求做深做透；"以什么方式"则是现有团队能给出的最有竞争力的解决方案，这些都对"产品定位"提出了新的要求。

"产品定位"是产品与用户的连接点：在产品侧，定位决定了产品的方向，产品的功能、情感、体验都基于产品定位衍生；在用户侧，定位用户的可被满足的诉求，需要在特定的时机及地点来使用产品进行满足，那么在市场上已经有众多产品的同时，如何让用户很容易找到你的产品，并让他们有足够的理由来使用，并且一直使用，这就是"产品定位"所扮演的角色了。

通过以上分析，基本就可以找到产品定位的寻找及确立的方法：从细分的市场出发，找到目标用户需要被满足的需求点，然后再反射到自身实际执行的情况，寻找差异化的点进行切入，最后落实到策划及运营。

同时，我们应该看到不同类型的产品其对用户的重要程度不同，也就是对用户的影响程度不同。企业在进行定位时一方面要了解竞争对手在市场上的位置；

另一方面要研究顾客对该产品各种属性的重视程度，包括产品特色需求和心理上的要求，然后分析确定本企业的产品定位和形象。

所以，企业要找准产品定位必须首先找准消费者及其需求特征，以突出产品的特色为定位的出发点，以恰如其分地满足消费者的需求为定位的归宿。

10.1.3 产品定位的好处

我相信大多数人都是抱着创业或发展壮大自己的企业的想法去开发产品的。如方向不正确，开发出来的产品不仅没有用户，还可能惨败收场。

虽然好的灵感不常有，但也不能有一个好的想法，就盲目地去开发。因为想要做好一个产品，光有一个好的"想法"是远远不够的，是需要足够的数据、市场调查做支撑的，更需要有好的产品定位和策划，并进行差异化设计开发。在这个信息爆炸的时代，获客成本是非常高的，产品没有特色，就无法在第一时间抓住用户眼球，用户就有可能被其他公司的产品吸引，而解决这一切问题的根源，都在于产品定位。

1. 产品定位赋予产品灵魂

乔布斯曾说，产品是有灵魂的，每一个产品都是为了一个使命才生产出来的。如果产品失去了灵魂，那它就什么都不是了。实际上产品的定位赋予了产品灵魂，给予产品生命力。如果一个产品没有定位，看着有改进计划，但却不知道每个改进背后的大方向是啥，改得越多，心里越没底。

另外，产品定位也让我们的产品具备竞品所不具备的优势，在目标用户听到产品名字或看到产品的时候，会产生一种好奇或眼前一亮的感觉，有去了解去体验的冲动，迅速让潜在用户记住该产品；在用户去认识和了解的阶段，能与我们的产品精神产生共鸣，认可产品价值，满足心理需求，也就是认同产品精神。

2. 产品定位指明开发方向，明确本产品满足哪些用户哪方面的需求

产品定位为产品开发指明方向，例如定位高档产品，顾客对产品的要求高，从产品的设计、用料材质选择到市场的宣传开拓，就有了明确的目标和指引；另外，产品研发创新团队就某些方案讨论时，只需要着重考虑产品定位，就可以减少很多争吵。例如淘宝和云集都是购物平台，但淘宝满足的是大众用户的购物需求，云集满足的是微商用户的分销需求。云集在做产品规划的时候，就不会随便

参考淘宝的功能设计,而是着重针对微商用户设计功能,如云集需要使用邀请码才能注册,淘宝则不用。

客户群的定位不同,对产品的内在质量、价格、价值体现的要求也存在差异,一个企业要长久发展,就必须做到产品价值与实用性的统一,赢得所定位的客户群。产品定位就是指南针,为产品指明方向,赋予产品使命和灵魂,让所有人都知道你开发的这个产品是干什么的?是为哪些人服务的?有什么作用?用户能从你这里得到什么?

明确产品定位,对产品后期的宣传推广也是非常有利的。产品定位就是让用户在想到满足某个需求的时候,脑海中第一个想到的就是你的产品。就像我们一说到喝咖啡,首先就能想到星巴克,想喝可乐首先想到可口可乐,送货速度快首先想到京东,价格便宜首先想到拼多多,点外卖首先想到美团,搜索资料会首先想到百度等,由此可见,产品定位对于一个产品的发展至关重要。

3. 产品定位有助于明确产品宣传的精神

产品定位就是指基于企业产品的目标顾客的功能和心理需求,构建产品其独特的个性和良好的形象,从而帮助其在消费者心目中占据一个有价值的位置。所以,在产品设计之初或在产品市场推广的过程中,可以通过广告宣传或其他营销手段使得本产品在消费者心中确立一个具体的形象。所以,产品定位的计划和实施以市场定位和市场成熟度为基础,以消费者需求为导向,要在目标客户的心目中为产品创造差异化特色,赋予一定的形象,以适应顾客一定的需要和偏好。

产品定位确定了本企业产品差异化的特色,以区别于竞争对手,如健力宝定位于运动型饮料。如果已经采用"高档"定位的企业就必须生产优质产品,高价销售,通过高级经销商和高层次媒体做广告宣传。

4. 产品定位有助于团队达成共识

产品的概念设计、生产制造、宣传营销等一系列活动由多个团队完成,清晰的产品定位有助于团队内部和团队之间就以下问题达成共识。

(1) 初步确定市场范围。打算针对哪些用户群体或细分市场,满足用户哪些功能需求,哪些心理需求。

(2) 对该细分市场的竞争对手进行分析。选定哪些排名前列或新兴的竞争对手进行竞争分析。

(3) 挖掘独特的、差异化卖点。根据上两点分析，已明确了市场用户的需求点，其中哪些需求没被满足，哪些需求可以升级优化。根据本公司的资源，选取最核心最有吸引力的差异化作为卖点。

10.2 产品定位原则

定位要从一个产品开始。定位理论的核心是"一个中心两个基本点"：以"打造品牌"为中心，以"竞争导向"和"消费者心智"为基本点。

产品定位一旦形成，就会形成牢固、持久和永恒的印象，难以改变。当一个企业或产品在目标客户心智中有了一个清晰定位，这个企业或产品就会具有强大的生命力。例如脉动代表维生素饮料，红牛代表能量饮料，加多宝代表凉茶，格力代表空调。企业最重要的资产不是货币，而是在目标消费群大脑中成为一个品类的代表词。相反，一个企业不管盈利多少，如果在顾客头脑中没有一个明确、清晰的定位，那么在激烈的市场竞争中其生命力薄弱，只能勉强靠着努力和低价竞争维持着生存。所以，创业者在创业时或企业的发展壮大过程中，首先要给自己的产品有一个精准、清晰的定位，并持续进行产品创新，持续强化其定位，这样才能增加企业发展动能。

10.2.1 产品定位的原因

为何需要做产品定位？

1. 归类化记忆是人类的认知规律所决定的

人们时刻接收外界大量的信息，人类对信息是进行简化归类记忆的，形成层级型的认知结构，如果信息在人们的认知中与已有认知结构不具有差异性，就很容易被消费者忽略。

2. 心智容量有限

大脑记忆的信息是有限的，而且是有选择性地记忆。市场上"数一数二"的品牌享有更大的优势。例如在啤酒行业中，很多曾经风光一时的地方啤酒品牌已销声匿迹，那是因为青岛、燕京和雪花三大全国性品牌已经足够我们选择了。

3. 心智厌恶混乱

企业家对自己的产品是充满感情的，恨不得把产品的里里外外都夸个遍。但要想让你的产品信息占据顾客的心智，就必须极度简化，聚焦到一个极致点、一个强有力的差异化概念，产品功能宣传也要尽可能地集中且单一，如王老吉成功地将消费者的注意力聚焦在"防上火"这一概念上，从而形成与其他凉茶品牌的显著差异，成功引导消费者形成了对凉茶独特的品类认知，占据了消费者的心智，成为中国凉茶知名品牌。

4. 心智缺乏安全感

人们消费新品类、新品牌时是缺乏安全感的，"从众心理"说明人们会借助他人的认知来做出自己的购买决定。如就餐时，人们往往更愿意找那些排着队的餐馆。因此，企业需要提供证据以克服人们消费时的不安情绪，当然最有力的证明就是产品的现有市场地位。因为在一定条件下，领先的市场地位能转换为顾客心智中该品类的领导地位。

5. 心智不会改变

消费者一旦对某产品产生信任，形成良好的印象，以后将很难改变，反之亦然。如康师傅推出私房牛肉面快餐，人们还是把它的味道看成是调料包冲泡出来的味道。

6. 心智会模糊焦点

企业应将产品差异化聚焦于某一特定的卖点。我们赋予产品品牌的内容越多就越容易模糊焦点，该产品品牌在顾客心智中就会印象越模糊，竞争对手就越容易抢占我们原有的产品定位。

而现实中，有些企业总是在一个品牌下推出很多的产品，这容易造成品牌在人们心智中模糊焦点，同时，也在强迫人们的心智做出改变，由此影响到品牌在顾客心智中的原有认知，例如红塔山去经营地板最后以失败告终。

相反，产品品牌若能在顾客心智中成功聚集一个焦点，要远比推出多样产品更容易成功。原来的加多宝也是一个小型的饮料企业，市场开拓也曾举步维艰，但如今却凭借仅有的红罐凉茶跻身于百亿级企业队列。

了解了心智的规律后，我们需要转换思维模式，才能把握产品定位的本质。

10.2.2 产品定位的基本原则

产品定位应该遵循以下一些基本原则。

1. 适应性原则

适应性原则包括两个方面,一是产品定位要适应行业成熟度和消费者的需求,特别是消费者的心理需求,投其所好,以树立产品的良好形象,促进购买行为发生;二是产品定位要适应企业自身的人、财、物等资源配置的条件,以保质保量、及时顺利地到达市场位置。

2. 竞争性原则

目标市场上一般竞争比较激烈,要结合竞争对手产品的情况,包括竞争对手的数量、实力、在目标市场中的地位等来确定,避免定位雷同,以减少竞争中的风险。除了现在的行业竞争者,企业还要兼顾潜在进入者、替代产品、供应者和购买者的危险,例如,B企业的产品是为较高收入的消费者服务的,A企业产品则定位于为较低收入者服务;B企业的产品某一属性突出,A企业的产品则定位于别的某一属性上,形成产品差异化的特质等。"人无我有,人有我优,人优我廉,人廉我转"正是这种竞争性原则运用的具体体现。

3. 消费者认同原则

消费者认同就是要找出产品优势中能满足消费者实际需求以及心理需求的要点,并使其在消费者心中占据一定的位置。要注意消费者的情感利益——身份、名誉、地位等。要找出产品优势中能满足消费者实际功能需求以及心理需求的要点,并使其在消费者心中占据一定的位置。定位过程是在分析消费者心理的基础上得以完成的,最终目的是占据客户的心智。因此,一个产品在进行定位时,如果只注重产品自身特质,而忽略这种特质对于消费者的意义,那么产品定位就起不到理想的效果。

如果从产品本身出发去寻找产品定位的依据,则必须是消费者非常关注的因素,产品的各项定位是一个统一的整体,不能相互背离,如产品的品质、质量、工艺、技术、功能、历史、产地、价格、包装、服务……

4. 可行性原则

在定位决策过程中,有些产品定位看起来很合理,但到具体实施中,往往不便于操作，给广告及促销活动等带来很大困难。因而，在进行具体产品定位时还要将定位实施的可行性加以充分考虑，包括产品定位的推出所需花费的费用考虑，方便性、简洁性、可操作性考虑等。虽然我们在确定产品定位时不需要花费太多，但在产品的设计、研发、制造和宣传推广的实施过程中要投入很多匹配资源，如大规模的广告促销活动是以企业的财力资源为基础的，如果企业没有承受能力，产品定位再好，也无济于事。

5. 符合企业形象原则

产品的定位要与企业或产品的已有企业形象、战略、产品精神、产品基因等的定位相互匹配，其是一个有机的、统一的系统，企业形象是指一个企业长期以来在消费者心目中已经形成的固定的定位特征和总体印象。产品定位必须同企业的现有形象保持一致，并且充分考虑定位的持续性和延伸性。在产品成长过程中需要多次定位时，要充分考虑前一次定位与后一次定位的连续性、关联性，以及多次产品定位在消费者心目中所留下的该企业印象与总体企业形象塑造的统一性。

6. 市场空间够大原则

现有市场容量或潜在市场容量要足够大，就是产品在获取目标用户群的情况下，产生收益能大于运营成本，否则企业或产品发展不起来。

10.2.3 产品定位的核心要素

产品定位一定要用一句话讲清楚你的产品是干什么的，给人留下基本印象，比如说支付宝是网上支付工具，微信是网上聊天工具，淘宝是网上购物工具。

产品定位核心要素如图10-1所示。

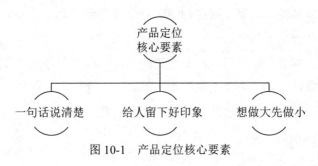

图10-1 产品定位核心要素

1. 一句话说清楚

随着信息量和传播渠道的不断增加，我们处在一个过度传播的社会。过多的信息和有限的脑容量之间的冲突，使消费者的心智已经极度简化并且缺乏耐心。消费者对大段的广告文字和过长的信息视而不见并缺乏耐心，除非是主动去获取定向的信息，否则信息的被动触达效率极低。

所以，在传播过度的社会环境中，构建一个大家喜欢的、能占据客户心智的产品定位，我们需要简化信息、凝练语言，用"一句话"说清楚产品是干什么的。只有一句话的产品定位才能保证高效触达，深入人心。

2. 给人留下好印象

产品定位的目的在于如何在潜在的目标客户心智中做到与众不同。这要经过信息的编码、传播、解码、存储、再提取的过程。如果一句话的确足够精炼地说明了你想表达的内容，比如"这是一节高质量的沟通技巧培训课"，但这个句子很难给人留下印象。信息的传播和解码过程都没有问题，根据认知结构记忆理论，问题出现在存储过程中没有产生"新的类化"。

想要给消费者留下深刻印象，必须与众不同，即我们所说的差异化定位。市场上过多的选择和人们有限的心智，决定了现在的产品并不仅仅是为用户创造价值就可以存活，而是需要保证创造价值的同时向用户展示其差异化的定位，在用户的认知结构中创造一个"新的类化"，即在用户心智中争取一席之地。

3. 想做大先做小

产品定位赋予产品灵魂，决定产品的成败。一个清晰的产品定位对于产品的发展至关重要，短期能够帮助产品聚焦目标人群和核心业务，长远能够保证产品业务扩张始终围绕产品核心定位，不会给人杂乱、无序发展的感觉。一个清晰的产品定位能够给到产品后续的迭代优化一个主路径和线索，这使得我们不会违背初心，一直保持一致的产品逻辑，不会因为业务的扩张或者产品的迭代或者商业利益的发展而做出不符合用户认知的功能。

产品发展初期，最容易犯的错误就是试图吸引每一个人，陷入希望"满足所有人需求"的陷阱。实际上，每个企业的资源是有限的，用户心智是有限的，这需要我们精准定位用户，科学策划与取舍，把差异化的优点做到极致反而容易打动用户，助力产品成功。当我们试图满足每一个用户的时候，每一个用户都会觉得没有被满足，所以，我们需要界定能力范围，聚焦于核心业务、聚焦于产品核心功能。太阳的能量为激光的数十万倍，但由于分散，变成了人类的皮肤也可以享受的温暖阳光，激光则通过聚焦获得能量，轻松切割坚硬的钢板。企业要获得竞争力，唯有聚焦核心业务。

如果你的产品砍到只剩一个功能，用户依旧会买单，那这个功能就是你给用户的核心定位。其他的功能都是基于核心定位的基础之上去延伸使用场景，优化用户体验。一切的不同最后都可以归结到产品定位不同。

10.3 产品定位常见维度

产品定位就是针对消费者的需求（功能需求和心理需求）和对某种产品某种属性的重视程度，塑造产品差异化的、鲜明个性或特色，树立产品在市场上一定的形象，从而使目标市场上的顾客容易了解和认可本企业的产品。

客户的需求不同，产品定位则应该不同。

基于消费者的现实需求进行产品的功能定位，基于消费者的心理需求进行产品的情感定位。实际上产品定位主要就是基于产品情感或心智的定位。

产品定位实际上就是确定从哪个维度进行产品差异化，提升产品的记忆性，可以从功能、利益、品质等维度进行产品定位。

10.3.1 功能定位

功能定位就是通过对自己产品各种功能的表现、强调，给顾客提供比竞争对手更多的收益和满足，借此使顾客对产品留下印象，实现产品某类功能的定位，其着眼点是产品的功效，即在向用户群做广告宣传时突出产品的特殊功能，使该商品在同类产品中有明显的区别和差异化优势。

深圳的太太药业集团是保健品市场的后来者。该公司推出的太太口服液的功能定位曾有过好几次的调整。起初该公司的产品定位以治黄褐斑为重点，所谓"三个女人，一个黄"，但这个定位相对于女性保健需要而言，明显地过窄了。产品知名度在提高，但市场扩大却受到了限制。

20世纪90年代中期，公司决定用"除斑、养颜、活血、滋阴"等作为产品的宣传点，但这样就与众多的其他保健品没有了多大的区别，失去了差异化的特色。

1996年以后，该公司重点强调产品含有F.L.A，能够调理内分泌，令肌肤重现真正天然美，并请著名的女影星做广告，终于成功地实现了重点功能定位。当产品的生产技术比较成熟，各企业在产品的主要功能上都已达到了某种水平，企业在主要功能方面难以和竞争对手拉开较大的距离时，则往往要依靠产品的一些次要功能或服务来实现产品的差异化，提升自己产品的竞争能力。

功能定位法的实质是突出产品的效用，一般表现在突出产品的特别功效与良好品质上。产品功能是整体产品的核心部分，事实上，产品之所以为消费者所接受，主要是因为它除了产品的实用价值外的功能部分，能给消费者带来某种利益，满足消费者某些方面的需求。如果产品具有与众不同的功能，那么该产品即具有明显的差异化优势，如药物牙膏，有的突出防治牙痛，有的突出防治牙周炎，有的突出防治牙龈出血等功能。一个产品可能具有多种功效，即使是主要功效，也可能不止一个。突出产品的哪一种功效，才能使其在市场上占据最为有利的位置是企业需要解决的问题。例如瑞士雷达表既有走时准确的优势，又有外表美观的优点，还有永不磨损的长处。经过反复的思索，产品定位只突出产品的一个方面的特点，那就是永不磨损。因为其知道，凭借这一点进行差异化定位宣传，雷达表可以占据最为有利的市场位置。事实证明，其判断和做法都是正确的。

功能主要分为核心功能、次要功能和扩展功能。

(1) 核心功能：提供给用户稀缺资源并能解决用户问题的主要功能。

(2) 次要功能：能够促进用户解决问题的次要功能。

(3) 扩展功能：不能直接解决用户问题，但能够额外给予用户增值服务的功能。

10.3.2 利益定位

顾客购买产品是因为产品能满足其某些需求，带来某种利益。利益定位就是将产品的某些功能特点和顾客的关注点联系起来，向顾客承诺满足其一个利益点上的单一诉求，以突出产品个性，获得成功定位。必须注意当这一利益是由产品的某些特性产生，产品定位强调的应该是使用者的利益而不是具体的产品特性。利益定位的核心是"放大商品的某种价值，而价值的背后是一群人的痛点"。例如海飞丝洗发水的产品定位所强调的产品利益是去头屑；飘柔洗发水的产品定位所强调的产品利益是洗发、护发二合一，令头发飘逸柔顺。

10.3.3 品质定位

品质定位，就是突出特定产品的某一项品质来确定它的市场位置。品质定位的着眼点是产品的品质。进行品质定位，就应当突出特定产品品质方面的无可取代性，以此去占领对于该产品来说最有利的市场位置。当然，这需要产品确有可称道的品质才行。无锡生产的"小天鹅"洗衣机，凭连续 5000 次无故障运行在同类产品中独占鳌头，这就为产品的品质定位奠定了坚实的基础。品质定位所涉及的产品品质，应当是具体的、明确的，是看得见、摸得着的，能量化就要尽可能量化。品质定位，即在广告中突出商品的良好的具体品质，例如在宣传丁基橡胶自行车内胎的功能时，可以强调其打气一次能保持三个月的优良品质。

确定品质定位的步骤如下。

第一步，根据产品类型特点，选取市场和消费者最关注的主要问题，选取品质定位的维度。

第二步，对竞争对手的品质和自己产品的品质进行分析，并确定产品的定位。

第三步，设计宣传口号，提炼宣传语。图 10-2 为确定产品品质定位的步骤。

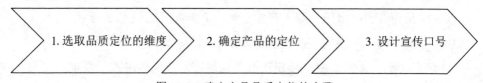

图 10-2　确定产品品质定位的步骤

要从技术、工艺、功能上证明自己产品的高品质。技术就是企业的核心，没有好技术，有再好的想法也做不出来好的产品。2008 年索尼亏损了，原因何在？就是因为它的独创产品少了，有灵魂的产品越来越少了，尽管外观依旧很漂亮。技术部门其实是最应该受到重视的部门，腾讯、网易发展得好都是因为其以技术为导向来驱动发展，这样才能使得产品的功能、品质一直领先。

有了技术还要有品质。奢侈品为什么那么贵？它背包上的一片皮，可能是取自一头牛身上的一小块，而这就是它值钱之处，因为花掉了大量的成本，是用心一点点磨出来的。为什么 iPhone 的部分配件生产放在了富士康？因为它有大量的先进制造工艺、技术，有其独到的品质保证。

有这样一个故事：格力空调的高管有一次在意大利参展，客户听到空调发出声音，最后打开一看，原来包装上的塑料片挂住了里面的一个东西。这给了他很大的刺激：没有一个环节可以忽略。这也是格力今天会注重打造产品品质的原因。

如今格力有一个不盈利的工厂，里面有一千多人专门做零部件检测。所有采购来的零部件都要经过这个工厂，全部由人工筛选检测。这是最麻烦的方法，但格力一直坚持到现在，也许很多人看到的是格力投入了多少成本，但其实这些工序管理好了，可以节约大量后期服务成本。因为在家电行业，成本最高的是售后、维修。

一个真正优秀的企业要带给消费者好处，如果你的产品品质好了，让消费者不需要售后服务，这就是给人提供了方便。消费者选的是你的产品，产品是本质上带给消费者的利益，所以技术、功能、品质，这三者缺一不可，这三者做好了，就能给消费者信心与方便，消费者才会对企业和产品有好感。

10.3.4 问题定位

问题定位就是对消费者关心的关键问题进行剖析，找出主要根源，设计好的解决方法，确定产品定位。

不论哪一种定位，定位的基本方法都是比较，既包括产品的性能和产品的价格比较，也包括客户的收益和付出的比较，客户的收益可能是心理上的，也可能是服务上的。

很多产品经理在做产品、设计产品时并没有自己心中固有的产品定位理念，一味地跟随所谓的市场调研、用户需求，所以设计出的产品不能体现出固有的风格，后续在迭代过程中反复删改需求、重新设计，导致公司投入了大量的时间、人力，却做出一款连自己公司内部人士都不满意的产品。

10.3.5 竞争定位

竞争定位是在对商品和目标消费者进行研究的基础上，寻找商品的特点中，最符合消费者需要的竞争对手所不具备的最为独特的部分。

竞争定位就是强调"独特的销售主张"。

(1) 与竞争对手相比，强调商品的具体特殊功效和利益。

(2) 这个特殊性是竞争对手无法提出的，具有独特性的。

(3) 有强劲的销售力，能够影响百万个用户甚至更多。

(4) 创造力在于揭示一个商品的精髓,并通过强有力的、有说服力的证据证实它的独特性,使之势不可挡。

竞争定位的特点如下。①必须包含特定的商品效用,即每个广告都要给消费者明确承诺价值。②必须是唯一的、独特的,是其他同类竞争产品不具备或者没有宣传过的价值点。③必须有利于促进销售,即这一价值点一定要强有力,能吸引大众。

10.3.6 品类定位

品类定位就是与某些知名而又属常见类型的产品做出明显的区分,将自己的产品定义为与之不同的种类,这种定位也可以称之为与竞争者划定界限的定位。

比如"七喜汽水"宣传是"非可乐"型饮料,还能代替可口可乐和百事可乐消凉解渴,然后突出与两种可乐的区别。

10.3.7 消费情感定位

消费者消费情感定位,可以从文化和情感两个维度进行定位,如图10-3所示。

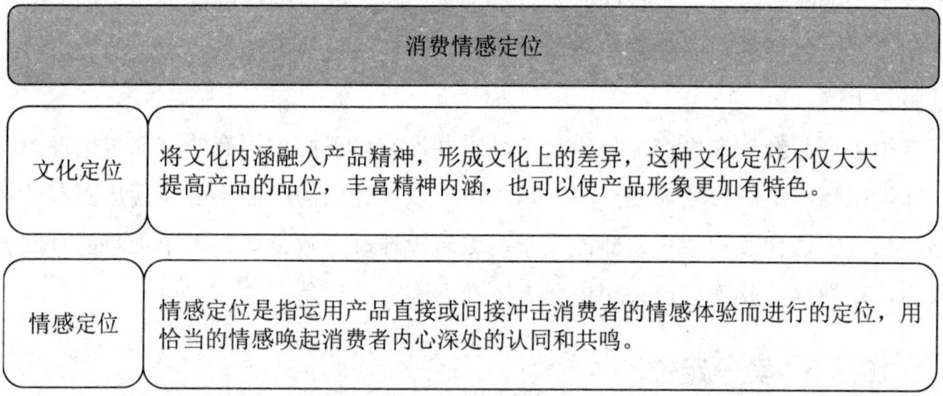

消费情感定位	
文化定位	将文化内涵融入产品精神,形成文化上的差异,这种文化定位不仅大大提高产品的品位,丰富精神内涵,也可以使产品形象更加有特色。
情感定位	情感定位是指运用产品直接或间接冲击消费者的情感体验而进行的定位,用恰当的情感唤起消费者内心深处的认同和共鸣。

图10-3 消费情感定位

1. 文化定位

将文化融入产品,形成文化上的产品精神差异,这种文化定位不仅可以大大提升产品的调性,而且可以使产品形象更具特色。

例如早些年的"小糊涂仙"酒,"糊涂文化"的定位,也曾风靡一时,金六福酒的"福文化"作为品牌内涵,也与老百姓心中传统的"福文化"相吻合,使金六福品牌迅速崛起。

文化内涵的挖掘可以借力于产地、创始人背景、原材料的制作等，可以多维度选择。

2. 情感定位

情感定位是指运用产品直接或间接地冲击消费者的情感体验而进行定位，用恰当的情感唤起消费者内心深处的认同和共鸣。例如，江小白酒就是充分地利用了酒桌的场景，触动消费者心中的"痛点"。

再如，美加净护手霜就像"妈妈的手一样温柔"，还有丽珠得乐的"其实男人更需要关怀"也是情感定位策略的巧妙运用。

产品定位的注意事项：防止和先入为主的品牌"撞车"。

在很多产品本质都相同的今天，先入为主的品牌往往占尽优势，提前占据用户心智。之后再入场的产品，本身就处于弱势地位，若此时再和"领头羊"撞车，结果将是难上加难。1886年诞生的可口可乐，提前一步攻占用户心智，成为"可乐类产品"代名词。在用户心里，清爽、可口成为对"可乐类产品"的认知。

12年后，1898年，可口可乐最有力的竞争对手——百事可乐诞生。不幸的是，百事可乐的口感与可口可乐并没有明显差异，伴随着"清爽、可口，百事可乐"这句广告语，百事可乐被可口可乐打压将近半个世纪，一年的销量甚至不及可口可乐一天的销量。

为什么百事可乐前期会这么失败？这是因为可口可乐先入为主，在用户心里占据"可乐类产品"第一的位置。既然口感、定位都一样，我明明可以选我更加信赖的可乐——"可口可乐"，为什么要选新品"百事可乐"呢？先入为主的产品会占据用户心智，很难挑战其位置，它已经在用户心中扎根了。

百事可乐如何才能突破呢？找到主要竞品弱点，转化为自己产品的优势。

1932年，美国经济大萧条，百事可乐采用降价策略，价格降为可口可乐一半，占领用户心智中"廉价可乐"第一阶梯，夺回部分失地。1961年，百事可乐利用可口可乐已经"老龄化"的弱点，将百事重新定位为"年轻化可乐"，占领用户心智中"年轻化可乐"第一阶梯。曾经不起眼的"百事"，如今已成长为"巨人"。

如果不能发现竞品的弱点，怎么办？以创新思维进行突破，寻找竞品的替代品。在寻找竞品替代品方面，百事旗下的"七喜"可谓旗开得胜。在用户心中，可口可乐的本质是什么？是"可乐类产品"，那么"可乐类产品"在用户心中的替代品是什么？答案是"非可乐类产品"。

1968年，美国人每消费三份饮料，就有两份是可乐类产品（百事可乐或者可口可乐）。同年，百事旗下1929年诞生的产品"七喜"换了定位，宣传语简单直接："七喜——非可乐"。

简单的一句话，让这棵沉寂39年的老树开出新花。自1968年"非可乐"宣传启动后，七喜公司的年净销售额从8770万美元暴增到1.9亿美元以上，成为世界第三大软饮料，在当时也成为"非可乐"饮料的代名词，占据"非可乐"饮料第一阶梯的位置。

产品定位的关键点是寻找差异性。

10.4 产品定位测试

10.4.1 产品定位测试内容

产品定位测试是对企业进行产品创意或产品测试，即确定企业提供何种产品或提供的产品是否满足需求，该环节主要用以帮助企业自身产品的设计或改进。通过使用符号或者实体形式来展示产品的特性，考察消费者对产品概念的理解、偏好和接受程度。这一环节测试研究需要从心理层面到行为层面来深入探究，以获知消费者对某一产品概念的整体接受情况。

首先，需要进行产品概念与顾客认知、接受度的对应分析，针对某一给定产品定位概念，主要考察其可解释性与可传播性。

其次，需要进行同类产品的市场开发度分析，包括产品渗透水平和渗透深度、主要竞争品牌的市场表现已开发度、消费者可开发度、市场竞争空隙机会，用来衡量产品定位概念的可推广度与偏爱度。从可信到偏爱，这里有一个层次的加深。

再次，分析实际意义上的产品价格和功能等产品定位与消费者需求的关联。因为产品概念的接受和理解程度再高，如果没有对产品的需求，如果产品的功能不是恰恰满足了消费者某方面的需求，或者消费者的这种需求有很多的产品给予了很好的满足，这一产品概念仍然很难有好的市场前景。

最后，探究消费者是否可能将心理上的接受与需求转化为行为上的购买与使用，即对消费者的选择购买意向进行分析，以进行企业自身产品定位的最终效果测定。

10.4.2 如何防止产品定位的错位

防止产品定位错位的方法如图10-4所示。

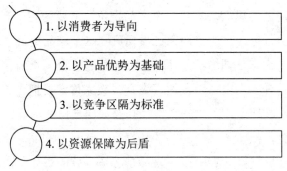

图10-4 防止产品定位错位的方法

1. 以消费者为导向

定位不是给老板看的东西，而是对目标客户的一种承诺，因此，自己的定位必须让目标客户切身感受到。

比如"海飞丝"的去屑，宝马的"驾驶乐趣"等，如果自己的目标顾客无法感受到自己的定位，那么意味着，与目标顾客利益不相关，可能成为空中楼阁，中看不中用。

因此，在产品定位过程中，一定要反复提两个问题："是否与目标顾客的利益相关""目标顾客是否能够切身感受到？"如果答案是否定的，就必须要更换。

2. 以产品优势为基础

要思考生产某个品类当中的某个商品，自己的核心卖点是什么？如果你讲不出一个核心的卖点，就要挖掘一个好听的故事，比如："褚橙"，其品牌故事就是创始人和供应链产地，这就够了，这两个足以成为情怀和卖点。

3. 以竞争区隔为标准

产品定位就是要与你的竞争对手"背道而驰"，而不是它做什么，你就做什么，最后把自己搞到崩溃。要凸显自己的竞争优势，跟随别人定位，往往生存困难。

进行产品定位时，一定要注意独特性，反问自己"我们的定位和竞争对手相比是否够独特？这种独特虽然不是独一无二，但必须和竞争对手能够有效区分开来。

4. 以资源保障为后盾

通过认真、周密的思考后确认一个产品定位，就要为这个产品定位投资足够的资源，在自己的目标客户的长期记忆里面巩固这个产品定位。

比如沃尔沃，大家都知道沃尔沃的产品定位是安全，但哪个车敢做成"不安全的呢"？无论是奔驰、宝马、奥迪、大众，大家肯定要把自己的车做得足够安全，那么，沃尔沃既然定位了"安全"，其是如何支撑和巩固定位的呢？

我们可以看到，沃尔沃不论在公关传播上，还是在产品上都做足了功课，比如轿车有多少个安全气囊才算安全，一般是2个，好的车4个，或者6~8个，但沃尔沃呢？它有27个。

这就是做到极致，试想一下，世界上哪个品牌的车能做到这个地步？于是，安全便成了沃尔沃最具有竞争力的卖点。

10.5 产品定位实施策略

10.5.1 产品定位推广

产品定位在推广中与产品精神、产品定位、产品基因等协同一致，合理占据消费者心智。

产品定位必须向市场广为传达。这种定位传达一方面要依靠企业的营销活动的配合，要求企业的整体营销活动必须贯彻产品定位概念，突出定位优势；另一方面通过广告和促销活动，将产品的定位、产品精神和产品价值信息向消费者广为传播，使消费者不断接触、认知定位理念，从而留下深刻印象，产生对产品的好感。

在产品层面，对环境、竞品及自身优劣势进行深入分析，围绕市场空白和需求空白，找准切入点，持续打磨产品。

10.5.2 产品定位的策略

在企业的运行中,其会根据市场环境做出不同的产品定位策略,一般有专业化、差异化、边缘化和多元化四大策略,如图10-5所示。

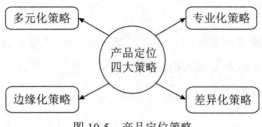

图 10-5 产品定位策略

1. 专业化策略

专业化策略就是企业通过生产单一产品来获取利润,采用这种策略的企业不求产品的多元化发展,只追求产品的专精化发展路线。目标是把一个产品做精做透,通过扩大生产和销售来谋求发展。

这种企业在中国早期还算比较多,比如老干妈早期只有一种豆豉风味酱,单靠着这一款产品在中国酱料市场就创造了优秀的口碑。

专业化策略示意如图10-6所示。

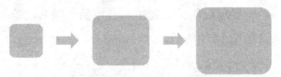

图 10-6 专业化策略示意

但市场是不断变化的,为了适应趋势,企业有些时候不得不对策略做出调整,以适应市场变化,也就有了差异化策略。

2. 差异化策略

差异化策略是指企业以某种方式调整那些基本相同的产品,以使消费者相信这些产品存在差异而产生不同的需求偏好,也就是说,为了适应市场变化,企业会通过对多项产品进行不同组合的方式向深度、广度发展。

这也是老干妈后续为什么会推出辣三丁油辣椒、精制牛肉末、红油腐乳、干煸肉丝油辣椒等多种口味的原因之一——这些口味的生产都是为了适应消费者日益多元化的口味需求,只有这样才能适应市场趋势,赚更多的利润。

国际大品牌香奈儿也靠着差异化策略赢得了市场青睐:香奈儿早期依靠帽子起家,这是专业化策略。但为了满足消费者多元化需求,在后期陆续推出了许许多多的产品,比如服饰、香水、箱包、珠宝、手表,甚至主攻女性市场的香奈儿也开始做起了男性市场。

由此可见,不断地调整策略,进一步细分市场,从更多的角度满足不同类型的消费者需求,企业获得了更大的成长空间和更多的利润。

差异化策略示意如图 10-7 所示。

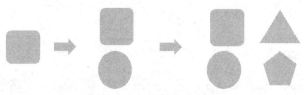

图 10-7 差异化策略示意

3. 边缘化策略

边缘化策略是指围绕"一个中心",去扩展更多的周边市场。

这种策略是企业生产或提供具有两个或两个以上行业特点的产品的一种定位策略,其特性是通过产品组合由深度向关联度发展,比如皮卡丘的动漫形象,可以通过边缘化策略,发展出玩偶、钥匙扣、日用品、联名款等衍生品。

边缘化策略示意如图 10-8 所示。

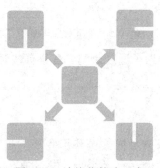

图 10-8 边缘化策略示意

4. 多元化策略

多元化策略是指企业同时生产或提供两种以上分属不同行业产品的定位

策略。

为了能在千变万化的市场环境和激烈的市场竞争中占据有利地位，企业就必须处于不断求变和应变状态，进而由单一产品经营转向多元产品经营、由单一行业经营转向跨行业经营。

多元化策略示意如图 10-9 所示。

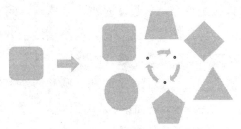

图 10-9　多元化策略示意

多元化策略在帮助企业合理分散风险的同时还可以扩大经营范围，增强竞争能力。与此同时，多元化也有利于充分利用企业现有资源，挖掘出更多的生产经营潜力。

和其他策略相比，多元化策略更多是将产品组合由关联度向广度发展或者是由深度向广度发展。

例如阿里巴巴一开始推出了 1688 产品，后来开发了淘宝网，紧接着通过差异化策略，开发了天猫、闲鱼、海购等同属于电商类的广度产品，紧接着采用多元化策略，发展打造出了支付宝、菜鸟、阿里云等多个分属不同行业、不同领域的产品。

10.6　产品定位典型案例

10.6.1　脉动快速"卖动"

脉动上市后，在很短的时间内就形成了热销全国的局面，在持续几个月的时间里，全国的脉动经销商都必须等待货物的到来。这归功于其准确的产品定位——功能性饮料。

脉动是达能入主乐百氏之后的第一个成功作品。这种维生素饮料含有多种 B 族活性维生素及维生素 C，具有天然清新的水果味、口感清爽，很受消费者的喜

第2部分 产品定位篇

爱。脉动进入中国以后,也延续了国外的销售佳绩。

脉动选择在 2003 年 3 月底上市,4 月份"非典"开始在全国蔓延,5 月中旬在华北、东北等地疫情达到了高峰,这时候消费者迫切地需要能增强免疫力的产品。保健品,特别是维生素补充剂销量飞涨,以维生素水为产品诉求的脉动收益巨大。

脉动的热销得益于定位"功能饮料",脉动走的是普通饮料的路线——大容量、适中价位。脉动首先是饮料,然后才是维生素饮料,定位可谓准确。与产品定位相一致的浅蓝色的差异化瓶体,具有良好的终端展示效果,深受年轻消费者的喜爱。600 毫升的大瓶体,也与 500 毫升的普通饮料形成了明显差异化。脉动推出的"维生素水"概念,正赶上了黄金时期。脉动清淡爽口的口感,得到了众多年轻消费者的喜爱。在促成脉动热销的众多原因中,"躲雨篇"电视广告功不可没,快乐、充满活力的广告片,有效地传达了脉动"让自己充满活力、从容享受生活、迎接挑战"的品牌内涵。

总结分析:

脉动是 2003 年饮料行业最成功的饮料之一,无论在选择时机上还是在产品定位上都做得很好,在包装、营销等其他方面的做法与产品定位非常匹配,取得了很好的效果。

1. 从产品定位到包装

脉动的产品定位是功能性饮料,包装是现代比较流行的硬制塑料瓶,颜色以蓝色为主,给人一种健康的感觉,就像是蓝天一样,让人感到只要一喝下去就会有一种回归自然的美妙感觉,符合当代青年追求时尚的潮流(即心理需求),很好地抓住了年轻人的眼球。

2. 从口味到价格

脉动具有天然清新的水果味,口感清爽,含有多种 B 族活性维生素及维生素 C,与比较流行的可乐在材料和成分上有一定的差异化,它不仅仅是一种可供人解渴的饮料,还是一种补充营养的功能性饮料,从口感上不像可乐那样刺激,但是它的口味独特,柔和清爽,任何人喝下去都会觉得很舒服,没有任何的刺激性。价格也能被大部分人接受,虽然略比可乐高,但是从营养角度看还是很合理的,它添加了很多维生素,在解渴的同时又能增加营养,具有提升人的免疫力、健康保健的作用。

3. 从上市时机到广告拉动

脉动选择在 2003 年 3 月底上市，4 月份"非典"开始在全国蔓延，这时候消费者迫切地需要能增强免疫力的产品。含有维生素和矿物质等的保健品销量飞涨，脉动很好地抓住了这个时机。广告宣传有效传达了脉动"让自己充满活力、从容享受生活、迎接挑战"的品牌内涵。脉动的成功证明，产品定位赋予产品灵魂，如果遵循产品定位进行设计和把握好每一个细节，能够大大提升产品成功率。

10.6.2 巧妙产品定位智取某国的快餐市场

在我国方便面领域，品牌繁多，可令消费者真正动心的却寥寥无几，于是许多方便面企业感叹"人们的口味越来越挑剔了，真是众口难调。"但 Q 食品集团巧妙地进行产品定位撬开了 M 国市场。

Q 食品集团，始终坚持"只要口味好，众口也能调"的独特经营宗旨，从人们的口感差异性出发，不惜人力、物力、财力在食品的口味上下功夫，终于改变了 M 国人"不吃热汤面"的饮食习惯，使 Q 食品公司的方便面成为 M 国人的首选快餐食品。

Q 食品公司在准备进军 M 国食品市场之前，对 M 国食品行业做了调查，结论是 M 国人没有吃热汤面的习惯，而是喜欢"在吃面条时干吃面，喝热汤时只喝汤"，不会把面条和热汤混在一起食用，由此断定，汤面合一的方便面，很难进入 M 国食品市场。为了准确了解市场和用户的需求，他们聘请食品行业的市场调查机构，对 M 国方便面的市场前景和发展趋势进行全面细致的调查和评估。最终结论：M 国人的饮食习惯虽呈现出"汤面分食，决不混用"的特点，但是随着世界各地不同种族移民的大量增加，这种饮食习惯在悄悄地发生着变化。另外，M 国人在饮食中越来越注重口感和营养，如果在口味上和营养上投其所好，方便面很有可能占领 M 国食品市场，成为人们的饮食"新宠"。

Q 食品公司基于 M 国食品市场动态和消费者饮食需求，确定了"四步走"策略，大举挺进 M 国食品市场。

第一步：针对 M 国人热衷于减肥运动的生理需求和心理需求，巧妙地将自己的方便面定位为："最佳减肥食品"，在广告宣传方面，结合产品定位刻意宣传方便面"高蛋白、低热量、去脂肪、防肥胖、价格廉、易食用"等食疗功效；针对 M 国人好面子、重仪表的心理需求特点，精心制作出"每天一包方便面，

第 2 部分　产品定位篇

轻轻松松把肥减""瘦身最佳绿色天然食品,非方便面莫属"等具有煽情色彩的广告语,挑起目标客户群的购买欲望,取得了良好效果。

第二步:为了满足 M 国人以叉子用餐的习惯,将长面加工成短面条,为 M 国人提供饮食之便;基于 M 国人爱吃硬面条的饮食习惯,改变方便面适合东方人口味的柔软特性,精心加工成稍硬又有劲道的方便面,为了吃起来更有嚼劲。

第三步:由于 M 国人"爱用杯不爱用碗",Q 食品公司巧妙地把方便面命名为"杯面",很快其成为 M 国人难以割舍的快餐食品;另外,根据 M 国人"爱喝口味很重的浓汤"的习惯,加大汤味佐料包,使方便面成为"既能吃又能喝"的二合一方便食品。

第四步:基于 M 国人食用方便面时总喜欢"把汤喝光而将面条剩下"的特点,力求方便面制作工艺求变求新,一改方便面"面多汤少"的传统制作工艺,研制生产了"汤多面少"的 M 式方便面,"杯面"迅速成为 M 国消费者喜爱的"快餐汤"。

经验分享:Q 食品公司的成功主要源于准确的"产品定位",并以"投其所好"作为一切业务工作的出发点。

产品定位的基本策略有两种:一是与竞争对手的产品相对比,显示出独特性;二是与自己的系列产品相比较,显示出创新性。产品定位策略的恰当使用,有利于触发消费者的惠顾动机与习惯性购买行为。

产品定位这个概念在 1972 年因 AlRies 与 JackTrout 而普及。然而,定位并不是指产品本身,而是指产品在潜在消费者心目中的印象,亦即产品在消费者心目中的地位,是指公司为打造一种适合消费者心目中特定地位的产品,所采取的产品策略企划及营销组合之活动。

在广告中,通过突出产品符合消费者心理需求的鲜明特点,确立商品在市场竞争中的地位,促使消费者选购该商品,是产品定位策略在广告中的运用,包括广告产品实体定位策略和广告观念定位策略。广告产品实体定位策略,是在广告中突出宣传商品新价值、新功能、新用途能给消费者带来新的利益,使消费者对该产品产生深刻印象的一种宣传方法。

产品定位就是在潜在消费者的心目中为自己的产品设置一个特定的位置,这个位置只被自己的产品独占而其他同类产品则不能拥有,助力产品走向成功。

第 11 章
产品类型定位

* * * * * *

完成市场定位与目标市场选择后,应根据潜在目标用户的需求特征,对产品类型做出详细规定,目的是让产品符合市场需求,更具有竞争力。

任何类型的产品,功能都不是单一的,比如饮料,不同品牌、同一品牌不同类型的产品,功能都有一定的差异。

因此,企业在给产品功能进行定位时应主推一个功能。下面以王老吉为例,来看一下如何主推一个产品的主要功能。

王老吉用一句"怕上火,就喝王老吉"的广告语让品牌深入人心。它的成功当然不在于一句广告语,而在于"预防上火"的产品定位,打造出了新的产品品类。那么如何找到这样的产品定位呢?——着眼于不同用户群体。

把握产品不同层面的优先级。庖丁解牛的故事很形象,普通人看见一头牛只是牛本身,而庖丁看到的是牛的各种结构和部位,所以才能够更专业做到游刃有余地解剖。产品的决策者、产品经理、设计师等专业人士,和普通用户看待产品的角度同样是有区别的。

当我们面对一个产品时,在脑海中应该清晰浮现出来的,应该是产品价值的层次结构。

产品的概念设计与研发应该根据产品定位和目标客户群的特点,依据需求优先级与用户场景的关系以及产品功能的逻辑完成具体的功能模块设计,这样才能提升产品的成功率。产品的功能是产品与使用者之间最基本的一种相互关系,是产品得以存在的基础。每一件产品都有不同的功能,人们在使用产品过程中获得的需求满足,就是产品功能的实现。产品功能依据不同的标准可以做不同的分类。对于不同产品,这些功能所表现的优先次序和重要程度不尽相同,需要开发的顺序就应该不同。产品功能不同,产品的类型也就不同。

11.1 产品分类

产品可以分为三种类型:钉子型产品、棒槌型产品和盾构机型产品。

钉子型产品是指产品主打一个功能,顶部很尖,像一根钉子,做得很锐利,其市场穿透力很强。虽然产品功能单一,系统性不强,但从小点突破,因而可以很容易凿出个小洞,一般我们叫这种产品为"小而美"的产品,价格偏低,对于一个初创公司,技术投入和资金资源有限,比较适合开发钉子型产品先打开市场。

棒槌型产品是指产品主打多个功能,但每一个都做得很一般,其市场覆盖面较大。产品功能堆起来使得顶端跟棒槌一样粗,初创公司可能一开始不适合生产棒槌型产品,但是对于价格比较高的中高端成熟市场,这种产品是适合的。

盾构机型产品:如果一个产品经过发展,已经拥有了足够大的规模,尽管也可能有多个功能,但由于知名度很高、能力足够,所以就像一台体积巨大,看似笨重但威力巨大的盾构机,虽然直径一二十米,但是也能开凿出大洞,这种盾构机型产品比较适合价格高的高端产品市场。

对于初创型企业,企业应该生产钉子型产品,而不是棒槌型和盾构机型产品。然而对于大多数企业来说,产品类型定位往往模糊,很少有人能够明确自己的产品是钉子型产品还是棒槌型产品。

11.1.1 棒槌型产品:大而全的某摩托车App

一个朋友做了一个为摩托车骑行爱好者服务的 App 产品,其产品定位以及具体功能点如下。

产品定位:为摩托爱好者提供 360°全方位无死角的服务。

产品功能如下。

计划出行:你可以通过本产品制定路书、购买保险、保养车辆及准备物资。

在路上骑行：你可以通过本产品查询身边的补给站、维修点，记录感受，相约出行；骑行过程中将开启轨迹记录模式，骑行结束后会自动关闭记录模式。

回味：可以通过本产品导出数据、记录精彩，与好友分享。

日常生活中：可能通过本产品发现优质有趣的骑行活动；获得摩托车一手资讯，包括车型查找、车辆运输保养、配件选购、法律咨询甚至驾驶培训等。

产品界面上罗列了多个Tab，每个Tab上又有多个功能模块，看后不知道哪个功能更突出，这是典型的棒槌型产品的特征。

"360°全方位无死角服务"，用户听着感觉很霸气。产品设计者的初衷是好的，想全方位服务，但这样的定位其实跟没定位是一样的。这个定位只是"一句话说完"，而不是"一句话说清"，消费者感觉不具体，不聚焦。

一个新产品一开始就想提供"360°""全方位""无死角"的服务，从执行的角度来看很困难。

我们再把上面列出的琳琅满目的产品功能进行分类：

车辆资讯　交友　分享　路书　轨迹记录

保养　保险　配件选购　法律　驾驶培训

可以看到，其中每一个关键词，几乎都能支撑起一个单独的产品。

从这个初创产品得到的启示是：一定要减少功能，把棒槌削尖变成钉子。只保留一个功能点，这个功能是用户急需而其他产品暂时无法满足的，即要做到"一句话能说清楚，一听就感兴趣"。这样投入的研发费用将大大减少，并能尽快上市，更早地获得客户。随着客户的增加和对产品的深入使用，分步骤增加功能，做强做大，这样可能更适合产品的发展。

产品类型改造建议如下。

产品定位：摩托骑行路线记录、路书分享。

产品界面：产品界面简洁，一眼看过去，就知道是干什么的，满足"一句话能说清，一听就感兴趣"的标准。

我们会经常看到一个产品在一个正确的时间，推出了一个正确的功能，突然一下子就有很多人都在用了。然后，随着产品的不断成长，获取了大量的用户；有了用户以后，又能持续迭代出更多更好的新功能，设计开发出非常有新鲜感、有竞争力的功能，支持产品持续成长。

11.1.2 钉子型产品和盾构机型产品

钉子型产品分为两个类别，分别是"中小企业：锐利的钉子型产品"和"大企业：盾构机型产品的初期阶段"。看大品牌的成功之处，向大品牌学习，一定要看其在早期的阶段是怎么做的，而不要企图效仿人家已经做强做大的时候采用的策略。

当一个产品已经强大了，的确可以增加很多功能；一个品牌强大了，也会做品牌延展，在这个品牌之下会增加新的产品，甚至品类。例如，去哪儿就是靠这个关怀用户钱袋子的单点功能实现突破，成为一个锋利的钉子型产品，后来逐渐发展成为一个大的平台产品，变成一个威力巨大的"盾构机"。当用户量足够大，用户因为主打功能而来，长期使用之后，的确会感知到其他的功能，进而使用该功能。

产品定位就是寻找产品的主打功能，以产品的主打功能作为定位进行宣传。"主打功能"对"附加功能"的导流能力不一定强。例如，微信的主打功能是交流和分享，大家每天在上面花费好几小时的时间。其中，很多人每天都要刷朋友圈几十次。

但我现在问大家，你知道通过微信可以直接上京东商城购物吗？我估计很多人都不知道，我之前也专门调研过，大部分用户都不知道。你看，尽管这几年很多人每天都使用微信，但却不知道"购物"功能的存在，更不用提使用了。

这就是一个典型的主打功能对附加功能导流有限的真实案例。

既然微信这么大的产品，用户使用这么频繁的情况下，"购物"入口都形同虚设，那你给产品堆砌那么多功能，你以为用户就会看到，就会去用吗？答案是不一定的。

1. 中小品牌：锐利的钉子型产品

锐利的钉子型产品示例如表 11-1 所示。

表 11-1　锐利的钉子型产品示例

产品	产品定位（一句话能说清）	隐含用户利益（一听就感兴趣）
哈啰单车	不用办卡、无桩借还、随时随地租用	无须办卡、就地骑、就地还
唱吧	在手机上唱歌	用手机随时随地唱歌
ETCP	手机缴停车费	不用等待找零，停车方便
分答	付费语音回答	很方便向专家、行家在线提问

2. 大品牌：盾构机型产品的初期阶段

一些较大的品牌，在其发展初期，也都有明确的、清晰的、聚焦的产品定位。从表 11-1 中可以直观地感受到，好的产品是满足"一句话能说清，一听就感兴趣"的条件的。而且，好产品的定位往往还能"顾名思义"，即单单从产品命名上就能知道其"含义"。

"一句话能说清，一听就感兴趣"，就是对"单点突破"进一步形象化的解释。世间很多道理都是相通的，"单点突破"是一个普遍适用的原则。

11.1.3 产品类型的创新理念

1. 顺应"少即是多"的哲学

德国建筑大师路德维希·密斯·凡德罗曾经提出"少就是多"的建筑设计哲学，主张去除多余复杂的装饰，强调功能性。在产品、工作、生活的各个领域，"少即是多"都具有普遍意义，启示我们要抓住主要矛盾，贪多反而会一事无成。

从企业和产品自身角度上来看，产品定位是所有生产和营销活动的基础，没有明确的产品定位，其他的如体验、运营、传播都是空中楼阁。产品定位没找好，说明需求没把握好；需求没抓好，一切也就无从谈起。如果产品定位找准了，"一句话能说清，一听就感兴趣"，那么广告宣传、营销活动就有了方向和指引，也就容易多了。

2. 简洁、明确、感兴趣

从用户认知的角度来看，用户无时无刻不被广告和品牌淹没，一个品牌跟用户接触的时间以秒计。如果一句话说不清，即使你的产品品牌成功进入了用户的脑海，因为脑海里有成百上千个品牌，用户也就很难记住。而对于一个产品，往往只能记住一个功能点。所以，想让用户记住一个产品有"五大功能、十大亮点"是不可能的。"一听就感兴趣"，是从用户角度思考，体现了用户利益，用户只有感兴趣了才会留意。

究竟如何判断一个产品是钉子型产品还是棒槌型产品呢？

1）逻辑分析法

一个产品包含多个并行功能，这是棒槌型产品的典型特征。如果要变成钉子型产品，那必须减少功能，最好只剩下一个。以那个摩托车 App 产品为例，"看资讯、做保养、买保险、购配件、考驾照"等功能，对于骑行活动路书分享功能来说，大部分都是与之并行的，所以都可以砍掉。

2) 调研

评价标准主要就是产品能否做到"一句话能说清，一听就感兴趣"。"一句话能说清"，说明你的产品有清晰的定位，而"一听就感兴趣"说明你的定位能够得到用户的认可并产生共鸣，表达了用户的利益点，得到了用户的认可和信任。

产品定位明确，是一切的基础。对于一个新产品，如果只选择了一个功能单点突破，只要这个需求把握准了，就是一根有战斗力的钉子，"小而美"的产品也有可能成功；而如果一开始就选择了"大而全"的产品，其中的每一个功能的需求都把握得很好，体验也很顺畅，那便是一个棒槌型产品。

用"一句话能说清，一听就感兴趣"的标准来评估，用逻辑分析和调研来测试，都可以判断出自己的产品是钉子型产品还是棒槌型产品。

好产品能用一句话说清楚产品定位。定位要做到清晰且聚焦。随着用户的增长，核心用户群体的改变，产品的边界也会扩大，定位也会相应改变。

11.2 产品类型定位模型

一个产品的功能需要不需要加到产品中去，需要看产品的类型定位，即是单一功能定位还是多功能定位。那么，产品类型怎么定位呢？可参见产品类型定位四方格模型，如图 11-1 所示。

图 11-1 产品类型定位四方格模型

该模型的横轴表示产品功能实现的技术难度，从左往右表示产品功能实现的技术难度越来越大，也可以理解为产品的功能越来越多，产品品质更高，满足客户的使用场景更多；纵轴表示产品价格的高低，从下往上依次表示产品价格越来越高。

处于不同象限的产品，其功能特点和价格不同，其产品类型也不同。

第一象限：处于此象限的产品，产品功能比较多，品质也较高，产品价格也最高，属于盾构型产品。这样的企业一般是比较成熟的企业，技术实力比较强，能开发和生产出多功能、高质量的产品，借助比较好的市场品牌占领高端市场，所以处于此象限的企业技术能力强大，品牌信誉较好，适宜开发盾构型产品占领市场。

第二象限：处于此象限的产品，其特点是价格较高，功能单一或较少。这样的企业一般采用的是新技术，创新能力比较强，利用市场领先的新技术，创新开发出引领市场的新产品，所以能够支撑自己产品的高价格，或者创新一个新品类引领行业发展。随着这个新技术被竞争对手模仿、改进，产品将进入激烈的竞争环境，产品价格将越来越低，进入第三象限，形成钉子型产品，或者利用企业雄厚的技术力量，迭代多个功能，形成盾构型产品，继续引领行业发展。

第三象限：处于此象限的产品属于钉子型产品，此类产品的功能单一，价格也比较有竞争力。这种钉子型产品大多出现在企业初创时期，资源和技术能力都有限，先开发出功能单一、价格低廉的产品迅速占领市场，形成销售，存活下来。随着资源和技术力量的积累，产品不断迭代成长。如果该行业市场容量比较大，技术和资源比较强大的企业也可能开发物美价廉的钉子型产品占领市场。

第四象限：处于此象限的产品一般属于技术比较成熟、竞争比较激烈的"红海"市场，企业为了吸引客户，采取增加产品功能并不涨价的物美价廉型策略抢占市场。企业应该继续细分市场，或进行品类创新，避免棒槌型产品长期作为企业主推产品。

所以，建议在低端市场布局单一功能的产品，在中端市场布局多功能产品。

在创业初期，做产品就是要找一个高频、强需求的大市场来做，考虑自身的资源和强项、行业状态等因素，开发单一功能的钉子型产品，做到单点突破，提高创业的成功率。

【案例分享】

Notime 两条线布局

分析 Notime 产品的价格布局发现，Notime 的价格分布主要集中在 0~500 元

第 2 部分　产品定位篇

和 1000~2000 元，其中 0~500 元价位的主要是单一功能性产品，1000~2000 元价位的产品则主打多功能概念。

Notime 两条线布局——同时布局低端单一功能产品和中端多功能产品，这两款产品都获得了比较大的成功。

1. Notime两条线策略：在低端市场布局单一功能的产品，在中端市场布局多功能产品

Notime 在 2017 年初初步尝试两条线同时布局，2017 年 1、2 月上新了两款产品，一款是价格为 199 元的离子导入导出仪 (SKB-1209-2)，一款是价格为 1333 元的多功能射频美容仪 (SKB-1203-1)，市场对于这两款产品的反应都较好，其中 SKB-1209-2 型号 2017 年销售总额为 1400 万，SKB-1203-1 的年销售额为 1200 万。

再次两条线同时布局，单品销售额快速突破百万元。

2017 年 10 月，Notime 推出 SKB-1708 型号，定位中端市场 (产品定价：1799 元)，主打多功能。SKB-1708 型号销售额快速增长，其中 3 月份单月销售额超过 100 万元。消费者大都反馈其质量好，功能强大。

2018 年 1 月，Notime 上新 SKB-1601-1 型号，定价 199 元，该款产品主打真空负压小气泡导出黑头粉刺功能，在三个月内单品销售额突破 160 万元。

2. Notime采用电商节+价格下调策略保持商品的销售量

Notime 品牌利用电商节，大幅拉动产品销售。观察品牌销量最高的两款产品 SKB-1209-2 和 SKB-1203-1，在"双十一"期间，销售额快速上涨。之后，为保持商品销售量，Notime 采取价格继续下调措施，以刺激产品的消费。

3. Notime多功能产品宣传，从整套的皮肤护理流程为切入点

Notime 的两款主要多功能产品，在产品宣传上都强调一机多用，从整套皮肤护理流程为宣传的主要切入点。

所以，产品功能设计是按照产品定位的初步要求，功能的多少也应该与产品定位一致。一个功能需要不需要加到产品中去，需要看产品的定位和产品的类型定位，即是单一功能定位还是多功能定位。

第 12 章
产品价格定位

* * * * * *

价格定位就是营销者把产品价格定在一个什么样的水平上,这个水平除了与竞争者有关,与自己的产品定位和产品价值也有关。

12.1 产品价格定位影响因素

价格定位是产品定位中最令企业难以把握的。一方面,价格是企业获取利润的重要指标,最终会直接影响企业的盈利水平,如果价格定得过高,则会降低产品的竞争力,甚至会造成致命伤害;如果价格定得过低,则会损害企业利润,甚至反而会降低产品形象。另一方面,价格也是消费者衡量产品的一个主要因素,对价格的敏感度将直接决定消费者的最终消费方向。

用价格来为产品定位可以认为是产品特色定位的一个特例。同时,在利用低价格定位时,强调相当低的价格也可以认为是产品的利益定位。高价定位策略将高价与高质量联系起来,例如宝洁在广州市场推出海飞丝洗发水,就是采用"高价格高质量"的产品定位,以与当时广州市场上众多洗发水品牌明显地区分开来。产品定位策略要体现在实体的构造、形状、成分、性能、命名、商标、包装、价格等直观方面,以满足消费者豪华、朴素、艳丽、雅淡等不同的需求。

任何一类产品都有一个"心理价格",高于"心理价格"也就超出了大多数用户的预算范围，低于"心理价格"会让用户对产品的品质产生疑问。因此，了解消费者的心理价位，有助于市场人员为产品制定合适的价格，有助于销售人员达成产品的销售。而影响消费者的"心理价格"的重要因素是产品定位及其广告宣传。

艾尔·强森认为，消费者之所以喜欢某种产品，是因为他相信这种产品会给他带来比同类产品更大的价值，也就是说具有更大的潜在价值。潜在价值取决于产品的潜在质量。所谓潜在质量，它不是指质量监管部门检测出的质量，而是指消费者心中感受到的质量，是消费者主观上对一种品牌的评价。可口可乐之所以领先百事可乐一个多世纪，就是因为它以标榜"正宗""原创""独一无二"而使消费者相信它具有无可替代的价值，这就是它的潜在价值。事实上，一种品牌之所以能够打开销路，常常不是因为它的真实价值，而是由于它的潜在价值。潜在价值具有独特性、独立性、可信性和重要性。

因为在产品功能和品质相差无几的情况下，价格是影响消费的重要因素。一般来说，价格略低的产品，在市场上大多占有比较有利的位置。但价格比同类产品低，这可能招致两个相反的结果：一是吸引更多的消费者购买，二是使消费者怀疑产品品质低于同类产品。因此产品价格定位较低，往往会得到一部分消费者，同时也会失去另一部分消费者。如果产品定位高端，同时对自己产品的品质有着足够的自信，则可将价格定得高一些，受"便宜无好货"这一思维定式的影响，消费者往往会更倾向于选择同质产品中的价高者。

产品的价格定位是产品一系列定位的统一，是一个系统工程：产品价格定位要与产品精神、产品品牌定位、产品质量、产品特色或差异化、产品品牌宣传、营销策略等相匹配。

12.2 产品价格定位模型

产品价格的影响因素比较多，如产品的技术先进性，产品市场的竞争激烈程度等。产品价格定位模型如图12-1所示。

产品价格定位模型的横轴从左向右为功能需求—心理需求。模型的纵轴从下向上为产品的品质越来越高，也就是说产品的价格定位是与产品满足消费者的需求层次、产品品质的高低息息相关。

第12章 产品价格定位

图 12-1　产品价格定位模型

第一象限的产品主要是满足消费者心理需求的产品，其产品品质一般较高，属于精神价值高的产品，应该采用高价定位策略。因为产品的定位是满足消费者的心理需求，大多属于有特色的、独一无二的产品，其产品的优势明显，能使消费者实实在在地感觉到，特别是能够满足心理需求的差异化特点，属于行业领导者的产品，而日常功能性消费品则不宜采用高价定位策略，否则很容易影响产品的销售。

采用高价定位策略应该考虑价格变化的幅度、企业成本、产品的差异、产品的性质以及产品可替代性等因素。如果不考虑这些因素的影响，盲目采用高价定位策略，失败是不可避免的。其产品宣传点在市场中要独树一帜，侧重宣传产品符合心理需求的差异化特点，产品精神是宣传重点，要引起消费者的价值认同。

第二象限的产品主要是满足消费者的基本需求，性能价值是产品的最大卖点和特色，所以产品的价格应定位在中等价位，但要让消费者实实在在地感受到产品的高品质、优越的产品性能，总体是物有所值。如果不能让消费者感受到物有所值，将会失去客户。

第三象限的产品主要是满足消费者的基本使用需求，产品品质一般，价格定得较低，以量取胜，崇尚物美价廉的路线，在保证商品质量、企业一定的获利能力的前提下，采取薄利多销的低价定位策略容易进入市场，而且在市场竞争中的优势也会比较明显。采用低价定位策略而取得成功的企业很多，美国零售巨头沃尔玛就是最典型的例子，在同类产品中，沃尔玛的售价是最低的，这是吸引众多消费者最有力的武器。在我国，格兰仕同样也是采用低价定位策略进入家用电器市场并获得成功的。

低价定位策略也可成为攻坚的武器，在残酷的营销竞争中，帮助企业取得竞争优势。现代市场上的价格大战实质上就是企业之间价格定位策略的博弈。

第四象限的产品主要是满足附加功能需求和中等品质要求,为消费者在基本的使用功能外额外再提供安全、健康等特殊功能。此类产品的价格定位应采取中高价格策略。

相对于价格来说,消费者更愿意为与其个人价值观相符的产品买单。比如当代年轻人的经济水平不太高,但是还是会关注苹果的产品并购买新产品,因为其认可苹果产品的精神价值,尽管价格比较贵。

在用户购买力逐渐上升的市场中,往往这种高价值的产品定位会获得更高的利润,一件产品价值越高,售卖价格的增长会超过成本的增长,其中的利润也会相应增长。当然,除了价格成本差额带来利润,用户认可产品带来的价值,自然会带来更大销量,销售量的增长也会带来巨额利润。

利润关系如图 12-2 所示。

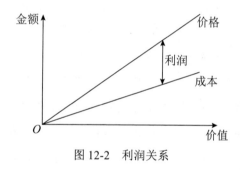

图 12-2 利润关系

从价格定位角度来说,并非高价值的商品价格一定就高。通过制定比竞争产品更低的价格同样可以获得更多利润,但是这种产品价格定位并不会削弱产品高价值属性。

12.3 产品商业模式设计

在购物时经常会发现这些现象:某商品建议零售价为 29 元,实际却仅售 19 元;商家经常划掉原标价,然后再写一个优惠价;实体小商铺也喜欢开一个高价等我们还价。为什么呢?

12.3.1 价格锚点理论

实际上,原价就是一个"价格锚点"。

所谓价格锚点,是商品价格的对比标杆,相当于一个基准线,直接影响购买者对于价值的判断,这背后是"锚定效应"在起作用。何为锚定效应呢?

锚定效应是指人们在对某人某事做出判断时,易受第一印象或第一信息支配,就像沉入海底的锚一样把人们的思想固定在某处。比如我们看见一个产品,在第一眼看到它的价格时,会对我们购买这一产品的出价意愿产生长期影响,这就是锚点效应。

原价 1999,现价 199。这个 1999 就是一个锚定价格,它提升了用户对于这个产品的价值感知,这个产品质量不错,值 1999 元。如果没有这个锚定价格,只有现价 199 元,那就会让用户觉得这个产品很廉价,就没有打折的惊喜了。

如何利用"价格锚点"这个工具呢?

假设你现在接到一个任务,需要推出一款 2199 元的新热水器,而它的竞品是一款价值 1599 元的热水器,目前市场的情况是:大部分消费者更愿意买便宜的热水器,所以 1599 元的热水器销量很好。

这时,你的方案该怎么设计才能让消费者买你的这款贵的"2199 元的热水器"呢? 2199 元的热水器的功能和好处,已经让客户觉得自己确实需要这款产品,但是如果在商品上直接把价钱标出来,估计消费者就会眉头一皱,心想:这么贵,我得考虑考虑,然后离开了。

根据"价格锚点"理论,消费者对商品价格的感觉是存在不确定性的。这时,消费者判断商品价格是否合理,存在"避免极端"和"权衡对比"两个原则。

1. 避免极端

现在有三种产品,其功能和价格分别如下。

(1) 第一种产品:功能有限、价格最低。

(2) 第二种产品:功能齐备、价格中等。

(3) 第三种产品:功能最多、价格最高。

让消费者从以上三种产品中挑一种,大部分人都会选择第二种,这就是"避免极端"。

上述热水器方案中,可以加入一款 3299 元的,三款放在一起做对比,2199 元的价格就会显得很合理,不高不低,符合消费者的心理预期。

三者对比,价格非常低的那款产品消费者也不会轻易选择,人们会觉得"便宜没好货",卖这么便宜是不是性能不好。

这种情况下,大部分消费者会选择中间价位的产品。

所以,当你有A、B两款产品时,A的价格比B高,你想主推A产品,却发现销量并不高时,你可以考虑引进性能和A接近的C产品,但是把定价提高。这样三者对比,人们更多会选择价格适中的A,过滤掉极端的选项。

2. 权衡对比

当消费者无法判断价格时,会找一些自认为差不多的商品去做对比,经常会与同类产品中热销的产品价格,或者不同类商品的价格做对比,以便让自己有个衡量标准。还是以那个2199元的热水器为例,如果将2199元与"与朋友聚会吃几顿饭""买1件新衣服"之类的消费行为做对比,就显得比较明智。因为热水器是刚需,后者是非刚需,而且还会花费很多钱,消费者会觉得如果把这个钱省下来买热水器将会更划算。

"权衡对比"更像是给消费者算账,告诉他哪些钱会花得更值,哪些钱花得不值,帮他衡量购买的利弊。我们经常听到一句广告语,"只需要请朋友吃一顿饭的钱,就能……",这就是通过"权衡对比"制造价格锚点,引导用户付费购买。

12.3.2 产品商业模式设计方法

"避免极端"和"权衡对比"这两个原则让我们意识到:商品的价值是"相对的",这件商品到底值不值这么多钱?这个定价到底是不是实惠?都需要一个可供参照的标准。而"价格锚点"启示我们:消费者其实并不真是为商品的成本付费,他是为商品的价值感而付费。所以,我们应该设计产品的商业模式模型,进行产品价格定位。

产品商业模式设计就是把产品进行配置分类并设定主推配置,从而细分市场并引导客户选择公司主推产品配置,从财务指标上实现产品的市场成功和财务成功。

根据"价格锚点"理论,产品商业模式一般从产品细分、产品配置、目标客户群、产品属性定位、产品战略角色、价格规划和营销策略等几个部分进行设计,见图12-3。

图 12-3 产品商业模式七大模块

产品配置是按照产品细分的类型,采用不同的产品组件、材料进行组合,并满足不同目标客户群需求;目标客户群是指该单品的主要消费者,建立在该细分产品消费者的需求和不同消费行为分析的基础上;产品属性定位从产品的功效、质量、服务等方面进行考虑,塑造产品的鲜明个性或特色,树立产品在市场上的形象;价格规划可以参考产品细分定位和价格锚点理论进行设计。产品商业模式可参考表 12-1 的内容进行设计,也可根据自己产品特点适当进行优化调整,例如表 12-2 工业产品稀油站产品的商业模式实例。

每种单品的战略定位或战略角色定位不同,给公司带来的利润应该不同。

注意事项:

(1) 每种单品,即产品配置的内容和范围要界定清晰,并明确聚焦主推哪个配置。

(2) 一个产品的商业模式设计包含产品的定价策略、利润等财务指标,所以,产品商业模式设计属于商业秘密。

产品商业模式设计示例如表 12-1 所示。

表 12-1 产品商业模式设计示例

产品名称	产品细分	产品配置	目标客户群	产品属性定位	产品战略角色	价格规划		营销策略
						销售价格	利润率	
	简配型							
	常规型							
	增强性							
	高档型							

第2部分 产品定位篇

工业产品稀油站产品的商业模式实例如表12-2所示。

表12-2 工业产品稀油站产品的商业模式实例

产品类名称	产品细分	技术模块	销售策略	价格建议	典型项目	用户市场	销售费用	实施费用	利润率	关注重点
XGD-C160/500	常规配置	国产件	小批量	低	华新水泥	水泥行业	利润空间的20%~25%	价格的3%	利润空间扣除销售费用、实施成本与尾保后的剩余空间比例不小于15%	周期短,回笼在90%以上
XGD-C160/500	增强配置	主要部件为进口件	大批量	适中	冀东水泥	水泥行业	利润空间的15%~30%	价格的4%	利润空间扣除销售费用、实施成本与尾保后的剩余空间比例不小于20%	主推产品、重点关注成交量
XGD-C160/500	高档配置	大部分部件为进口件	小批量	高	海螺水泥	水泥行业	利润空间的5%~10%	价格的5%	利润空间扣除销售费用、实施成本与尾保后的剩余空间比例不小于25%	周期短,回笼在90%以上
XGD-C250/1000	常规配置	国产件	小批量	低	湖南雪峰水泥	水泥行业	利润空间的20%~25%	价格的3%	利润空间扣除销售费用、实施成本与尾保后的剩余空间比例不小于25%	主推产品、重点关注成交量
XGD-C250/1000	增强配置	主要部件为进口件	大批量	适中	华新水泥	水泥行业	利润空间的15%~30%	价格的4%	利润空间扣除销售费用、实施成本与尾保后的剩余空间比例不小于25%	主推产品、重点关注成交量
XGD-C250/1000	高档配置	大部分部件为进口件	小批量	高	海螺水泥	水泥行业	利润空间的20%~15%	价格的6%	利润空间扣除销售费用、实施成本与尾保后的剩余空间比例不小于30%	周期短,回笼在90%以上

一般情况下,消费者对于商品价值是没有明确认知的,很容易受到"价格锚点"的影响。所以,大多数人不是真的为商品的成本付费,而是为商品的价值感而付费。

总之,利用"价格锚点"理论,产品商业模式设计是给消费者制定更高的消费锚点,只要对比下来觉得"划算",消费者就很容易产生购买冲动,既让消费者拥有"占便宜"的满足感,也自然而然地提高了企业的销售额。

第3部分
产品力提升篇

第 13 章
产品代系规划

* * * * *

产品竞争越来越激烈，有人说：一流的企业建立标准，二流企业做品牌，三流企业做产品。但企业怎么建立产品行业标准或产品下一代的标准，从而引领市场呢？特别是那些头部企业，更应该研究行业发展趋势和客户需求，建立行业下一代产品标准，从而走在市场的前列。

13.1 产品代系标准引领企业发展

产品代系标准不断引领企业持续发展壮大的实例很多，典型代表有老板电器代系迭代发展。

一个企业应该如何选择产品的发展方向，从而引领企业发展呢？或在哪个方向进行创新实现代系升级呢？下面以老板电器为例进行介绍。

【案例分享】

老板电器聚焦"大吸力"标准，引领产品不断提升发展

1. 老板电器将产品定位为"大吸力"油烟机

老板电器经过调研发现，大部分消费者对老板电器产品的高质量有着深刻的

印象，但是具体让消费者说出对老板电器的产品价值认知，答案却各有不同，没有形成很好的聚焦。

我们都知道，企业应该建立一个明确、清晰的产品定位，以此为核心实现对消费者心智的占位。因此，必须充分了解老板电器究竟要在消费者心智中占据什么位置，即明确产品定位，它不仅是消费者关注的，更是企业长期努力发展的方向，同时要参照竞品，找到自己的比较优势。

最终，通过大量的调研分析得出的结论是：对于油烟机，消费者关注的就是油烟机的吸力效果。其最基本的特点是，吸力越大代表着油烟机的品质越好。油烟机除了外观与智能化的创新，大风量一直是产品技术升级的一个主要突破方向。

实际上，行业中其他品牌也经常将大风量作为某些新产品的卖点进行宣传，但是都不成体系也没有持续，最重要的是风量是一个技术概念。于是老板电器第一次将技术概念与消费者利益进行结合，创新提出了"大吸力"油烟机的高端产品品类。大吸力是消费者关注的，老板电器在大吸力技术上是领先的，大吸力在消费者心智中的位置是同行没有抢占的，所以，最终老板电器将产品定位设置为"大吸力"油烟机，相比方太的静吸、美的的蒸汽洗等更加简单，但也更加直击消费者内心的核心诉求，以最快的速度赢得了消费者的喜欢。

2. 围绕"大吸力"定位，不断优化产品代系标准

老板电器在明确了大吸力的产品定位之后，从技术研发到产品规划上全部聚焦到大吸力这一技术指标上，并持续地创新、改进与升级，确立了"大吸力"的高端烟机品类。从双劲芯1.0系统不断更新迭代升级到5.0系统，以技术推动产品、产业的新发展，也为消费者带来了更健康的厨房生活环境。

3. 领行业之先，制定"大吸力"技术标准

老板电器认为，随着消费升级，消费者对油烟机的要求越来越高，油烟机的清洁能力、外观、噪音都是消费者关注的主要因素，尤其是吸力，是消费者选购油烟机最关心的指标。

老板电器引领大吸力油烟机从第三代到第四代大吸力发展，以往业界说的"大吸力"没有判断标准，现在从"风量"到"风压"及"拢吸"技术、拢吸腔设计等逐渐形成标准，老板电器一直主导"大吸力"市场，促进整个油烟机结构的更新换代。

在此基础之上，2008年老板电器双劲芯技术诞生，将油烟机行业推进到另一个新时代，即通过双劲芯风机系统的应用，带领行业进入大吸力时代。

何为大吸力?经过五年多的酝酿和积累,老板电器在2013年以自己的产品为标杆,向行业发布了大吸力的四大标准。

一是拢吸,老板电器首创360°龙卷吸烟,瞬间洁净,20秒给你一个新厨房。

二是强滤,老板电器首创A++免拆洗技术,全面提升油烟分离能力,确保油烟彻底分离。

三是速排,老板电器独创双劲芯技术,动能更强劲,双面立体吸烟,吸排更高效,将油烟瞬间排出,内腔不积油。

四是节能,油烟机能耗达国家1级能效标准。根据油烟机能效标准,油烟机的能效等级共分为5级,主要评定全压效率、待机功率、关机功率、常态气味降低度、油脂排放值五大指标评价分级。其中,油烟机的能效限定值为能效5级,也是市场准入门槛,而能效1级则为最高水平。老板电器全线大吸力油烟机都达到1级能效标准。

老板电器这个标准的推出,破除了大风量"="大吸力的误区,将以大吸力为核心的整个油烟机性能体系提升到新的高度,同时,也抬高了大吸力油烟机的技术门槛。

4. 双劲芯技术快速迭代,技术驱动产品创新

大吸力之所以能成为油烟机行业发展的主流趋势,是因为大吸力真正触及了消费者对于油烟机的根本诉求——吸尽厨房油烟。而老板电器大吸力产品的背后,得益于双劲芯技术的不断升级,技术驱动产品的创新。

2009年,老板电器率先推出双劲芯1.0系统,$17m^3$/min超大风量,轻松排风油烟。

2011年,双劲芯2.0系统就拥有了$18.5m^3$/min极速风量,风压330Pa,全面锁住油烟,急速吸排。

2013年,老板电器的智能大吸力油烟机8700产品搭载双劲芯3.0系统面市,带来行业独有的360°龙卷吸烟,$19m^3$/min超大吸力,彻底解决了油烟逃逸、飘散的难题。

2015年,双劲芯4.0系统登场,油烟机8228产品双面立体进烟,形成360°螺旋,牢牢锁住油烟无逃逸,将大吸力演绎到极致。

5."大吸力"演示物料设计

为增强消费者对老板电器"大吸力"油烟机吸烟效果的直观感受,老板电器

在所有专卖店中统一部署了两个演示物料。

一是大吸力演示：将一块 23.6 公斤的木板放在开启的油烟机下，木板会被牢牢吸住，消费者都会惊讶于其强大的吸力。2017 年其还获得了世界纪录的认证。

二是 360° 大吸力龙卷风演示：采用一个盛着小球的塑料桶，放在开启的油烟机下，演示时，小球会随着烟机的风呈螺旋式运动，非常直观地呈现了大吸力。

上述两样演示物料的导入，优化了用户的真实体验，老板电器将之称为"视觉锤"，使大吸力、龙卷风不只是一个概念、一个噱头，而是可以看得见、摸得着，给消费者带来了极好的体验和极大的心理震撼。

13.2 代系产品标准框架及构建模型

13.2.1 产品代系规划原则

现在一些优秀的企业为了提升企业的竞争力，开始追求生产销售一代产品，着手研发下一代产品。但下一代产品应该是什么样的呢？也就是说下一代产品的标准如何设置呢？只有明确了下一代产品的标准才能为下一代产品的研发指明方向，并指导下一代产品的宣传与营销。

建立下一代产品或新代系的产品标准应该满足下列条件。

(1) 采用了创新技术或新理念，突破了现有产品的核心功能极限，即突破了原产品的功能瓶颈，大幅提升了产品性能。

(2) 适应行业发展趋势或客户新需求，增加产品新功能，极大提升了产品的市场竞争能力。

(3) 技术或工艺创新形成的新的核心功能或可以细分出一个品类。

(4) 要善于把握技术发展方向，定好项目主攻目标；遵循本行业技术发展和市场需求的趋势。

(5) 在制定目标时要"跳起来摘果子"，这才是适度的高标准。

根据客户需求分析出客户价值或产品功能，找出行业产品品类的产品代系标准框架和关键功能指标，再设计产品代系标准，然后才是产品功能定位选择，根据技术攻关的实现，规划产品路标，将下一代产品标准指标具体化。

13.2.2 代系产品标准框架

从体系框架的角度分析,下一代产品的标准体系应该包括两部分:一是体系结构;二是性能指标。

1. 体系结构

体系结构:就是下一代产品标准的框架结构,建立的依据是行业发展的关键因素、客户需求或客户关心的关键因素。根据行业或产品先确定下一代产品主要涉及哪些维度或方面,然后才是性能指标标准。

2. 性能指标

性能指标是当时的技术水平达不到,而需要进行技术创新或新技术出现才能达到的性能指数,即根据下一代技术创新能够达到的性能程度或下一代新技术应用能够达到的功能提升水平。

实现性能指标有一定的难度,也就是说性能指标需要一定的技术积累才能实现,从时间维度思考,性能指标参数能够大幅度提升客户体验,满足未来一定时间(不同产品或行业不同,一般为3~5年)的需求。不太可能刚刚确定的下一代产品标准,明年就实现了。

13.2.3 产品代系标准体系构建

下一代产品的标准为产品设计和开发指明方向,使产品的设计开发工作有序化。一方面能够使设计开发的质量得到控制,保证了设计开发的产品符合市场的实际需要;另一方面可以大大减少产品设计开发的失误,从而加快产品设计开发的速度。如何构建产品代系标准呢?

步骤一,首先应该分析本行业发展的关键因素,设计本类产品代系的标准体系框架。例如飞机的第五代机 4S 标准就是根据未来战争的作战环境和雷达技术的进步,其代系标准指标增加了机动性、隐身性、战场感知能力等指标,五代机的 4S 标准为"超机动性""超音速巡航""隐身"和"高级战役意识和效能的航空器"。

步骤二:根据产品所处的品类特点,找出本品类的关键痛点元素,对应产品代系的体系的衡量指标,然后是所对应的关键功能指标要素。例如从北京到上海的旅行，最大的痛点是旅途时间长，第一个最关键的指标就是花费的时间。第二个指标是舒适度。交通工具产品的代系框架因素有花费时间、舒适度等。

步骤三：找出本代系的产品功能的极限，通过技术创新或解决方案创新能够打破现在产品技术和解决方案所能达到的新功能极限，现在看未来一段时间(本行业技术常规的换代时间段)最可能采用的新技术或模式创新能够达到新的功能极限，即为下一代系的功能指标标准。例如从上海到北京旅行，最原始的方式是步行，从北京到上海步行的时间是 20 天左右；第二代交通工具是马匹，骑马所用极限时间是 3 天左右；第三代交通工具是汽车，乘坐汽车所用时间极限是 20 小时左右，第四代交通工具是高铁，乘坐高铁所用极限时间是 5 小时左右，第五代交通工具是飞机，乘坐飞机所用极限时间是 2.5 小时左右。

13.2.4 产品代系的性能指标构建

以大数据下一代产品标准为例，可以从本产品关键指标、当前产品现状、未来使用场景、最大痛点与解决方案、下一代产品功能指标五个维度设计产品代系的指标，如表 13-1 所示。

表 13-1 设计产品代系指标

序号	本产品关键指标	当前产品现状	未来使用场景	最大痛点与解决方案	下一代产品功能指标
1	规模	计算机节点数量在"千台级"，数据存储量在 PB 量级	数据计算量将越来越大	计算机节点数量达到"百万台"级，数据存储和计算规模达到 EB 量级	规模达到 EB 量级
2	跨地域	集中地域部署	跨地域和多集群协同工作，分散到多个地域	怕一个地域出现数据丢失而造成损失	当出现事故，怎么保护数据不被丢失
3	简单1：高集成	各个厂家完成不同功能模块	大数据是一个整体，用户普遍需要的是完整功能的大数据产品，而不是其中几个功能模块	如何组织和搭配这些模块，做好各模块之间的衔接和兼容	高度集成
3	简单2：易维护	管理少则几百台，多则数千台的计算机，如发生故障，要排查和排除，工作量太大	下一代大数据系统的超大规模化，如果管理模式不发生改变，集群管理员将会不堪工作重负	提高大数据系统的自适应能力，以及部分实现系统的自维护管理	易维护

第3部分　产品力提升篇

续表

序号	本产品关键指标	当前产品现状	未来使用场景	最大痛点与解决方案	下一代产品功能指标
4	数据安全	数据安全对当今社会的影响非常大	安全在下一代大数据系统中的重要性，可能要远超过上述几个指标	允许让用户自己设计安全方案，定义安全规则，加入大数据系统中来	安全性高

以大数据不同代系标准为例，设置下一代产品的标准思路可以用表格模式表示。

大数据4S标准，就是："超大规模、跨地域、简单、安全"。这四项标准的首个英文字母都是S，所以我们把它称为4S标准。

1. 超大规模

现在市面上的大数据产品，基本都属于hadoop系列，hadoop能够提供的数据处理能力，计算机节点数量在"千台级"，数据存储量在PB量级。再往上，hadoop将很难支撑。

即使勉强维持，稳定性和可靠性也难以保证。

当下的数据应用需求越来越多，需要完成的数据计算量将越来越大，而且随着未来各种大规模计算业务的进一步增长，现有头部企业的产品的处理能力也将无法保障这种增长需要。

所以，当前的数据处理规模还要进一步扩大，下一代大数据的标准起码应该能够支撑未来二十年的数据处理需要。

在这样的一个目标下，大数据系统的功能指标应该是：计算机节点数量达到"百万台"级，数据存储和计算规模达到EB量级。这样才有可能适应未来数据处理业务的需要。

2. 跨地域

当出现事故，怎么保护数据不被丢失，也就是数据安全问题。

当能够分散到多个地域部署，然后用网络连接，形成一个多地域的并行集群和数据冗余，就不怕一个地域出现数据丢失而造成损失。

3. 简单

概括来说，就是做到尽可能简化一切操作，实现"傻瓜"式处理。

这个标准的提出，缘于上面提到的下一代大数据系统超大规模化，在这种环境中，如果每减少一个处理环节，都可能获得数倍的效率提升。

1) 高度集成

现在市面上流行的几个大数据软件，严格来说，都不是完整的产品，而是功能模块，它们只是实现了大数据体系中的一两个功能而已。这样的产品交到用户手上，当他需要一个完整的大数据服务的时候，就必须了解这些软件各自的功能属性，才能够操作，把它们集合到一起，然后才能组织和部署起大数据集群。这对所有用户来说都是一个巨大的考验，提高了软件使用门槛。另外，这些软件来自不同的开发团队，每个团队设计开发自己的软件的时候，着眼点必然是自己的产品需求，而大数据是一个整体，用户普遍需要的是完整功能的大数据产品，而不是其中几个功能模块。所以在部署和运营集群的时候，就会产生这样的矛盾：如何组织和搭配这些模块，做好各模块之间的衔接和兼容？实际上，很多时候，这个问题都推给了用户，成为用户使用大数据成本的一部分。

所以，下一代的大数据产品，应该是全体系全功能的设计，实现深度嵌合和一站式服务。当一个用户需要部署一个大数据集群的时候，只用懂得安装软件和配置即可，而不必去深入了解软件的各种特性，乃至被迫参与到软件开发中来。相比于多个团队开发的功能模块，全体系的设计开发还有一个好处：可以有效减少模块拼接和组装造成的冗余，在保证稳定性和处理效率上也是最好的。对用户来说，一个软件实现了原来很多个模块组合才能实现的全部功能。

2) 易操作

易操作是针对普通的最终用户来定义的。其实可以想象，一个普通的数据用户，他能够处理的工作，也就是点击鼠标，或者敲击键盘输入字符，然后按下回车键而已。而展示给普通的数据使用者的内容，应该是表格、图形、音频、视频这样可听、可视化的直观内容。所以，基于这样的考量，所有与用户接口相关的大数据处理工作，都应该围绕这两项要求展开，并且是基本核心要求。

3) 易维护

易维护是对集群管理员而言的。对于大数据中心的管理员，要管理少则几百台，多则数千台的计算机，每台计算机不知道什么时候发生故障，发生故障后，还要排查和排除，工作量着实太大。而且随着下一代大数据系统的超大规模化，如果管理模式不发生改变，集群管理员将会不堪工作重负。所以，下一代大数据系统的一个重要要求,就是减轻管理员的工作负担,提高大数据系统的自适应能力,以及部分实现系统的自维护管理。即使运行系统发生故障,也能够做到迅速定位和显式地提供故障源头,而不是让集群管理员去查找故障。另外,这种自动化的管理,也有助于提高集群的稳定运行。普通的日常管理工作,也应该是通过终端,输入类似 SQL 这样的命令就可以完成。

4) 易编程

易编程对程序员来说十分重要。程序员要在终端用户、数据业务、计算机集群之间,用编程搭建起一座桥梁,来实现整个大数据链条的最终运转。目前的分布式编程,的确比早期简化了很多,但是放到普通的程序员面前,仍然过于复杂。其中诸如接口化、可移植、操作规范等问题,都没有实现标准化,在这些条件没有完备之前,程序员的编程负担将难以减轻。而大数据行业的快速发展,却要求程序员具备快速编程能力。但是目前这种矛盾的现状,显然不能满足要求,这同时也是造成大数据行业人才奇缺的一个因素。把这些情况叠加在一起,目前一个可行的解决办法,应该是采用类似 EJB、CORBA 这样的中间件方案,把大数据编程组件化,实现快速设计、快速编程、快速投入部署的目的。

4. 安全

数据安全对当今社会的影响非常大。无论是国家、企业还是个人都不会忽视网络和大数据的安全问题。所以,从这个角度来说,安全在下一代大数据系统中的重要性,可能要远超过上述几个指标。

下一代大数据系统中,安全应该是全方位的,能够深入数据处理的每一个环节,而且在用户这个层面上,还应该允许让用户自己设计安全方案,定义安全规则,然后加入大数据系统中来。

【案例分享】

飞机的代数标准的发展历程

将早期刚解决能飞上天的简易飞机划分为第一代,代表机型有德国的 Me262 和英国的"流星"。

将实现亚音速飞行的战机划分为第二代,代表机型有美国的 F-86、苏联的米格-15、中国的歼-5、英国的"闪电"和法国的"超神秘"等。

将实现超音速飞行的战机划分为第三代，代表机型有美国的F-4、苏联的米格-21、中国的歼-7和法国的"幻影"Ⅲ等。

将应用第三代航空发动机实现中低空机动灵活飞行的战机划分为第四代，代表机型有美国的F-15、苏联的苏-27、中国的歼-10、法国的幻影2000等。

第五代战机，美国认为其应该拥有"4S"能力，即具有"超机动性""超音速巡航""隐身"和"网络中心战"这四种能力，代表机型有美国的F-22、苏联的苏-35、中国的歼-20。

总结战机代数划分标准，前三代战机更新换代都是在围绕速度做文章，第四代战机讲求灵活性，而第五代战机则是在4S标准上均要求有所提升。

对于第五代战机的定义，国际上有明确的4S标准，那么未来第六代战机的4H标准是什么呢？

目前来看，第五代战机的4S标准，已经基本实现。随着第六代战机概念的出现，国际上提出了初步的4H标准，第六代战机的4H标准之一就是超强隐身能力，这也是第六代战机的关键提升。

第二是超级机动性。这种机动性主要体现在高速状态下的机动性，以及飞行器改变航向的效率。为了达成这样的目标，必须采用新一代变循环发动机，提高燃烧效率，然后加入飞火推一体技术、高精度传感器，再结合更高端的矢量推力，让第六代战机在机动性上完胜第五代战机。

第三是超音速巡航的速度。F-22的超音速巡航速度极限大概为1.5马赫。如果想要继续增加速度，在2.3马赫左右会遇到瓶颈，产生大量的气动热。俄罗斯的米格-25战机采用合金钢材料，化解了这个矛盾，但它不能长期保持高速。如要实现2.2马赫以上的超音速巡航，需要解决新材料的问题。

最后是高端综合航电和战场感知能力。在未来空战中，争取主动权的关键是天基、陆基、空基领域的侦查和信息传输效率。这也就要求战斗机必须和卫星、地面雷达、预警机实现高效率的互联互通，才能拿到优先开火权。

从第一代到第三代，衡量飞机的关键指标是飞行速度，特别是战斗机，在进攻时能够追上敌机，退却时能够甩掉敌机，所以飞行速度是飞机先进性的重要指标。从第四代开始，随着作战环境和雷达技术的进步，其代系标准指标增加了机动性、隐身性、战场感知能力等指标。

第 14 章
产品差异化创新

* * * * * *

很多行业的价格战愈演愈烈,到底如何做才能避免价格战?——产品差异化创新!

想办法让你的产品具备更高的产品价值层次,只有具备的产品价值层次越高,产品的附加值才越大,竞争对手才少,也更容易传播,更容易销售。但是产品的实用价值是基础,无法保证品质的产品,没有产品的精神价值赋予产品灵魂,产品不可能建立起更高价值层次的万丈高楼。

很多人要问,怎么提高产品的价值层次,怎么实现精神价值?

想想晨光高考祈福笔,如图 14-1 所示。很多人在考试前都有买几只新笔的习惯,你试想一下这样的场景:明天就要考试了,当一个学生走进一家文具店,看到这样带有好彩头的笔,价格和普通笔一样都是2块钱,谁不想图个好彩头呢?这个时候,再有人想要便宜5毛,走价格战,还会是你的竞争对手吗?

图 14-1　祈福笔

只要理解了这个极其简单的道理，并且上升到公司战略，你的产品设计、你的品牌传播、你的营销方法，自然都非常明确，所有这一切都是为了不断强化你的目标，所有的一切都不能违背和伤害你的目标实现，所有的事就变成了一件事。

当然需要一个过程，但是只要方向正确，实现都只是早晚的事情。另外，我们要做到以下几点。

(1) 客户买了你的"劳力士手表"，要让他的邻居知道劳力士的价值。

(2) 你已经做成了"宝马汽车"，就不要干十几万就能买辆宝马的事情。

对于一个产品来说，一个好的定位就已经决定了产品的成功，而不同层次的产品定位对产品价值也有着不同的影响。

14.1 产品差异化是提升产品竞争力的有效途径

在激烈竞争的市场环境下，产品同质化竞争愈演愈烈，企业持续打造产品的差异化、品类多样化，是提升企业产品竞争力的有效途径。怎样创造出与竞争对手不同的产品差异化特色，是摆在企业经营者面前的一大难题。

差异化的实质就是给顾客一个购买理由，即为什么买你的产品而不买别人的。这就要求企业努力聚焦，把一件事做到极致，凭借别人无法复制的某种特色来赢得客户，在市场竞争中取胜。

产品差异化是指企业利用自己本身的某些优势与消费者特殊的需求偏好，使自己设计生产的产品与其他企业提供的类似商品之间造成有效市场区隔，使这个产品在目标市场中变得更有吸引力，从而达到使企业在市场竞争中占据更有利地位。产品的差异化可以表现在产品定位、产品精神、产品功能、外观设计、技术特性、品牌形象、促销及服务方式等某一方面或某几方面。

产品差异化优势包括两个方面，一个是用户有差异化的需求，一个是你有提供差异化的能力，这两个匹配一致了，才能形成差异化优势。所以寻求优势的差异化，就需要仔细分析顾客的功能需求与心理需求，思考每个与顾客接触的环节，来进行挖掘思考。

产品的差异化要求产品必须要有自己的独特性，不是做一个全功能的产品，而是做一个差异化的产品。首先是重新定位产品，包括市场定位、产品精神定位、品类定位、产品需求定位、产品品牌定位、产品价格定位等。例如,苹果公司的电子产品,最大的特点就是它的易用性——简单、美观、容易上手。它们通常不是功能最强大的,但往往是最好用的。如持续不断添加产品新功能,在变得强大的同时,产品也会变得越来越复杂,增加了用户的使用难度;如果不断简化产品,那么怎样与竞争对手抗衡呢?哪一个取向优先,多功能还是易用性?如果你的产品的核心概念行不通,那就重新定位这个产品,而不是为它添加新功能。创造一个有竞争力的新产品,不要着眼于它的功能比别人多,而要着眼于市场竞争情况,让它有一个截然不同的市场定位、产品精神定位、产品品类定位等。如果市场上大多是复杂的企业级工具,那就开发一个针对个人用户的简化版;如果市场上都是很正式的高端葡萄酒,那就开发一种便宜的、针对年轻人的、更休闲的酒精饮料;如果市场上都是技术性的、廉价的电子设备,那就开发人性化的、高价的电子设备。

你要做的不是添加功能,而是做一个市场定位不同的产品。因为你不太可能通过一个更多功能的新产品,战胜现有厂商,比起不断增加新功能,消费者更容易为一个有特殊定位的产品掏钱。所以,应聚焦某种不同的市场定位和需求,开发一个突出核心功能的简化产品,争夺现有厂商的细分用户,而不是开发一个全功能的产品。

设计与开发新产品时,注重产品差异化的要点如下。

(1) 不是做一个比竞争对手"更好"的产品,而是做一个"不同"的产品。

(2) 不是做一个"全功能"的产品,而是只提供部分必需功能,更好地满足部分用户的关键需求。

(3) 如果新产品的市场反响不好,增加新功能并不能解决问题,应该重新定位产品的目标客户群和需求、产品精神、产品功能、产品特性等,向客户提供差异化的价值。

(4) 在产品设计和宣传推广的每一个环节,都要突出产品差异化的不同定位。

寻找自己产品的独特价值点,设计差异化的功效、品质、形象、价格等,并向消费者传达这些差异,以使消费者对产品定位、产品精神、产品特性、产品形象等产生固定、长久的联想,使消费者在联想到某个差异化特点时就能很快想到自己的产品,如高露洁牙膏定位是双氟加钙配方,牙刷的定位是独有钻石型刷头,农夫山泉是有点甜,五谷道场方便面的定位是非油炸等。

如果产品自身并无特别明显的差异化特色区别于同类产品，也可以设计定位为同类产品共有的，但是同类竞争品牌还没有提到过的功能或利益诉求，如立白洗衣粉不伤手。

产品是用来与消费者交换的；品牌是用来与消费者进行沟通的；产品定位是与消费者沟通产生共鸣的媒介，其关键是找到差异化机会。薄荷糖有个圈，很重要吗？但正是这个不重要的创意，实现了产品的差异化，它具备薄荷糖的物质功能，但更容易被消费者轻松识别。

你的产品与竞争对手存在差异吗？消费者是如何识别你的产品与其他竞争性产品的不同？客户能记住你的产品名字吗？如果客户对你的产品没有一点印象的话，那么，深入研究客户需求和竞品情况，寻找和确立自己产品差异化的切入点，是提升自己产品竞争力的有效途径。

14.1.1 产品差异化策略

产品的差异化往往是将某一类需求或痛点最直观地展示出来，力求在原有的大市场蛋糕中切下最精准的一块。针对产品本身，制定差异化策略的基本思路是人无我有，人有我精，人精我新，人新我变的四步走方针。

1. 人无我有

挖掘并打造新的品类，形成新市场。例如金龙鱼进入市场初期，当时整个市场的食用油都是散装的，购买和储藏都存在问题。从中发现商机，企业开创从散装油到小包装油的第一次革命，中国第一瓶金龙鱼小包装油面世。发现市场，从无到有，迅速占领市场。

2. 人有我精

在现有行业中把握市场，做出行业的精品。在改革开放时期，我国家电行业并不成熟，很多家电的品质都无法保障。海尔的"砸冰箱"事件，让群众看到了海尔的品质，信任海尔。海尔的品质信誉迅速传播，在这样的赞誉下，海尔在很长的一段时间内称霸中国家电行业。

3. 人精我新

当整个市场品质无法成为卖点之后，在现有基础上添加新的功能或内容，提升产品的性能价值或功能价值。例如很多火锅店在口味和店内装修方面都无法进一步体现差异,海底捞通过添加强化新元素"服务"迅速登上火锅行业龙头的位置。

4. 人新我变

在市场开发饱和之后,企业根据未来发展趋势,进行创新发展或多元化方向转变。如今家电行业品质和服务都无法将某个企业与其他企业区分开来,格力的多元化建设,成功地将格力与其他的家电品牌区分开来,为格力的成功助力不少。

14.1.2 相对竞品的差异化

产品差异化分为垂直差异化和水平差异化。垂直差异化是指生产出比竞争对手更好的产品;水平差异化是指生产出与竞争对手具有不同特性的产品。而在现实生活中,通过垂直差异化和水平差异化两种手段交替使用而成功地推出自己的品牌的例子不胜枚举,比如宝洁公司,国内现有多个宝洁公司的洗发水品牌。由于宝洁公司巧妙地运用了产品差异化,设计了多个品牌实现各自个性化定位,从而实现了在洗发水行业骄人的战绩。

相对竞品的差异化是根据竞争优势设计自己产品的差异化优势,设计产品的差异化可以从竞争对手长处中找到他们的短板,从而寻找出自己产品的差异化点。

(1) 竞品没有的功能,我们有。

(2) 竞品产品做得烂的,我们把它做好。

(3) 竞品价格高,我们的成本低、价格低。

如何让消费者选择我们的产品而不选择其他竞争对手的产品呢?正确的做法是从竞品的长处中找短处,例如淘宝的长处之一是品类齐全,淘宝里什么都有,但是劣势也在这里,用户在面对海量信息时想找到一个适合自己的产品就变得很困难,适合自己的商品并不好找。所以,像蘑菇街之类的导购电商平台就应运而生。

为什么是从竞争对手的长处中找短处呢?人类的大脑不善于处理复杂的信息。消费者选择 A 产品,而不选择 B 产品,很多时候就是一瞬间的事情。用户的决策时间极为短暂,消费者只能记住那些特别明显的产品特性,也就是产品的核心的、明显的差异化优势,当我们从竞品的核心优势中找到劣势,即是从侧面攻破了竞品的已有优势,突出了自己产品的差异化特色,让用户记住并选择自己的产品。

14.1.3 依据服务质量差距模型设计差异化

服务质量差距模型专门用于分析质量问题的根源,有助于分析服务质量问题产生的原因并帮助管理者了解应当如何改进服务质量。

服务质量差距,即顾客期望与顾客感知的服务之间的差距——这是差距模型的核心。要弥合这一差距,就要对以下五个差距进行弥合。差距1,质量感知差距;差距2,质量标准差距;差距3,服务传递差距;差距4,市场沟通差距;差距5,感知服务质量差距。服务质量差距模型如图14-2所示。

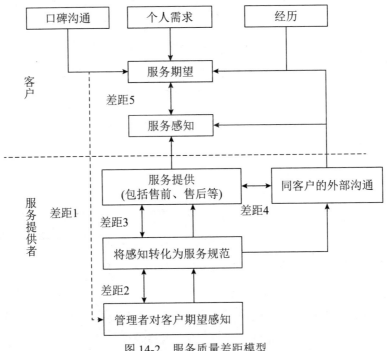

图14-2 服务质量差距模型

差距1,质量感知差距:该差距是指服务企业不能准确地感知顾客服务预期。

差距2,质量标准差距:该差距是指因服务提供者所制定的服务标准与公司管理层所认知的顾客服务预期不一致而出现的差距。

差距3,服务传递差距:该差距是指服务生产与传递过程没有按照企业所设定的标准来进行而产生的差距。

差距4,市场沟通差距,该差距是指市场宣传中所做出的承诺与企业实际提供的服务不一致而产生的差距。

差距5,感知服务质量差距,该差距是指顾客所感知的或者实际体验的服务质量与其所预期的不一致而产生的差距。

而这5个差距中,前4个是导致服务质量缺陷的主要因素。

依据服务质量差距模型对本公司产品和竞争对手进行评估分析,找出与竞争对手的差距点,并进行针对性改进,突出自己产品的差异化,提升自己产品的竞争能力。

14.2 从产品本身寻求产品的差异化

从产品本身挖掘差异化的维度,就是根据产品属性或类型,评估产品的核心维度,围绕产品的核心维度,寻找产品差异化方向。从目标客户群的需求特点和产品定位出发,从产品精神、产品基因、产品品类、产品价格、产品功能、产品外形、产品包装、产品工艺、产品材质等各方面,寻求并突出产品的差异化,提升产品竞争能力。

14.2.1 产品差异化的不同维度

首先可从产品定位差异化、产品精神差异化、产品功能差异化、品牌差异化等方面进行突破。产品定位存在差异化的差异化效果最好,比如王老吉的口号是"怕上火喝王老吉",但和其正主张"清火气养元气,做人要大气"。对后者而言,虽然也讲清火,但它的品牌价值更多融入人文文化。这也是品牌主张的差异化。

激烈的市场竞争引发了大量的抄袭模仿行为,技术创新往往只带来短暂的领先优势,其后坠入同质化的海洋。怎样创造出与竞争对手不同的差异化特色,已成为摆在企业经营者面前的一大难题。差异化的实质就是给顾客一个购买理由,即为什么买你的而不买别人的。这就要求企业努力聚焦,把一件事做到极致,凭借别人无法企及的某种特色来赢得客户。

总结起来,除了产品定位外,也可从提炼产品的卖点从手,实施差异化定位,具体可从以下途径入手。

1. 在原料方面体现差异化

依云矿泉水是世界上最昂贵的矿泉水,传说每滴依云矿泉水都来自于阿尔卑斯山头的千年积雪，然后经过 15 年缓慢渗透，由天然过滤和冰川砂层的矿化而最终形成。大自然赋予的绝世脱俗的尊贵，加之成功治愈患病侯爵的传奇故事，使得依云水成为纯净、有生命力和典雅的象征，以 10 倍于普通瓶装水的高昂价格来销售。

哈根达斯宣传自己的冰淇淋原料取自世界各地的顶级产品，比如来自马达加斯加的香草代表着无尽的思念和爱慕，比利时纯正香浓的巧克力象征热恋中的甜蜜和力量，波兰的红色草莓代表着嫉妒与考验，来自巴西的咖啡则是幽默与宠爱的化身，而且这些都是 100% 的天然原料。"爱我，就请我吃哈根达斯"，自 1996 年进入中国，哈根达斯的这句经典广告语席卷各大城市。一时之间，哈根达斯成了城市小资们的时尚食品。而看看哈根达斯的定价，就该让工薪阶层咋舌了，最便宜的一小杯也要 30 多元，贵一点的冰淇淋蛋糕要 400 多元。

国内企业方面，养生堂买断了浙江千岛湖 20 年的独家开发权之后，发动了针对纯净水的舆论战。

广告词"农夫山泉有点甜"带有明显的心理暗示意味，为什么甜？因为是天然矿泉水，因为含有多种微量元素，所以在味道上不同于其他水。

2. 在设计方面体现差异化

苹果公司的产品一向以设计见长，iMac 台式电脑、iPod 音乐播放器、iPhone 手机、iPad 上网本，一个个让人耳目一新的产品冲击着用户的心理防线，将苹果品牌变身为时尚与品位的先锋。

Swatch 手表创新性地定位于时装表，以充满青春活力的城市年轻人为目标客户。以"你的第二块手表"为广告宣传点，强调它可以作为配饰搭配不同服装，可以不断换新而在潮流变迁中永不过时。Swatch 的设计非常讲究创意，以新奇、有趣、时尚、前卫的一贯风格，赢得"潮流先锋"的美誉，而且不断推出新款，并为每一款手表赋予别出心裁的名字。这样个性化的色彩更浓，市场反应更加热烈，甚至有博物馆开始收藏，有拍卖行对某些短缺版进行拍卖。

3. 在制作工艺方面体现差异化

在很多品类中，有大量的产品能给人带来一模一样的好处，相反，产品的制造方法往往能让它们变得与众不同。因此，我们喜欢关注产品本身并找出那项独特技术。产品越是复杂，你就越需要一个神奇成分把它同竞争对手的产品区别开来。并且,一旦找到了差异化,就要不遗余力地炫耀它。

真功夫快餐挖掘传统烹饪的精髓,利用高科技手段研制出"电脑程控蒸汽柜",自此决定将"蒸"的烹饪方法发扬光大。为了形成与美式快餐完全不同的品牌定位,真功夫打出了"坚决不做油炸食品"的大旗,一举击中洋快餐的"烤、炸"工艺对健康不利的软肋。

4. 在渠道方面体现差异化

戴尔计算机的网络直销消除了中间商,减少了传统分销花费的成本和时间,库存周转与市场反应速度大幅提高,而且能够最清晰地了解客户需求,并以富有竞争性的价位,定制并提供具有丰富选择性的计算机产品。想订购的顾客直接在网上查询信息,5分钟之后收到订单确认,不超过36小时,计算机从生产线装上载货卡车,通过快递网络送往顾客指定的地点。

5. 在功能方面体现差异化

顾客选购商品是希望具有所期望的某种功效,如洗发水中飘柔的承诺是"柔顺",海飞丝是"去头屑",潘婷是"健康亮泽",舒肤佳强调"有效去除细菌",沃尔沃汽车定位于"安全"等就是基于这一策略,只要在顾客需求的某方面占据顾客心智中的第一位置,就有机会在竞争中胜出。

王老吉原本只是区域性的中药凉茶,在公司的运作之下,淡化其成分,凸显其功能,从而创造出一个新品类——预防上火的饮料。"上火"是人们可以真实感知的一种亚健康状态,"降火"的市场需求日益庞大。而凉茶的"预防上火"和"降火"功效,是与其他饮料相比的核心优势,因此重新定位之后的王老吉畅销全国,还有比如红牛的补充能量定位,脑白金的礼品定位等,都是直接从功能上与竞争对手体现差异化。

另外,功能系列化是产品差异化的有效途径。功能系列化是指根据消费者消费要求的不同,提供不同功能的系列化产品,如增加一些功能就变成高档品,减掉一些功能就变成中、低档消费品。消费者可根据自己的习惯与承受能力选择具有相应功能的产品。在细化的消费者需求中,再次细化需求,以求得到一个最为精准的卖点也可实现差异化。在淘宝上有这样的一个店铺,该店铺的差异化主要体现在一个元素上面:"紫色"。这家店铺所有的商品全部都是紫色的,而且价格也不低。在定位高档人群的基础上,再次细化差异,定位出喜欢紫色的高端人群。

6. 在服务方面体现差异化

海底捞火锅连锁店为劳动密集型企业尊重和激励员工做出了表率，管理层认为：客人的需求五花八门，仅仅用流程和制度培训出来的服务员最多只能及格。因此提升服务水准的关键不是培训，而是创造让员工愿意留下的工作环境。和谐友爱的企业文化让员工有了归属感，从而变被动工作为主动工作，变"要我干"为"我要干"，让每个顾客从进门到离开都能够真切体会到其"五星级"的细节服务。这些付出也为海底捞带来丰厚的回报，旗下多家连锁店，一直稳稳占据着所在城市"服务最佳"的榜首位置。

7. 形象方面体现差异化

万宝路让同质化的香烟与众不同，秘诀就在于赋予了品牌豪迈阳刚的牛仔形象。赋予品牌某种精神和形象，可以满足顾客的某些精神需求，这种精神沟通以实体商品为基点，又脱离于实体商品之外，为顾客创造了附加的心理价值，可以建立与顾客之间更加牢固、更加密切的情感联系。

哈雷·戴维森摩托在两次世界大战中成为美国军用摩托，所以成为退伍老兵的最爱，那张扬的外形、轰鸣的声音代表了一种激情、冒险、挑战传统的精神，最终这种品牌主张向社会扩散，许多青年人也借哈雷来表达自己自由、梦想、激情、爱国等种种情感。而哈雷摩托车的售价大多超过两万美元，贵过普通的轿车，虽然如此，成千上万的哈雷迷们依旧是心甘情愿。

8. 产品规格体现差异化

产品规格主要是针对不同的需求而设定的。比如购买一台计算机，消费者会有不同的配置选择，以满足不同的场景。产品规格的差异化操作主线一方面是产品功能；另一方面是产品外形。

(1) 产品功能：打造更高性价比和满足多样的场景需求。依旧以计算机配置为例，有人可能只需要将计算机进行简单的办公商务用途，购买预算不高，追求性价比。也有人想要玩大型网络游戏，追求的就是高配置，高性能，他们的关注点主要在高性能上面，价格只是其次。

(2) 产品外形：就是简单的大小差异。苹果手机在发布 iPhone 6 的时候，为满足消费者的大屏幕需求，于是发布了 iPhone 6 plus。

9. 产品形体体现差异化

产品形体指的是除产品本身之外的一些可见的产品形式体现，如月饼的包装盒、矿泉水的包装瓶、茶叶的包装罐等。产品造型上的差异，对产品的销售起到的影响不容小觑。随着群众消费水平的提高，一方面他们越来越容易为产品的包装买单，这是时代使然；另一方面，产品的美观情况也直接影响消费者是否愿意为其买单。

寻找商品包装的差异化，就是从产品包装出发，设计出有别于市场同类产品的创意方案。产品外包装是直接面向消费者的，也是产品"卖相"的本质决定因素。

例如在月饼行业中，各种精美的包装方式令人眼花缭乱。因月饼是节日的产物，除了食品的属性之外，还有礼品这一层定位，包装也就成了产品差异化重要的体现方式，可以在优化品牌形象、美化包装等方面，实现产品的差别化。由于美化包装能改进产品的外观，提高消费者的视觉兴趣，激发消费者的购买欲望，因此它能形成产品差异，促进销售。

10. 视觉标识体现差异化

可从视觉标识上寻求产品的差异化，品牌 Logo 颜色、形状可作为识别标志。企业可以用独特的色彩和形状来表达形象，在视觉上形成差异化。

11. 新一代产品代系体现差异化

新一代产品带来的心理反应是显而易见的，企业应想方设法推出新一代产品，而不仅仅是试图推出更好的产品，前者才是差异化之道。强大的领导者要用新一代产品增强自己的竞争力，吉列不断推出新一代剃须刀片的战略，也是采用这种方法主导市场的例子。让新产品"突破"老产品是很重要的，因为这样才能让顾客相信这的确是新技术。新老产品之间的差别越大，新产品就越容易销售。

产品的差异化塑造，一定是在深度理解目标客户的核心利益的基础上，围绕产品的使用价值、性能价值、功能价值和精神价值四个层次塑造。

14.2.2 产品差异化战略

产品差异化战略包括以下几个方面。

1. 产品质量的差异化

产品质量的差异化战略是指企业为向市场提供竞争对手不可比拟的高质量产品所采取的战略。产品质量优异，能产生较高的价值，进而提高销售收入，获得比对手更高的利润。例如，奔驰汽车，依靠其高质量的差异，售价比一般轿车高出近一倍，从而为公司创造了很高的投资收益。再如，青岛电冰箱厂的海尔电冰箱，以高质量形象进入国际市场，开箱合格率达100%，从而建立起质量独特的形象，赢得国内外用户的信赖。

2. 产品可靠性的差异化

产品可靠性的差异化是与质量差异化相关的一种战略。企业产品具有绝对的可靠性，甚至出现意外故障时，也不会丧失使用价值。美国坦德姆计算机公司开发了一种由多台计算机组成的电子计算机系统，在操作这种系统时，如果某一台计算机发生故障，其余计算机立即可替代工作。该公司这种独特的产品可靠性在市场上影响很大，甚至连国际商用机器公司开发的操作系统都难适应。因此，公司将营销重点集中于那些使用计算机的大客户，如联网作业的金融机构、证券交易所、连锁商店等，满足了这些客户不愿因系统故障而停机的要求。

3. 产品创新的差异化

拥有雄厚研究开发实力的高技术公司，普遍采用以产品创新为主的差异化战略。这些公司拥有优秀的科技人才和执着创造的创新精神，同时建立了鼓励创新的组织体制和奖励制度，使技术创新和产品创新成为公司的自觉行动，如华为公司以高科技为先导，为市场创造新颖、别致、适用、可靠、效率高的新产品，成为世人瞩目的高技术创新企业。产品创新差异化战略，不仅可以保持企业在科技领域的领先地位，而且大大增强企业的竞争优势和获利能力。

4. 产品特性的差异化

如果产品中具有顾客需要，而其他产品不具备的某些特性，就会产生别具一格的形象。有些产品特性的差异化已成为广大顾客的共识，例如，在世界汽车市场上，奔驰轿车是优质、豪华、地位和高价格的象征，丰田汽车具有质量高、可靠性强、价格合理的特征。

14.3 产品差异化的价值判断

如何判断有些差异化是否有意义或有价值,可从几个维度来进行判断。

14.3.1 市场规模

在追求差异化时,不可忽略该细分市场的规模,太小的市场规模不适合做。有些企业,盲目地迷信产品差异化,随后将消费者的需求细分、细分再细分,最终得出了最精准的人群。当推广之后会发现,就算拿下了所有市场份额,对于企业发展的帮助也是微乎其微。

14.3.2 价值

对目标用户而言,该差异点是否非常有价值是十分重要的。对手机而言,除了通话质量外,电池待机时间就是一个重要差异点,而手机厚薄是一个次要的差异点。

推广有价值的差异点能够为公司带来利益。如成为会员就能享受"全年任意退换货"服务,势必吸引更多顾客付低一点的费用成为会员,这样日后买产品更有保障了,但有些差异化并不带来直接利益。

14.3.3 独特性

独特性是指竞争对手不能提供,或比竞争对手有明显的优势。比如购买一个商品想要其尽快送达,甚至当日送达,那京东是首选。其他电商平台很难跟京东匹敌。

14.3.4 优越性

与其他竞争对手提供的价值相比有明显的优越性。比如小米移动电源,定价69元,而且电芯品质也是一流的,外壳是金属的。这个价格几乎没有人能与其竞争,其主打高性价比。

14.3.5 可见性

产品的差异点能够很容易被消费者看到,感知到。比如价格,都是透明的,比如，小米移动电源采用的是金属外壳，与其他竞品的塑料外壳能立马区分开。

14.3.6 风险

不要根据一个容易复制的特性或属性设计产品的差异化，这样是有风险的。例如，低价者，很有可能一些竞争对手会找到办法，甚至亏本来降低产品的价格抢占客户。这就是为什么进行除价格之外的差异化是至关重要的。

14.4 产品差异化的传播

在产品宣传中，借助用户的已有认知，借助市场上占据领导地位的产品，与它进行关系捆绑，从而让用户记住你的产品，即关联定位。例如七喜的非可乐策略，当可乐大行其道时，七喜宣扬自己是非可乐，强调了自己与可乐不同，即便它没有说自己是什么，但在可乐作为主流饮料的当时，承认自己不是可乐，已经是十分标新立异的定位了。

在传播学里有个经典的公式，即

受众的记忆度 = 受众对内容的熟悉程度 / 内容的记忆难度

顺应用户的记忆顺序，帮助用户更快想起你！用户在生活中记起产品名称是有固定的顺序的，只有当他们身处某种情景下时，才会产生某种需求(包括心理需求)，进而想到需求的解决方案，即先想到我们的产品功能类别，最后才是想起产品品牌。比如上班途中，错过了公交车，为了不迟到，于是想到是打车、骑自行车还是坐地铁？在比较考虑后只有打车才不会迟到，继而才想到了滴滴打车。用户的思考逻辑顺序是：

情景—需求—功能类别—产品品牌

为了顺应用户的思考逻辑顺序，方便用户联想，我们的广告语也应该顺应这样的顺序。将情景、需求、功能类别与产品品牌名进行绑定，例如：

怕上火，就喝王老吉！

装房子，找家具，就上赶集网！

今年过节不收礼，收礼还收脑白金！

用户的联想路径越短，用户就能越快想到你的产品。

朗朗上口的广告语和宣传口号同样能帮助用户记忆，减少用户记忆和认知成本。用户对产品的认知有三个维度:自我体验、口碑影响和官方宣传。它们的效果是:自我体验>口碑影响>官方宣传。

用户体验后才有总体判断,产品到底适不适合自己?在用户对产品的认知阶段,这个影响比重最大。即使是他喜欢的朋友推荐的,如果这个产品真的不适合他,用户也不会购买使用。

第 15 章
基于用户心理模型设计产品

* * * * *

我们在使用产品过程中什么时候会遇到惊喜？那就是当你接下来想做什么事情时，产品已经帮你做好了，或是你想象的情景已经呈现在你面前了，也就是当产品正是为你所想而设计的时候，你就会对产品产生兴趣。

这就是"产品设计遵循用户心理模型"的效果。

15.1 用户心理模型

15.1.1 用户心理模型、技术实现模型与系统表现模型的关系

开车过程中需要踩刹车时，当我们踩下汽车的制动踏板时，心理想象的画面可能是一个刹车片和轮子摩擦。而实际上，还包括液压缸、油管及金属垫板等一系列看不到的零件产生了作用。这里的"心理设想"就是我们说的"用户心理模型"，踏板就是"系统表现模型"，而实际看不到的那部分则属于"技术实现模型"。

心理学家与设计师 Donald A. Norman 在他的 *The Design of Everyday Things* 一书中首次提出了用户心理模型、技术实现模型和系统表现模型这三个概念的关系，详细阐述了设计师和用户之间的关系。

第3部分　产品力提升篇

用户心理模型与技术实现模型和系统表现模型是什么关系？

用户心理模型是指人们通过经验或者教导，在心里对事物形成的模型，是用户对产品、功能、界面、元素、信息等的解释与认知，是存在于用户头脑中的关于一个产品应该具有的概念和行为知识，这种知识可能来源于用户以前使用类似产品的经验，或者是用户根据使用该产品达到的目标而对产品的概念和行为的一种期望。心理模型经常是根据以往经验，通过零碎的事实构建而成的，对事实的来龙去脉只有一种简单的理解，是一种依据心理学，形成对事物的起因、机制和相互关系等的看法。

技术实现模型是指产品的内部构造和工作原理，它存在于产品设计研发人员的头脑之中，属于技术解决方案领域，受到技术发展的限制较大且短时间难以取得较大突破。

系统表现模型是指产品的最终外观以及产品呈现给用户后，用户通过观察或使用后形成的关于产品和使用的认知，是人们通过训练和学习，对自己、他人、环境以及接触到的事物形成的模型。系统表现模型和用户的心理模型越接近，用户越容易理解并使用它。一个好的表现模型能帮助我们预测操作行为或使用规则的效果，否则，用户在进行操作或使用规则时就只能盲目地死记硬背，照别人说的去做。

用户心理模型的概念完全属于用户的问题领域，而技术实现模型则属于技术解决方案领域。一般来说，这两者有较大区别，而且越是复杂的产品区别越大。因为用户心理模型，设计人员很难改变，唯有遵从和引导，而技术实现模型，在一定时期内也很难取得较大改变，唯有系统表现模型有较大发挥空间。系统表现模型分布于技术实现模型和用户心理模型之间，系统表现模型越是接近用户心理模型，用户需要学习如何使用产品的知识就越少，产品的实际使用方式也越与用户认知相接近。

用户心理模型、技术实现模型与系统表现模型的关系如图15-1所示。

大多数使用者往往通过试错法来了解产品的使用方式，或者是通过阅读产品说明书，而设计师可以通过产品形态来传达这些信息。

因为系统表现模型和用户心理模型越接近，用户越容易理解并使用它。产品设计者们，究竟应该提供怎样的界面认知框架才能让用户一目了然并实现目标和需要呢？

结论是,我们要以用户是否理解为衡量标准。设计目的与心理预期越一致,用户则越能快速理解和操作。

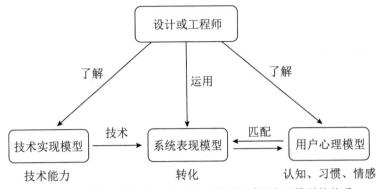

图 15-1 用户心理模型、技术实现模型与系统表现模型的关系

用户得通过系统的外观、操作方法、对操作动作的反应以及用户手册来建立概念模型,因此系统表象格外重要。设计人员应该保证产品的各个方面都与正确的概念模型保持一致。

对于产品经理来说,应该懂得分辨什么样的设计才接近用户的心理模型。构建有效的用户心理模型,有助于设计者理解与推测用户的认知方式、知识结构、思维流程与行为动作,容易理解用户与产品交互中存在的用户体验问题,从而获得产品设计优化的切入点,为产品用户体验设计提供方向。

用户心理模型是用户通过经验、训练和培训形成的关于产品概念和使用行为的知识。用户往往遵循已经构筑的心理模型,认知和使用产品。当用户接触或学习新的或类似的产品时,对该产品的物理结构、功能系统等形成认知后,会得到新的经验和知识,用户心理模型也会随之更新。

基于用户感知、判断和行为三个层次,建立了用户心理模型,在产品改良与创新设计研究中较为广泛应用,指导设计改良或者创新设计活动,从而获得更符合用户体验的设计方案。用户心理模型有以下几个特征。

1. 用户心理模型是客观事物的映射

如果你听说,公司要新来一个美女同事,这时候在你大脑中肯定闪过很多个画面,但是她们都有共同的特点:白皮肤、瓜子脸、长头发、大长腿。是的,这个画面就是你对美女的心理模型,是来自你对美女的感知而形成的一种心理模型,如果到时候公司来的同事不是这样的,那就不符合你的心理模型了。同理,产品不符合用户心理模型的设计会增加用户学习和认知产品的时间，严重的话，用户会放弃使用该产品。

在产品界面设计中，我们常常使用隐喻界面（即用户通过视觉上的提示就可联想到它的功能，有效降低用户学习成本）的设计方法，就是按照现实世界中事物的特征进行概括性设计。

例如，大多数人已经开发了音量滑块的心理模型。在如图15-2的示例中，左侧的上下移动的滑块代表大多数人对于音量滑块所具有的心理模型。中间的左右变动的滑块设计是不符合用户习惯的，它看上去完全与思维模型和用户期望值相抵触，右侧的比较宽的上下移动滑块取自Apple的iOS。我们对比之后可以发现：苹果公司利用创造力和创新来设计新颖的产品，但仍然尊重心理模型的结构。

图15-2　音量滑块不同示例

了解用户的心理模型是设计中的重要一环，对既定设计进行用户体验研究，将有助于澄清现有的心理思维模型，并使设计师能够利用其特性改善产品体验，提升产品的可用性和易用性。

2. 用户心理模型是可以改变的

用户心理模型可以被训练而改变，所以，对于现实设计中没有习惯用法的情况，我们可以大胆创新，引导用户建立心理模型。但是对于已经有习惯用法的（已经在用户大脑中建立了心理模型），我们还是尽可能使用习惯用法，这样可以节省用户的学习成本，不会引起用户的吐槽。

3. 用户心理模型必定是简单的

用户的心理模型是简单的，这种简单的模型有助于用户去使用产品。产品经理要做的是让你的产品界面和用户心理模型一致。

例如，梅赛德斯的汽车座椅设置是使用心理模型完成交互设计的一个很好的例子——车门上用于控制汽车座椅的按钮布局使其在直观上易于理解和操作，如图 15-3 所示。

图 15-3 梅赛德斯汽车的座椅按钮

人们具有独特的心理模型，这些心理模型通常由教育、经验、年龄和文化塑造而成。为了使用户理解并设计出好的产品，设计人员需要缩小设计人员和用户心理模型之间的差距。

为了与用户现有的思维模型保持一致，设计过程应结合对产品运行方式中用户期望的理解，这一步骤需要作为用于发现用户需求和痛点的重要环节。

所以，产品经理的工作重点应该放在去理解用户的需求。一个高级开发工程师难免接到需求时更多是从技术角度考虑，按照实现模型来设计用户界面，所以，产品经理是开发工程师和用户的沟通桥梁。

15.1.2 基于认知规律认识心理模型

根据认知结构理论，人的认知发展有三个特点，即同化、顺应、平衡。

同化：成功用原有的经验和认知去解释和理解新的外界刺激，原有认知得到了强化。

顺应：没有成功用原有经验和认知去解释和理解新的外界刺激，将根据新刺激调节原有认知或重建新认知。

平衡：同化与顺应是一个动态平衡的过程。新的刺激出现，会先用原有认知去同化，成功即达到平衡，失败则顺应达到新的平衡。

基于用户心理模型可以更好地理解与分析用户需求，能让设计更易理解易用，而区分同化心理模型和顺应心理模型有利于确定哪些需求需要重点做新手引导，需要引导用户建立顺应心理模型，哪些可直接匹配同化心理模型，不用做多余解释。

用户心理模型对产品开发设计的一致性要求如下。

1. 用户心理模型和技术实现模型的一致性

用户心理模型是用户内心真正的需求,一旦用户心理模型和技术实现模型相差较大,会让使用者内心产生强烈的反感或挫败感,最终有可能发生弃用的情况,所以,产品和设计需要挖掘用户真正的需求,并寻找最佳的解决方案,尽量使技术实现模型与用户心理模型保持一致。

用户心理模型与技术实现模型的统一过程如图15-4所示。

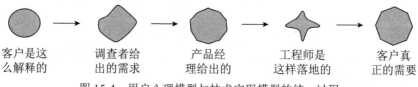

图15-4 用户心理模型与技术实现模型的统一过程

2. 界面和操作流程的一致性

界面主要的一致因素有以下几点。

交互上:布局、发散和聚焦的方式、同类问题解决方案流程的一致性。

视觉上:视觉风格、效果、感染力和产品定位、产品基因的一致性,而其是整个设计体系的基础,是整个产品的基因表现。

在操作流程中,我们需要给用户提供基本统一的操作流程,这个流程需要结合我们的经验并搞清楚用户的心理模型。所以,如果同类的功能和业务场景使用不同的方案,会让用户的学习成本变高。

3. 视觉的一致性

产品品牌是一个系统工程,品牌的整体视觉要与整个公司的产品视觉基调,主观上的视觉感受,包括空间、颜色、层级、字体、形状和运动规律等基本属性保持一致,要使整个视觉风格和用户心理感受达到一致性。

4. 认知的一致性

产品经理需要与开发团队在前期就达成认知的一致性,这个一致性主要在于整个产品的设计原则,在制作过程中需要用设计原则来框定整个制作流程,而设计原则是在遇到问题时可以依赖的法则。

5. 用法的一致性

设计体系的基础是组件，组件有本身的结构属性和它的使用场景，通过多场景的试用验证和用户的交流来确保产品在今后的业务中的使用方法是一致的，这些用法和使用场景将沉淀成为设计系统中组件的使用指引，供产品经理和设计师们学习和深入研究。

这些原则，能保证一致的设计产出、高效的跨部门团队沟通和确保新产品开发项目高质量快速落地实施。

15.2 用户心理模型开发原则

用户心理模型中的认知和期望位于用户的问题领域或任务领域，而技术实现模型则属于技术解决方案领域。设计师在进行产品设计时，根据设计目标，并结合其自身形成的经验及对外界事物的认知，将其内在的预期转化为产品的外在形式，即产品的造型、色彩、材质、操作界面、功能指示等。这些外在形式必须清楚地表现出设计师所创造的概念模型，才能更容易被用户理解。

产品越是复杂，用户心理模型与技术实现模型的差别越大。因为用户心理模型是位于用户的问题领域，它是设计师无法轻易改变的，而技术实现模型是依赖于当时的技术发展水平和自己的技术积累，在一段时间内也很难有大的改变。只有系统表现模型具有极大的可塑性，是设计师可以通过设计来轻易改变的。

因此，我们可以认为系统表现模型总是位于用户心理模型和技术实现模型这二者之间，如图15-5所示。系统表现模型越是接近用户心理模型，用户使用产品时需要学习和记忆的内容就越少，这是因为产品的实际表现与用户的心理期望非常接近，这样的产品就很容易被用户接受。相反地，如果系统表现模型接近技术实现模型，用户就必须把认知和期望投射到产品实际表现出来的一些外观元素和执行操作上，当这种投射遇到障碍时，就会使用户产生困惑，用户需要重新建立对产品的认知，增加了记忆负担，使用户觉得产品很难使用。

系统表现模型的作用如图15-5所示。

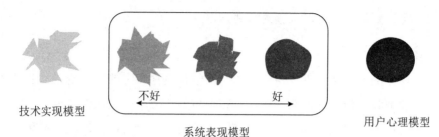

工程师使用的系统表现模型越接近用户心理模型,则越容易被用户接受。

图15-5　系统表现模型的作用

因此,越是符合用户心理模型的设计越容易被用户接受。如何在实践设计中使产品更好地与用户心理模型进行匹配,已经成为设计师需要重点研究的问题。

产品设计的最终呈现,应该是基于用户心理模型的,符合用户的现实经验和想象,而不是基于工程技术实现模型的。

用户心理模型还能改善我们的思维方式,帮助我们简化复杂事物,更好地理解生活。用户心理模型并不是现实,它只是现实的"地图",只提供事物运作的方式,所以,它可能不是完美的,在默认情况下,它只是代表的产品的缩减版。

用户心理模型的应用基本原则如下。

15.2.1　逆向思维

人们习惯于沿着事物发展的正方向去思考问题并寻求解决办法。其实,对于某些问题,尤其是一些特殊问题,可以倒过来思考,让思维向对立面的方向发展,从问题的相反面深入地进行探索,例如为了寻求成功而不谈如何成功,而是从如何避免失败着手,也就是从防止失败的因素开始思考,识别和消除通往成功的障碍。例如你要去约会,想要给对方留下一个好印象,不要问自己:"哪三件事会让我看起来不错?"而是问问你自己:"哪五件事会让我看起来像个白痴?"

这个思路是,与其考虑你想要什么,不如考虑你想要避免什么。逆向思维并不能给你所有问题的答案,但它能改善你思考问题的方式。

15.2.2　第一原则(幂次定律)

第一原则是对复杂问题进行逆向思考的最佳方法之一,通常被称为从第一原则出发的推理,是将事物归结为最基本的真理的行为。

第一原则将基本思想与它们可能基于的任何假设是分开来实现的。因此，第一原则是一个不能再进一步推演的基本假设。

在接受凯文·罗斯的采访时，马斯克熟练地解释了 Space X 是如何运用第一原则以低价进行创新的。在 Space X 的早期发展阶段，马斯克被告知"电池组真的很贵，而且价格会一直保持高位。"然而，他没有满足于这个答案，而是把问题分成几个基本部分。首先，他确定了电池的材料成分，然后他利用伦敦金属交易所为这些材料定价，并计算了建造成本。事实证明，自下而上制造电池的成本仅为原价的 13.3%。

通过从第一原则出发进行推理，马斯克打破了原有信念的迷雾，看到了其他人看不到的机会。

15.2.3 二阶思维

生活中经常会出现这种场景，出现了一个问题，然后给解决了，但因为这个解决方案又导致了一个更严重的问题。如何防止此类情况的发生呢？——应用二阶思维思考问题。

二阶思维就是在因果链上的步步推演，是时间在驱动因果链向前发展。每一个行动都有一个后果，而每一个后果都有进一步的后果，这被称为二阶效应。二阶思维就是思考这些二阶效应的。这是一个强大的思考工具，因为事情并不总是像看起来的那样。二阶思维可以让我们在做出错误的决定之前，让我们看到该决定的长期后果。

例如，谢恩的新书中有一个很好的例子："几十年来，我们一直在给牲畜喂食抗生素，以使肉类更安全、更便宜。直到最近几年，我们才开始意识到，这样做会创造出大量我们无法抵抗的细菌。"

换句话说，我们没有让肉类变得更安全，而是培养了一支危险的、具有抗药性的细菌大军，而这些细菌已经成为我们食物链的一部分。

15.2.4 帕累托原则

意大利学者维尔弗雷多·帕累托指出，在许多事件中，大约 80% 的影响来自于 20% 的原因，即生活中的大多数事情并不是均匀分布的。心理模型也不是均匀分布的。在成千上万的心理模型中，有一些是更有用的，所以你可以运用帕累托原则，从用户的心理模型中找到最适合你产品设计的那20%的部分。

(1) 理解用户需要的设计。

(2) 自己需要拥有实现设计的能力。

(3) 设计必须有特色和辨识度。

在设计过程中，应该通过用户心理模型理论，了解到用户真实的需求，了解用户真实的目标，以及他们为了达到这个目标会尝试的方法和他们的思考过程。用户的这个心理模型不会基于我们提供的设计，而是出自他们本身对事物的认知和自身习惯的行为方式。当我们的设计师完整准确地了解了用户的心理模型，就能清晰知道我们需要提供的价值是什么，并了解如何提供设计可以最自然最有效地满足用户的需求。

15.3 用户心理模型构建

因为每一个产品的使用者对于新产品的认知通常需要一个消化和接受过程，通过必要的操作和行为方式来对一个产品的外观、感觉和功能进行调整适应，需要花费一定的时间和精力。

如何通过产品设计工作缩短用户对产品的认知过程呢？首先需要了解"用户心理模型"，了解用户的思考方式和行为方式背后的根本原因。用户心理模型应该应用到产品设计与开发中，与系统表现模型、技术实现模型相对应使用。产品经理或设计师们的工作就是通过设计手法，缩短或改良使用者对产品的认知过程，使其更加直接有效地被用户识别。那就需要找出自己公司产品的"用户心理模型"：自己产品的用户心理模型有哪些因素？如何应用呢？

根据模式识别和情感需求的不同，用户心理模型可以分为两种：外显心理模型和内隐心理模型。

对于一个产品，使用者已经不只是被动地接受设计师的设计意图，而是建立在其一定的心理期望之上。

产品的外部形态是一系列视觉元素的组合，产品造型符号具有一般符号的基本性质。通过产品外部形态激发使用者利用以往的生活经验或行为体会，使其忘记产品的存在，产品变成了用户思维的延伸，用户就易懂该产品。所以，产品设计的最终目标，应该是不需要任何的使用说明，用户就可以操作或使用。

作为一个设计师或产品经理,如何才能够对系统模型进行有效的设计,达到与用户心理模型的高度匹配呢?

对于技术实现模型,设计师基本难以推动或改变,只能在其基础上继续了解并合理运用。缩短技术实现模型和用户心理模型的差距,可通过四个步骤:信息收集、信息整理、信息分析、信息运用,如图15-6所示。

图 15-6　缩短技术实现模型和用户心理模型的差距的四个步骤

1. 信息收集

通过收集目标客户群和竞争对手的信息、新技术的发展信息、新的设计理念,新产品所运用的新技术、新材料的趋势,深入一线制造单位了解新生产工艺以及工艺实现带来的成本变化,收集新材料的同时进行不同材料的分类。

2. 信息整理

工程设计师在收集了大量素材后,信息的整理是对收集信息的加工过程,可以按照不同的维度进行加工整理。

对于材料的整理,建议做多维度的整理分类,可以按照不同的心理需求类型分类;也可以按照产品的商业模式分类;还可以依据材质分类。

3. 信息分析

新产品带来的新材料使用,或者新工艺实现,需要考虑为什么该产品会运用这类材料或这类实现工艺,这么做可以达到什么目的,比如,消费电子类产品为什么金属材料的运用越来越频繁。

4. 信息运用

通过前三个阶段的积累和思考,可以通过对材料和工艺的比较得出其优劣特点或适用范围,针对自己产品规划路径和所设计的产品选择和运用某种材料和工艺。需要进行以下几个方面的思考:基于产品定位、产品档次定位、价格定位、产品精神定位等结合用户心理模型,考虑应用哪些材料、材质;从产品意图、用户的角度、工艺的实现难度和稳定性、工艺和材料的价格等维度进行分析,选用最适合自己产品的材料或工艺,信息运用除了知识的学习之外,经验的积累,设计师多下生产一线去了解,这也非常重要。

用户心理模型比技术实现模型要显得更加复杂,需要整个设计部门或公司的长期持续投入,而这种投入往往很难立竿见影,这也可能是如今很多企业在用户心理模型研究方面仍是空白的原因。用户心理模型可分为:外显心理模型和内隐心理模型。

1) 外显心理模型

外显心理模型是基于外部造型元素进行心理和身体测量,如形态、颜色、材质、尺寸等,通过对多个维度的选择性测量,得出多个用户模型的基本外显心理模板;可以通过单个产品的多角度测量,也可以选择性测量的标准反向寻找材质、色彩和造型等构成元素。例如关于颜色与味道关联性测量和对产品的多维度形容词测量:红色代表"辣",深棕色表示"苦",蓝色表示"咸",粉色代表"甜"等,如图15-7所示。

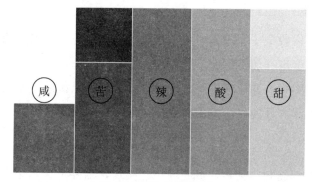

图 15-7　用户心理认知

除了设计前期对于用户外显心理模型的测量外,设计过程中对于已有的设计方案或设计模型也可以进行多次测量,进行不断校正,设计的测量方法包括定量调研和定性调研等。

2) 内隐心理模型

内隐心理模型相较于外显心理模型而言显得更为复杂,很难用一种标准的数据式的维度去进行衡量。不同行业、产品可采用不同维度的分类方式。

例如,为了更好地理解和把握中国汽车消费者的特点,某公司立足于"汽车价值观"和"汽车消费意识",对调查对象进行族群分类研究,并结合调查对象的属性特征、生活形态、汽车购买特性等分析结果,描绘出极具代表性的八大族群的人物画像,深入洞悉影响中国汽车消费者购买行为的生活形态或价值意识特征。

用户心理模型理论可以对设计师的设计工作有一定的指导作用,不同的设计案例中还需要设计师进行深入的研究和验证,具体可参考如下步骤。

步骤1:识别用户目标。

确定用户目标客户群后,要深入了解用户需要经历一个怎样的操作流程?什么信息影响着用户决策?

步骤2:突出目标相关信息。

了解客户对于产品需要知道哪些信息?这些信息与操作之间的关系,层级如何?哪些信息可以弱化/隐藏?哪些信息需要强化?

步骤3:寻找类似模型。

现实中有哪些类似的用户心理模型?本公司产品需求中的信息和操作有哪些?哪些信息或操作可以降低理解成本吗?

步骤4:通过设计,将系统表现模型靠近用户心理模型。

规划产品设计,让用户尽可能凭生活常识就可以理解。

【案例分享】

以语音的功能为例构建用户心理模型

1. 选择可参考产品

可根据自己产品的情况建立选择参考标准,一般可根据产品影响力和需求契合度两个维度构建选择模型进行比较选择,如图15-8所示。

构建选择模型的方法为:纵轴从下往上表示产品影响力或企业规模越来越大;横轴从左向右表示产品的需求契合度越来越大。选择的产品有:Google翻译、微信、QQ音乐、淘宝、讯飞键盘、有道翻译。

构建的选择模型如图15-8所示。

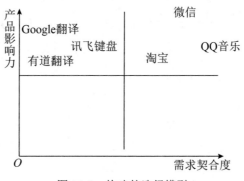

图 15-8 构建的选择模型

处于右上角第一象限的产品是产品影响力和需求契合度都高的产品,也是需要重点剖析与参考的产品,详细研究这些产品的设立或用户的心理模型,其在后面制定产品设计方案时影响权重也最大,因为会有利于最大限度匹配到同化心理模型。

2. 分析功能心理模型

经过分析可得出,用户对语音功能的心理模型有两个:①相比键盘有时更方便的信息输入方式;②吩咐命令。

3. 分析形式心理模型

基于对功能的理解,再进行形式上的分析,包括流程、页面元素、反馈方式等,抽象出各个产品对语音交互所匹配的表现模型的共同点与差异点。

根据语音交互的特点,构建了线性流程维度与交互原则维度,线性流程为"触发点—开始输入—输入中—输入结束",交互原则为"功能可发现性—操作可发现性—反馈",将每个产品的对应表现的解构元素整理出来。

可以发现在语言交互中,大多重点考虑其交互手势、反馈及新手引导,手势有点击结束与按住两种,对应点击手势的都是圆形按钮,对应按住手势的都是圆角矩形按钮,但仍会加上文案提示,反馈形式有动效、声音、文案、手机震动等多种,新手引导以文案为主。得到这些表现元素后,在设计方案时,可根据具体的用户场景及需求考虑是用按住好还是点击好,反馈是只用动效还是用多种形式结合,最后得到适合的最优解。

4. 语音的用户心理模型分析

1) 手势操作

由于是基于手机用户界面图形的语音输入,目前有两种操作方式。

一种是大家熟悉的微信按住录音,关于微信为什么要用按住录音的方式,有人说是借鉴的对讲机心理模型——对讲机说话需要按住实体按钮，结束松开按钮，但是微信的语音录入交互已经培养了大家的心理模型，形成了习惯。

另一种是 Google 翻译，触发即录音，点击按钮即结束，圆形按钮与动效很好地表现了点击结束的操作示意。首先需要重点考虑的是手势交互，手势操作的可发现性与匹配可以减少用户的误操作和认知学习成本。

2）反馈

由于语音录入是一个持续性输入状态，所以反馈需要实时且明显，为了让用户放心录入信息，微信做了三个反馈：录入动效、按住效果、新的气泡闪烁。iOS 原生键盘的语音则用了声音反馈，这里的动效反馈是很好的可创新设计的地方，在保证正确传递"正在录音"的信息的同时可通过动效传递增加趣味性。

3）新手引导

在一个产品里，语音可以支持哪些功能用户是没有心理模型的，会默认觉得支持所有功能，所以一开始需要做好新手引导，告诉用户可以做什么，怎么做。

4）控制感

语音输入应该是让用户有控制感的，用户决定什么时候开始什么时候结束，就如同人与人之间对话，我开始说，你认真听，我说完，你给予反馈，假如我说完，你还没有给予反馈，需要我说"我说完了"，这有点尴尬。所以习惯了微信的控制感后，再用 QQ 音乐的语音输入功能，第一次可能会有点惊慌，怎么点击就开始了，但是 QQ 音乐处理较好的是，会识别停顿自动结束出结果，时间间隔基本是你把手机放回正常视线的时间间隔，这样的结束体验是很好的。

要强调读懂用户心理；要强调满足用户的需求，最好是超越用户期待值。在产品设计时，要思考使用场景细节和怎么样设计……

15.4　基于用户心理模型的产品设计思路

【案例分享】

coco 水杯设计

来自于意大利米兰的 Design Continuum 公司的一个设计师团队为 Chicco 公

司创造了一条新的奶瓶产品线(见图15-9),堪称应用用户心理模型进行设计的典范:从婴儿奶瓶喂养到他们长大直接用玻璃杯喝水这段时间里,这些奶瓶伴随婴儿的自然成长,它可以满足婴儿、母亲和教师的需求。

图15-9 奶瓶产品线(从左至右依次是:Take up、Pull Up、Twist and Turn)

该生产线专注于一个产品与它的用户的情感关系,是采用移情设计方法的成果。"我们的任务是确定新的产品解决方案,从婴儿奶瓶喂养到用一个'成熟的'玻璃杯喝水这一阶段可以陪伴和促进宝宝的自然成长和学习。"该公司的高级设计师和项目经理说:"要做到这一点,我们已经开始启动以用户为中心的研究过程。

设计师们深入一些初生婴儿的家庭中,观察母婴生活;去幼儿园观察孩子们的学习、玩耍和起居活动。婴儿出生的最初几个月母婴关系非常亲密,母亲会轻轻地握着宝宝的手,用奶瓶给宝宝喂奶,还有很多宝宝第一次尝试抓取并握住奶瓶,这些情景都被设计师观察并记录下来,重新设计了一种远不同于传统体验的奶瓶。

这就是新的Chicco奶瓶断奶产品线诞生的过程。它包括Take Up,瓶子的侧面凹陷下去,以鼓励宝宝的独立性,引导他们靠自己的努力去抓握奶瓶。Pull Up,这个可扩展的杯子促进了宝宝的童趣探索,让宝宝自己去拉开奶嘴,不仅可以让宝宝学会自己使用,还培养了他们的探索欲。Twist and Turn,这一阶段的奶瓶基本上就趋近于正常喝水的杯子,引导宝宝自己去拧开盖子来喝水。

婴儿奶瓶Take Up,它很容易握住,可以垂直或水平放置而且不会溢出,让婴儿能够凭直觉使用。它的容量和普通的瓶子一样大,但简洁、紧凑的设计使其在微波炉中更容易加热,可以手洗或用洗碗机来清洗。

从以上案例我们可以看出,不论是产品的重新升级,还是全新需求的产品设计，我们都应该从用户的生活习惯和使用场景着手分析，总结归纳出用户的心理模型，利用用户心理模型和产品定位的相关理论进行产品设计与开发，赋予产品灵魂和生命，让用户有亲近感、熟悉感，提升产品的竞争力。

用户心理模型与用户痛点相结合进行创新，能够提升功能，使其超出用户心理模型预期。

用户心理模型是对事物如何运作的心理解释，它为我们提供了一种看待世界的新方法，并可以帮助我们理解现实和用户。

应用用户心理模型优化产品设计包括以下几个方面。

第一，了解用户心理模型，把自己与用户群体融合在一起去思考、去设计。

第二，研究用户的心理模型，选择最准确的设计方向。

第三，把握设计上的细节，实现自己预期的设计目标。

以下从设计师的角度，基于用户心理模型理论分析产品设计应该思考的维度。

接到产品经理的产品设计需求时，动手设计之前，还是要对产品进行全局性了解，通常先进行品类分析。

15.4.1 品类分析

你需要做的产品大方向是属于哪个行业，如制造类、教育类、娱乐类或工具类等。产品分类一定程度上会影响设计师对整体视觉设计风格的判断。

你不应该给教育类产品按照抖音的风格来设计吧，真这么做了你觉得家长和想学习的用户还有人想用吗？用户在这么多年的使用过程中，心理上对相应类型的产品大概有什么样的视觉风格潜意识里形成了一定的心理印象(即用户心理模型)。

影响产品视觉风格的因素很多：产品精神、产品定位、品牌文化、用户的需求定位、面向的用户群体(市场定位)等，了解产品种类能为产品设计提供一个整体视觉风格的参考方向。

关于产品的具体定位分类，这个应该与产品经理、运营、市场营销人员等产品的一线人员去沟通确定，因为他们才是产品一线的主要负责人；因为设计师的身份，不一定能完全面对面地接触到一线市场需求，接到的设计需求大多是产品经理转化来的，甚至是口口相传、层层转述后的内容，这其中每个人的理解都会有不同，难以保证拿到的需求和真实的用户市场需求是无差别的，所以这个时候和这些一线负责人进行沟通,是非常必要的。

15.4.2 竞品分析

竞品分析有更专业完善的分析方法,也不是设计师应该负责的主要模块,那是产品经理、运营人员等相关人员需要做的事情。可以在三个维度上考虑,即主流竞品、竞争优势和需求目标。

1. 主流竞品

主要目的是研究行业细分的用户心理模型。一般情况下,当前市场已经有不错的同类产品了,可以参考分析它们在设计层面上有哪些亮点,包括视觉风格、交互体验、运营视觉等,哪些功能已经形成了用户心理模型,然后结合自家产品设计需求和市场策略去进行设计工作。

2. 竞品优势

这部分分析是为了寻找自己产品的差异化点和方向。与市场上已有的同类主流竞品比较,如果自己的产品没有明确的特色或卖点,即使推广出去也很难说能从竞品手中抢过用户。即使市场的竞争对手不大并且在推广初期大量烧钱优惠,也很难最终战胜竞争对手。

而一旦有区别于其他竞品的特色或差异化优势,在产品设计和宣传时,可以有意识地突出放大优势,包括在视觉设计上形成明显的差异化,大大提高成功的概率。至于是不是差异化的竞争优势,需要和产品经理、运营人员、市场营销人员沟通确认,因为这涉及的东西不是设计师能轻易获取的,但这一定上程度影响到产品设计工作。

3. 需求目标

需求目标指的是本次的设计需求在产品层面上要解决的问题。多数情况下,作为设计师接到的设计需求往往都是针对设计层面的描述:"要做一个××页面,有××功能,你用色布局可以更大胆些……"

可是往往出现产品设计做完了,拿去给决策者看的时候被打回来反复改稿,排除一方面视觉设计水平的问题,更多时候是因为你没从市场运营角度考虑事情,通常只是从设计角度去考虑了问题,但做这个产品是希望赚钱的,是要吸引用户的。

所以，在设计开始之前，应该首先明确用户心理模型，并与产品经理、市场人员等达成共识。

关于产品运营层面的问题，设计师依旧需要去找产品经理或相关人员深度沟通，要做好设计，沟通过程很重要，其实相比于实际动手设计的时间，占比应该更大。

15.4.3 用户分析(Who→需求群体)

设计师做的产品终究还是给消费者用的；如果连给什么样的人用都不清楚，消费者或购买者的特点和用户心理模型都不清楚，很难说设计的产品能抓住用户的心，保持用户黏度。

在设计过程中，对用户群体研究的占比也是越来越重，如用户画像、用户心理模型等都是为了精确分析产品用户的特征、行为习惯、使用场景、用户心理模型等方面，这大大提升了产品研发的成功率。

可从两个维度理解一下用户群体。

1. 年龄范围

年龄范围决定了用户对设计产品的接受能力。通常来说，年轻用户比大龄用户接受能力更强，也更愿意尝试新事物。假如用户群体偏大龄化，那我们在处理色彩、文字、布局等具体内容时，就要有意识地考虑：色彩在符合产品定位的前提下，是否要保守稳重一些？文字为了照顾大龄用户的可读性，是否需要加大字号？界面布局是否要更加清晰明朗等。反之亦然，对于年轻化用户，可以考虑进行更大胆的设计突破与风格尝试。

2. 性别比例

性别比例很大程度影响了产品视觉风格的走向。某些特定用户群体的产品，比如小红书这类购物App，他们的女性用户数量要比男性用户数量多很多，主要消费者也是集中于年轻白领女性群体。那负责这种具有特定用户群体的产品UI设计时，就要考虑是不是要更侧重于女性偏爱的一些亮丽色彩和风格，包括产品的整体视觉风格、运营推广等。

15.4.4 产品使用场景分析(Where→需求场景)

要从用户的使用需求场景去考虑怎么设计？对于需求场景，建议从三个维度考虑：产品端、用户心理端、体验环境端。

1. 产品端

用户在产品中要完成自身需求，熟悉该产品或服务使用的全过程。例如我要到当当网上买本书，那我完成买书需求的过程如下：打开当当网→首页搜索书名或关键词→进入商品列表→查看商品详情→加入购物车→付款购买。

这个在产品端的使用场景，决定了产品设计的界面数量、界面操作逻辑等；另外每个流程的使用频率和层级重要程度不同，如首页肯定和信息列表不是一个量级，这也部分决定了在设计对应操作界面时，视觉表现力的轻重区别。

2. 用户心理端

这涉及用户心理状态，例如用户完成需求时的心理状态是平静、喜悦、焦虑等。部分产品在设计开始时，可能要考虑用户心理状态情况，负面心理状态下尽量不要再引起用户的反感，例如手机网络状态不好，你设计含有表情形象的占位图居然还是笑嘻嘻的样子，这明显不符合用户当时所处的心理状态。

3. 体验环境端

体验环境因素比较复杂，因为涉及的真实生活场景千变万化，应该考虑到使用产品时各种地理因素、光线问题、使用过程中出现的异常情况等，例如地理因素：拥挤嘈杂的地铁、安静的室内等。光线明暗因素：室外强光下使用、夜晚弱光下使用等。操作因素：单手操作、双手操作……面对不同环境消费者处理的方式也不尽相同。例如：如果考虑用户单双手操作的场景问题，那设计师需要用到的知识就是手机交互操作热区，尽量把重要功能入口放在交互热区的重叠区域。

这些都会影响产品设计的页面功能布局。

15.4.5 产品功能定位分析(When→需求排期)

这部分不但研究用户功能需求分类，还研究用户的心理模型，根据产品定位和心理需求定位，选择最准确的产品精神设计方向，从而赋予产品灵魂。

有时在产品设计工作进行中会遇到下面的问题。

(1) 设计进度无论怎么赶，设计需求变更还是一直不停地送到我们手里。
(2) 用户什么功能都想要，导致产品经理什么功能都要你设计到页面上。
(3) 你想出一个设计理念解析图，但是无从下手。

这时候，就需要我们进行需求定位分析。

首先，对用户的心理需求进行分析，确定产品的用户心理需求层次定位，确定产品的精神和形象定位，根据产品定位确定产品的设计基因即关键因素，指导产品整体设计。

然后，对用户功能需求分类和优先排序，可根据不同行业特性，组合利用需求定位工具，找出产品性能和用户满意之间的非线性关系，合理安排需求优先级，有效规划工作时间和项目排期。例如了解用户对产品的"满意度"级别划分。"满意度"是用来衡量用户完成某个需求后，用户的满意程度，具体可以分为以下几个级别，如图 15-10 所示。

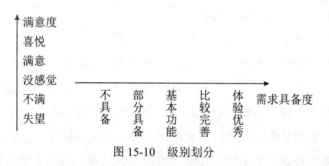

图 15-10 级别划分

满意程度可以理解成 Y 轴，那相对的 X 轴的内容就是"需求具备程度"。"需求具备度"是用来度量某需求在产品中被实现的程度。基于以上两个维度，我们可以组成一个象限，通过这个象限我们可以理解用户是如何感受产品功能需求的。

15.4.6 产品实现模型设计（How→需求验证）

在进行产品设计之前，主要需要解决的问题如下。
(1) 用户目标是什么？它的作用是什么？
(2) 用户心理模型是什么？它的作用是什么？
(3) 解决"研究结果"与"最终设计方案"间没有隔阂的问题，如何连接用户与最终产品？
(4) 以上内容涉及的交互设计原则有哪些？

(5) 目标导向的设计方法涉及的技术有哪些?

第一个问题:要理解用户最初的目标,梳理用户一开始为什么要展开某个活动、任务、动作或者操作。

目标不等同于任务或活动。目标是对最终情况的预期,而任务和活动只是达成一个或者一组目标的中间步骤。因此通过目标回头看产品设计问题,有助于避开毫无必要的任务或活动。

第二个问题:设计人员对呈现模型有更大的控制权,通过系统梳理和回顾用户原有的心理模型,特别需要详细化或更加具体化用户的心理模型。设计者的一个重要目标应当是努力让呈现模型尽可能匹配用户的心理模型。因此,设计师详细理解目标用户对产品使用方法的看法非常重要。

第三个问题:研究用户及领域。

根据用户及使用情景进行建模,选定任务角色类型的过程就决定了不同人物模型对产品最终设计形式和行为的影响程度。

用户界面应该基于使用场景和用户心理模型进行设计,而不是实现模型。这种设计方法提供的解决方案,能够满足用户的需求和目标,还能解决业务和技术需求。

一般情况下,开发人员的思维与用户使用时的思维还是有一定距离的。开发思维中考虑更多的是实现模型,即系统的运作方式、内在原理;而用户的心理模型中,可能并不知道,也不需要知道系统的运转原理,只关心能不能用该产品快速、简单地解决问题。

第 16 章
产品功能实现路径矩阵与 FFAB 模型

* * * * *

产品功能的开发是个有关"技术模型"的问题,产品功能实现(操作应用)却应该是以用户为中心,有关"用户心理模型"的问题,如何架起"研发人员的功能开发"与"如何解决客户需求或痛点"之间的"桥梁"呢?

本章重点介绍产品功能实现路径矩阵和 FFAB 模型,希望在研发人员和用户需求之间架好一座桥梁。

16.1 产品功能实现路径矩阵

在产品开发的实施过程中,研发人员可能不清楚产品功能设计开发的实现路径,导致新产品开发周期很长,不能如期交出合格的产品。这就像我们仅仅知道需要达到的目的地是远远不够的,还要知道到达目的地的路径,产品的设计开发也是如此。所以,知道了产品的功能需求,如何找到产品功能需求的实现路径也很重要。

16.1.1 产品功能实现路径矩阵含义

产品功能实现路径矩阵(FPLBS 分析矩阵)能够帮助研发人员开拓产品功能实现路径的思考。

"FPLBS"由"功能需求(functional requirement)、最大痛点(pain point)、

逻辑分析(logic analysis)、瓶颈(bottleneck)、解决方案(solution)"五个英语单词的第一个字母组成。

FPLBS 分析矩阵如表 16-1 所示。

表 16-1 FPLBS 分析矩阵

需求等级	功能需求	最大痛点	逻辑分析	瓶颈	解决方案
第一层级					
第二层级					
第三层级					
第四层级					

1. 功能需求

功能需求是指通过大量调研或总结分析得出的，目标用户根据对某产品的认知，结合其需要而提出的需求。

2. 最大痛点

最大痛点是指用户最迫切需要满足的需求。对客户而言，他们更关心的是你的产品能否解决他们的痛点，真正改变他们的生活。这时评判你找到的问题好坏与否的标准是"够不够痛"。只有在客户最痛的点上突破，才能在最短的时间内获得客户青睐。每个痛点都是指客户面临的特定问题。痛点是问题，而需求是希望。

3. 逻辑分析

逻辑分析是指根据已知的情况、条件和常识等，去推理可能产生的结果，以弄清楚其背后唯一而正确的思想结构，需要深入了解、分析这个过程。

4. 瓶颈

瓶颈一般是指在整体中的关键限制因素，是事情发展过程中容易发生阻碍的关键环节。瓶颈在不同的领域有不同的含义。产品研发的瓶颈，是指在构成产品实现最终功能需求的一系列环节中，那个最影响目标功能实现的环节，就像瓶子的颈部一样是一个关口，再往上便是出口，但是如果没有找到正确的方向也有可能一直被困在瓶颈处。

5. 解决方案

解决方案就是针对某些已经体现出的，或者可以预期的问题、不足、缺陷、功能需求等，所提出的一个解决整体问题的方案，能够确保产品理想功能的实现。

16.1.2　产品功能实现路径矩阵应用

产品功能实现路径矩阵的应用过程如下。

第一步，依据产品的产品定位、产品精神等指定的产品研发方向，根据产品需求层次分析与定位理论，把目标客户群对产品功能的需求等级进行排序，这样在众多的需求前提下，确定哪一个做，哪一个不做，先做什么，后做什么。例如微信支付的功能需求等级第一层级是"资金安全性和可用性"；产品功能需求的第二层级是"用户体验：用户在支付业务使用中能够感到快速、清晰，并且能够在界面美观的前提下，感到更舒服、更愉悦"等。

第二步，通过访谈、数据分析等，找出每一项产品功能需求的"用户最大痛点"。例如，微信支付功能需求的第一层级"资金安全性和可用性"的用户最大痛点是"用户在节日期间红包发不出去或发送速度很慢"，第二层级"用户体验"的最大痛点是"提现到账的速度慢"。

第三步，对"用户最大痛点"进行"逻辑分析"，这里主要是从技术实现模型的角度，重新思考和梳理产品功能实现的技术逻辑，或是寻找更好的产品功能需求实现的技术逻辑，或者找出技术实现逻辑的关键环节。例如微信支付的功能需求的第一层级的技术逻辑是"分析发现，支付业务和传统的互联网业务有很大不同，它的链条非常之长。从微信平台，到微信支付(QQ钱包)平台，到 FIT 基础支付平台，再到银行接口，任何一个环节都可能导致我们的支付变慢"；第二层级的技术逻辑是"发现理财通赎回到账的速度竟然比其主要竞品慢 6 倍以上"。

第四步，通过技术实现模型的实现逻辑分析，找出产品功能需求实现的技术逻辑最大的技术瓶颈在哪里？例如，微信支付的功能需求第一层级的技术逻辑分析发现技术实现的最大瓶颈是"发现银行接口处理的并发量小。传统银行的设计，无法满足互联网移动支付业务，小额高频，1 秒钟达到几万，甚至几十万笔的支付请求"，第二层级的最大瓶颈是"把从用户提现开始，到送交到银行处理整个链条进行了逐步的拆解，发现在腾讯内部处理的时长高达半个小时以上。这是因为腾讯微信在处理提现到账的时候，每一笔都要经过人工审查"。

第五步，聚焦最大瓶颈，提出解决方案。人们经常直接从产品功能需求的实现层面思考解决方案,往往因为太宏观,思维比较发散,难以找出理想的解决方案,如果层层分解,聚焦到一个具体的"瓶颈",针对一个环节思考解决方案,往往就容易多了。例如微信支付的功能需求的第一层级已经聚焦到"银行接口"了,针对"最大瓶颈"的解决方案就是"重点优化银行接口,使银行的核心处理系统满足支付业务的小额高频的处理请求";第二层级聚焦到"人工的审查",对应的解决思路就是"自动处理",具体解决方案是"优化系统处理的方式,把人工审批的方式优化为进行自动处理。另外在考量安全性的情况下,上线了新的实时付款系统,从提交到送交到银行,节约了半个小时以上,同时也把银行的批量处理的接口进行了优化,使得用户提现几乎可以做到实时到账"。

产品功能实现路径矩阵能够帮助研发人员快速、准确地实现产品的开发目标。

客户需求分析矩阵应用范例(微信支付)如表 16-2 所示。

表 16-2 客户需求分析矩阵应用范例(微信支付)

需求等级	功能需求	最大痛点	逻辑分析	瓶颈	解决方案
第一层级	资金安全性和可用性	用户在节日期间红包发不出去或发送速度很慢	分析发现,支付业务和传统的互联网业务有很大不同,它的链条非常之长。从微信平台,到微信支付(QQ钱包)平台,到FIT基础支付平台,再到银行接口,任何一个环节都可能导致我们的支付变慢	发现银行接口处理的并发量小。传统银行的设计,无法满足互联网移动支付业务,小额高频,1秒钟达到几万,甚至几十万笔的支付请求	重点优化了银行接口,使银行的核心处理系统满足支付业务的小额高频的处理请求
第二层级	用户体验:用户在支付业务使用中能够感到快速、清晰,并且能够在界面美观的前提下,感到更舒服、更愉悦	提现到账的速度慢	发现理财通赎回到账的速度竟然比其主要竞品慢6倍以上	把从用户提现开始,到送交到银行处理整个链条进行了逐步拆解,发现在腾讯内部处理的时长高达半个小时以上。这是因为腾讯微信在处理提现到账的时候,每一笔都要经过人工审查	优化了系统处理的方式,把人工审批的方式优化为进行自动处理。另外在考量安全性的情况下,上线了新的实时付款系统,从提交到送交到银行,节约了半个小时以上,同时也把银行的批量处理的接口进行了优化,使得用户提现几乎可以做到实时到账

16.2 基于 FFAB 模型的产品开发路径

【案例分享】

小李计算机的鼠标没电了,于是他到商店里买新电池。柜台里有两种电池,一种是国产电池,另一种是进口电池,进口电池比国产电池的价格贵一倍。小李犹豫了,不知是买进口电池好,还是买国产电池好?这时售货员过来了,拿出一个国产电池和一个进口电池,在手上掂了掂后,说:"先生您看,这个进口电池非常重。"售货员暗示买进口电池实际上每分钟花的钱更少。"重"就是技术功能、特点与客户花钱少的"桥梁"。

研发对于公司可持续发展非常重要,但因为研发人员直接与客户交流的机会较少,并且研发人员的技术模型与用户的心理模型的思维逻辑不一样,这样就有可能出现研发的技术"语言"与客户的"语言"不一致,甚至出现需求脱节的现象。

另一方面,一个产品的价值绝不在于它有多少功能点,而是在于为客户解决了什么问题,创造了多少价值或者节省了多少成本。客户的使用场景不同,需要解决的问题也不一致,如何向客户宣传并使客户信服呢?

一方面产品研发团队不知道产品未来的发展方向,无法先于客户需求去研发产品引领客户;另一方面运维项目组产品经理和市场营销人员为了在激烈的市场竞争中突出自己的产品,每年都在痛苦地"创造需求",而研发人员疲于应付所谓的"客户需求",沉迷于开发各种功能,这样便陷入了一种怪圈。

如何架起"研发人员的功能开发"与"如何解决客户需求或痛点"之间的"桥梁"呢?

FFAB 模型是一个连接"技术语言"与"客户语言"的纽带或桥梁。

16.2.1 FFAB模型内涵

FFAB 是一个把产品的技术(功能)特点转换为产品卖点的工具,反过来,其也可以把客户产品的利益需求点转换为技术功能点。

FFAB 对应的英文单词是:function、feature、advantage 和 benefit,按照这样的顺序来介绍,就是说服性演讲的结构,它达到的效果就是让客户相信你的产品是最好的。

F(feature)是指产品的属性。

F(function)是指产品的功能,特殊的卖点。

A(advantage)是指产品的作用。

B(benefit)是指产品能给客户带来的好处。这一点是客户最关心,也是最重要的,一定要把握住客户心里想要的东西。

FFAB是将产品的特点与客户的利益连接起来的方法,把技术特点转化为客户的利益,形成产品的卖点。FFAB模型各要素之间的关系如图16-1所示。

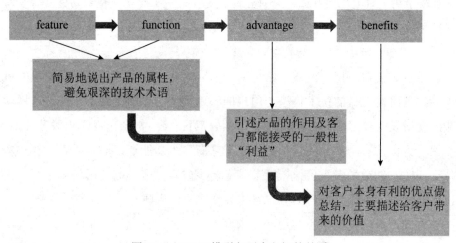

图16-1　FFAB模型各要素之间的关系

1. 属性(feature)

feature是指产品或解决方案的功能,这些功能需要什么技术(属性)支持。人们经常把它翻译成特征或特点,很多销售人员至今还把它翻译成特征或特点。特征或特点就是区别于竞争对手的地方,当销售人员介绍产品优点并将其与竞争对手的产品进行比较时,就会让客户产生一定的抵触情绪。

原因是什么呢?不应把feature翻译成特征或特点,而应翻译成属性,即你的产品所包含的客观现实、所具有的属性,比如讲台是木头做的,木头做的就是产品所包含的某项客观现实、所具有的属性。

2. 功能(function)

function是指解决客户的问题或痛点需要什么功能,是因属性(feature)而带来的功能。功能，在这里不仅仅直接强调产品的目的和用途，还强调产品所包含的"属性"导致的产品所具有的突出功能，例如我公司的茶杯具有耐高温的功能(function)，其原因是我公司的该茶杯采用了高强度塑料(feature)。

3. 作用(advantage)

很多销售人员把 advantage 翻译成了优点，优点是该产品比竞争对手好的方面，这自然会让客户产生更大的抵触情绪，因为我们所面临的竞争对手非常多，相似的产品也很多，我们公司的产品不可能比所有的产品都好。

现实中的每一个产品都有各自的特征，当销售人员说产品的某个功能比竞争对手好的时候，客户就会产生非常大的抵触情绪。实际上，在销售中把 A(advantage) 翻译成作用会更好一些，这个作用更多理解为我们自己的产品的作用 (advantage)，它能够给客户带来哪些用处。例如，茶杯采用高强度塑料，即使装很烫的开水，也不会炸裂。

4. 好处(benefit)

benefit 是指为客户解决了哪些问题，给客户带来了哪些利益。比如，茶杯采用高强度塑料，即使装很烫的开水，也不会炸裂。其好处 (benefit) 是在冬天，普通玻璃杯盛放开水时非常容易炸裂，危及人身安全，只要使用该茶杯就可以避免这样的事故。

FFAB 这样解释，这个茶杯是采用高强度塑料做的，具有耐高温功能，即使装很烫的开水也不会炸裂，保护您和孩子的人身安全。这样的逻辑结构，是你说服性的演讲的结构，只有这样的结构才能让客户觉得你的产品满足了他的需求，并且愿意购买你的产品。

FFAB 模型的价值逻辑是：

F → F 将技术语言转化为客户语言；

F → A 将客户的语言转化为产品的作用；

A → B 将产品的作用转化为客户的好处。

把 FFAB 模型分为三个象限，梳理清楚产品属性、功能、作用和好处之间的逻辑关系。

FFAB 的含义如图 16-2 所示。

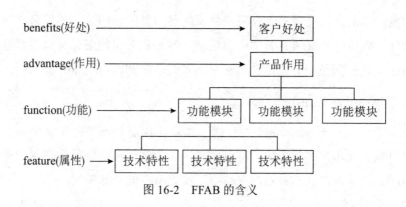

图 16-2　FFAB 的含义

16.2.2　基于 FFAB 模型的产品卖点挖掘

产品经理或市场销售人员因为不懂技术，明知道自己产品的优点非常有说服力，但是就是不知道如何说服客户。如何把技术人员的"技术模型"转换成客户的"心理模型"能接受的语言呢？FFAB 模型就能起到这个"转换器"的作用，最好的做法是把产品经理、销售人员和技术开发人员聚在一起共同制作完成产品的 FFAB 模型，具体方法如下。

第一步，构建产品的 FFAB 模型，就是建立 FF、AF 和 BA 三个象限相关联的"⌐"模型，可在 Excel 表格中建立。

第二步，首先以产品研发的技术人员为主，尽量多地找出本产品有哪些关键的技术属性 F(feature)，例如本公司稀油站设备的主要技术属性 F 有：三维立体软件设计、数控火焰切割机、抛丸机、万能弯管机、烤漆房（产品整体烤漆）、金属盘式切割机、金属带锯、专利技术 7 项、油站不漏油工艺保障、氩弧焊焊接技术、高颈法兰技术、油箱内部防腐不掉漆、温度控制新技术、管式冷却器、过滤器人性化设计（保证轻松切换）、人孔盖外观美观、加热器不结碳等，将其填写在 FFAB 模型的第三个象限"FF"中。

第三步，包括技术人员、产品经理和市场人员在内的全体人员讨论确定完成 FFAB 模型的第三个象限"FF"，即首先选取某一项 F(feature) 的技术特性因素，可能产生哪些产品功能 F(function)，例如"加热器不结碳"这项技术特性会产生"油品清洁度好"这项产品功能 F(function)；然后以此类推，继续找出其他每一项技术特性因素，完成整个"FF"象限，如图 16-3 所示。

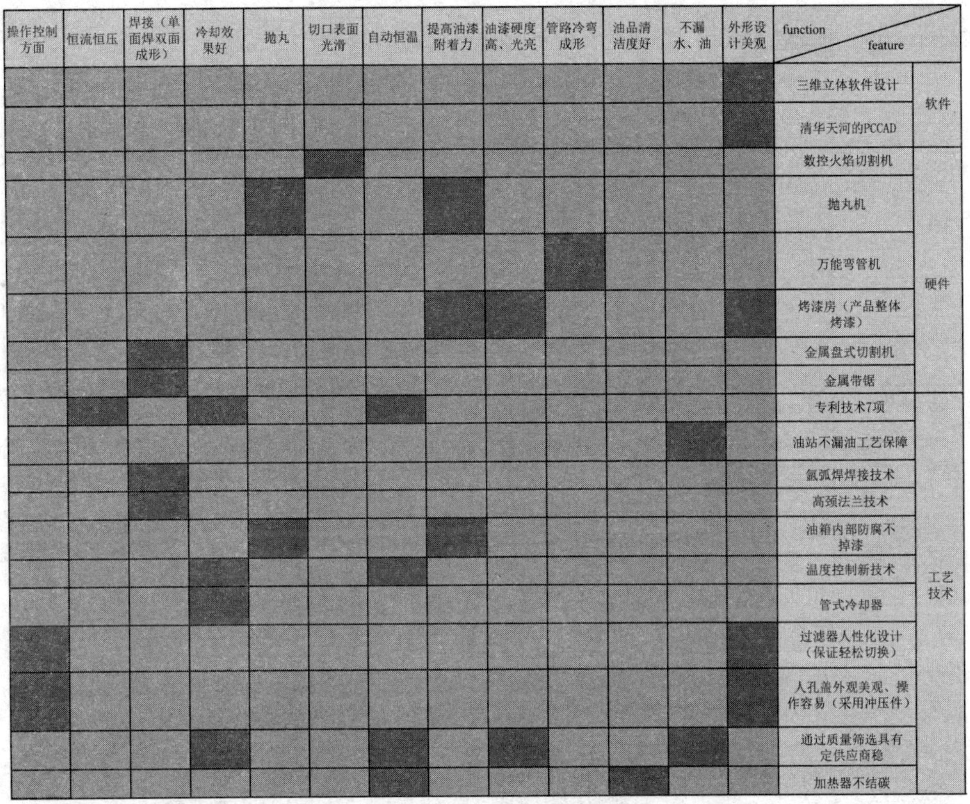

第16章　产品功能实现路径矩阵与FFAB模型

feature \ function	操作控制方面	恒流恒压	焊接（单面焊双面成形）	冷却效果好	抛丸	切口表面光滑	自动恒温	提高油漆附着力	油漆硬度高、光亮	管路冷弯成形	油品清洁度好	不漏水、油	外形设计美观	
三维立体软件设计														软件
清华天河的PCCAD														
数控火焰切割机														硬件
抛丸机														
万能弯管机														
烤漆房（产品整体烤漆）														
金属盘式切割机														
金属带锯														
专利技术7项														工艺技术
油站不漏油工艺保障														
氩弧焊焊接技术														
高强法兰技术														
油箱内部防腐不掉漆														
温度控制新技术														
管式冷却器														
过滤器人性化设计（保证轻松切换）														
人孔盖外观美观、操作容易（采用冲压件）														
通过质量筛选具有定供应商稳														
加热器不结碳														

图 16-3　FFAB 模型的 FF 象限

第四步，用同样的方法，讨论确定完成 FFAB 模型的第二个象限"AF"，即选取某一项产品的哪些功能因素 F(function)，会形成哪些产品作用 A(advantage)，然后继续找出其他项的产品功能因素 F(function) 会形成哪些产品作用 A(advantage)，最终完成整个"AF"象限。例如，稀油站设备的功能因素"油品清洁度好"会产生"增加油品使用寿命"这项产品作用。FFAB 模型的"AF"象限如图 16-4 所示。

第五步，同理，讨论确定完成 FFAB 模型的第一个象限"BA"，即选取某一项产品的某一项作用 A(advantage)，会形成哪些产品客户群所更关注的好处 B(benefits)，然后继续找出其他项的作用 A(advantage) 分别形成哪些客户群所更关注的好处，最终完成整个"AB"象限，例如，稀油站设备的"增加油品使用寿命"这项作用 A(advantage) 会形成"主机的使用寿命长"这项客户群所更关注的好处 B(benefits)。FFAB 模型的"BA"象限如图 16-5 所示。

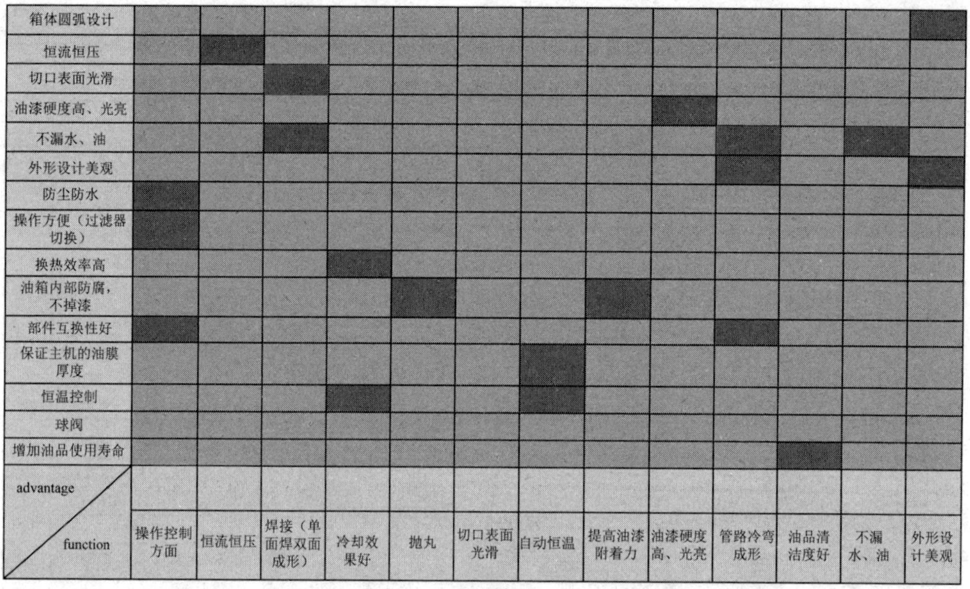

第3部分 产品力提升篇

图16-4 FFAB模型的AF象限

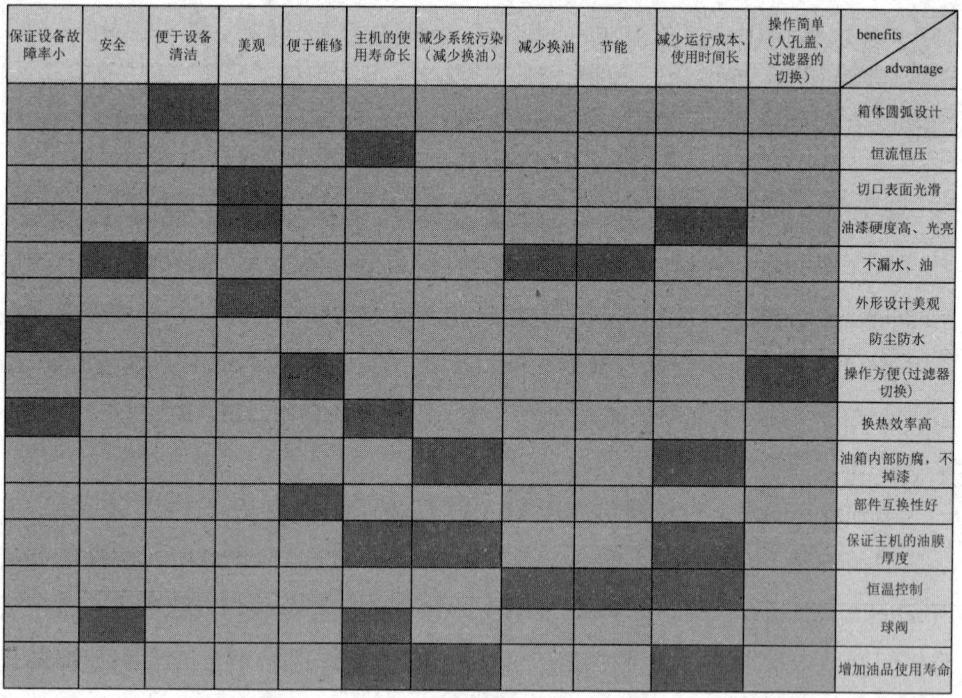

图16-5 FFAB模型的BA象限

第六步，依据产品定位、产品精神等指定的产品宣传方向和重点，系统梳理评估通过 FFAB 模型 BA、AF 和 FF 三个象限推导出来的每项客户群所更关注的好处 B(benefits)，并分析评估哪些客户群所更关注的好处 B(benefits) 在市场竞争中具有比较好的竞争力，甚至分析能否进行"新品类"的挖掘，利用关键因素评价排序方法，对这项客户群所更关注的好处 B(benefits) 进行评价打分，找出最具有竞争力的好处，作为产品广告语、宣传资料的开发的依据。例如，通过稀油站设备挖掘出来的客户群所更关注的好处 B(benefits) 有"保证设备故障率小，安全，便于设备清洁，美观，便于维修，主机的使用寿命长，减少系统污染(减少换油)，节能，减少运行成本、使用时间长，操作简单"11 项，其中通过评价确认"主机的使用寿命长"是客户最关注的好处要素，然后根据 FFAB 模型，梳理出"主机的使用寿命长"的逻辑关系如图 16-6 所示。

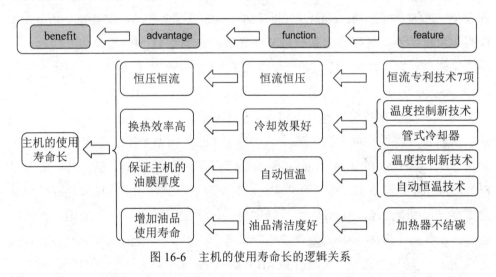

图 16-6　主机的使用寿命长的逻辑关系

16.2.3　新产品开发路径

一个公司的研发部分往往存在以下几个问题：一是研发前瞻性不足，存在技术方向和研发重心不明确，经常来回变动的现象；二是研发团队难以准确确认产品技术研发的技术特性，部分研发成员工作无法连续进行，很多研发工作是被动的，一直处于"救火"状态；三是缺乏系统化的产品规划方法论和开发思考路径，新技术新工艺的研发存在盲目性；四是经常出现局限于技术，忽略了营销、产品、测试等问题，缺乏系统思维能力导致部门间的协调不顺畅。

为了让产品研发少走弯路，本书构建了基于 FFAB 模型的新产品开发路径。

第3部分 产品力提升篇

第一步,构建产品的 FFAB 模型,就是建立 BA、AF 和 FF 三个象限相关联的"冂"模型,可在 Excel 表格中建立。

第二步,首先以销售人员和产品经理为主,确定本产品的目标客户群,采用头脑风暴法,依据产品定位、产品精神等相关理论,尽量多地找出该产品客户群所更关注的好处 B(benefits),例如本稀油站设备的客户比较关注"保证设备故障率小,安全,便于设备清洁,美观,便于维修,主机的使用寿命长,减少系统污染(减少换油),节能,减少运行成本、使用时间长,操作简单(人孔盖、过滤器的切换)11 项,并填写在 FFAB 模型的第一个象限"BA"中,详见图 16-8。

第三步,全体人员讨论确定完成 FFAB 模型的第一个象限"BA",即首先选取某一项客户好处 (benefits),分析评估可能通过哪些产品作用 A(advantage) 才能得以实现,然后继续找出其他每一项好处,完成整个"BA"象限,例如首先找出可能导致客户好处"主机的使用寿命长"的产品作用有哪些。通过最终讨论确定为"恒流恒压、换热效率高、保证主机的油膜厚度、增加油品使用生命"4 项,详见图 16-7 延长主机使用寿命的 FFAB 逻辑关系。

第四步,用同样的方法,讨论确定完成 FFAB 模型的第二个象限"AF",即选取某一项产品的作用 A(advantage),分析评估可能通过哪些产品功能因素 F(function) 才能得以实现,然后继续找出其他项的产品作用 A(advantage) 分别通过哪些产品功能 F(function) 因素得以实现,最终完成整个"AF"象限。例如,稀油站设备的作用 A(advantage)"换热效率高"可由"冷却效果好"这个功能实现,详见图 16-7 延长主机使用寿命的 FFAB 逻辑关系。

第五步,同理,讨论确定完成 FFAB 模型的第三个象限"FF",即选取某一项产品的每一项功能 F(function),可能通过哪些产品属性或技术特性因素 F(feature) 才能得以实现,然后继续找出其他项的产品功能 F(function) 分别通过哪些产品属性或技术特性得以实现,最终完成整个"FF"象限。例如,稀油站设备的功能 F(function)"冷却效果好"可由"温度控制新技术"和"管式冷却器"这两个产品属性或技术特性实现,详见图 16-7 延长主机使用寿命的 FFAB 逻辑关系。

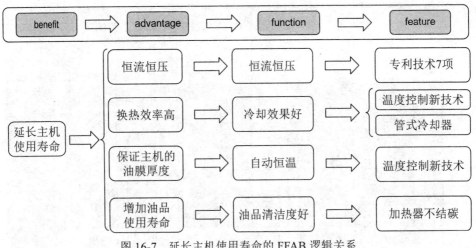

图 16-7　延长主机使用寿命的 FFAB 逻辑关系

第六步，系统梳理评估通过 FFAB 模型 BA、AF 和 FF 三个象限推导出来的每项产品属性或技术特性因素 F(feature)，评估哪些技术特性或产品属性已经具备了，哪些技术特性需要投入资源进行技术攻关，估算每项技术特性攻克的时间与投入资金，并进行技术特性评价排序；最后，可按照产品线规划理论进行产品线开发的路标规划，分步骤开发与投入市场。例如，延长稀油站设备主机使用寿命的属性技术特性因素 F(feature) 共有恒流专利技术 7 项、温度控制新技术、管式冷却器、自动恒温技术、加热器不结碳 5 项，其中恒流专利技术 7 项、自动恒温技术、加热器不结碳 3 项已经具备了，那么"温度控制新技术"和"管式冷却器"两项技术特性就是需要集中技术研发人员进行攻关的新技术了，这样即为公司新产品开发指明了方向，也为技术开发人员指明了技术研发的方向。

FFAB 模型使用范例如图 16-8 所示。

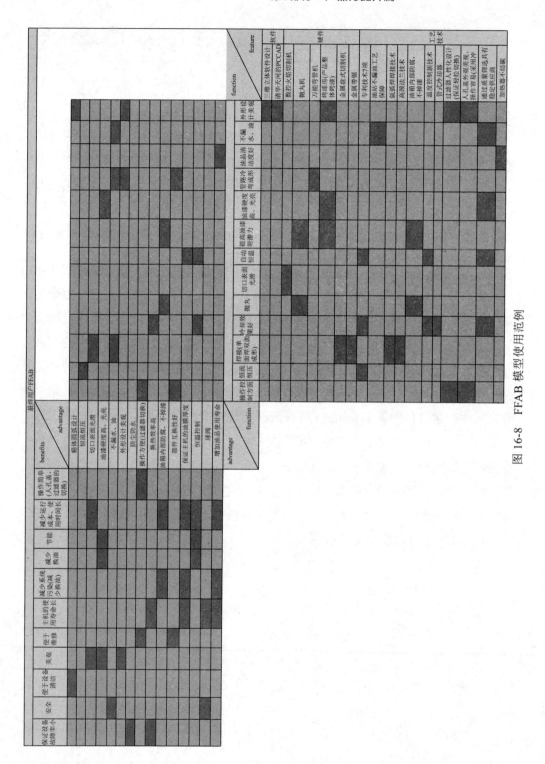

图 16-8 FFAB 模型使用范例

第17章
用户体验设计

* * * * *

任何品牌战略的核心都是提升使用产品或者服务的用户体验，广告、形象和营销在当代市场上发挥的作用越来越小，而且不能够改变产品失败的事实。

基于真实生活场景触发，寻求超级产品的体验设计。

大多数人都有这样的情境体验，夏天前半夜开着空调入睡，凉爽舒适，后半夜新陈代谢变慢，体感会逐渐转冷，继续吹空调，容易感冒，一般其只能选择睡眠模式或定时关机。

美的公司的产品团队洞察到这一体验，为其带来了最佳解决方案。空调和风扇场景联动，两个设备根据温度变化，自动切换工作时间，前半夜空调制冷，后半夜风扇送风，这样就保持了体感的最佳舒适度，这个程序不仅用户可以在美的美居 App 自行预设，未来其还可以根据用户的生活习惯自主学习调整。

再如，有名静音门锁董事长经常工作到深夜才回家，为了避免开关门时门锁发出太大声响，他每次都要小心再小心，但限于当时门锁的自身性能，即使他再小心，也难免会发出声响。他就想，我是做锁的，每次都这么难受，为什么不想办法研发声音更小的锁？其于 2012 年提出了"静音门锁"的概念，然后投入了巨大的研发和创新力量，还专门建立了静音实验室。多年的付出获得了丰厚的回报，现在静音门锁已迭代至第 4 代，噪声已控制在人类生活与休息舒适的声音区间——30～45 分贝。

满足并提升用户体验，才是产品研发的原点。

17.1 用户体验与用户体验设计

17.1.1 体验经济时代到来

有人说,人类的经济社会经历了从农业经济时代、工业经济时代、服务经济时代到体验经济时代的发展过程,如图17-1所示。

图17-1 经济社会的发展历程

以为小孩准备生日蛋糕为例:

在农业经济时代,妈妈拿自己家农场的面粉和鸡蛋等材料,亲手为孩子做蛋糕;

在工业经济时代,妈妈到商店花钱买混合好的盒装面粉回家,自己烘烤蛋糕;

在服务经济时代,妈妈去超市订购个性化的蛋糕;

在体验经济时代,妈妈不需要自己买蛋糕,也不用自己费心办生日晚会,把生日晚会交给别人去做,对方提供一条龙的服务,让他们为孩子策划、筹办一场难忘的生日晚会。

体验经济时代,"用户体验"为什么被重视?在这个时代,用户购买的不仅仅是产品本身,还有一种服务,是一种情绪上、情感上、精神上的体验,享受过程美。

用户体验是指用户在使用产品过程中建立起来的一种纯主观感受。在体验经济时代,消费的趋势已经从"购买产品"转向了"购买体验"。如果用户体验不好,用户可以随时"另觅新欢"。例如,现在很多时候,我们使用微信或支付宝给房东转账而不是去银行汇款,就是因为微信提供了更好的用户体验,足不出户就能完成交房租这件事情。

用户体验的主要功能如下。

(1) 通过用户体验,建立用户对产品的信任,提升产品的品牌知名度。

(2) 通过用户体验,让消费者了解产品、熟悉产品,其是用户做出购买决策的主要依据之一。

(3) 通过用户体验找出客户的痛点或使用中的关键点,找出产品设计与客户期望的差距，洞察客户的真实需求和期望，寻找产品的机会点，提升自己产品的竞争能力，这些就是我们常说的"用户体验设计"。

17.1.2 用户体验设计含义

"用户体验设计"是指以用户为中心的一种设计手段，是以用户需求为目标而进行的设计。

用户体验设计一般有两种形式：一是针对已有产品，通过用户体验的测试与评估，对产品进行改进，以提高用户的体验满意度；二是针对全新的产品，以用户为中心，让用户参与设计，通过用户研究，提出设计原型，让用户进行体验，并不断改进和完善，直到满足用户的体验需求。

史蒂夫·乔布斯说过，要从客户体验着手，再返回到技术层面；最重要的是让美好生活成为顾客界面，不限于产品的使用功能而更倾向于实现美好生活的向往；技术创新以顾客为关注焦点，投入研发力量满足各类客户的需求，降低设计开发成本。

顾客是企业产品最终的使用者，顾客的需求和满足才是企业技术革新的发展方向，所以，我们应该系统研究用户体验设计，提升产品的竞争力。

17.2 HEART 体验模型

HEART 体验模型是 Google 公司在实践中提出的，以产出更好产品为目的，用来衡量产品整体体验的度量评估模型。它包含五个维度 happiness(愉悦度)、engagement(参与度)、adoption(接受度)、retention(留存度)、task success(任务完成度)，是 Google 用户体验研究团队在实践中为了准确地度量用户体验而总结提炼出的一个框架。

多个企业利用 HEART 模型拆解框架得到了深度结合业务的度量框架，其是一个比较全面和具备更多扩展性的分析框架。

17.2.1 HEART模型的特性与应用场景

HEART 模型的特性在于它"以用户为中心"进行度量，既包含宏观的愉悦度，也包含微观的任务完成率，同时关注产品的留存率，与业务目标保持紧密联系。

在评估方式上，既有定性评估的愉悦度，也有定量评估的参与度、留存率等，可对用户使用产品情况做一个完整的评估。

17.2.2　HEART模型的拆解

HEART 模型的拆解分为确定体验目标、确定度量维度、确定信号和确定指标四部分，详见图 17-2。

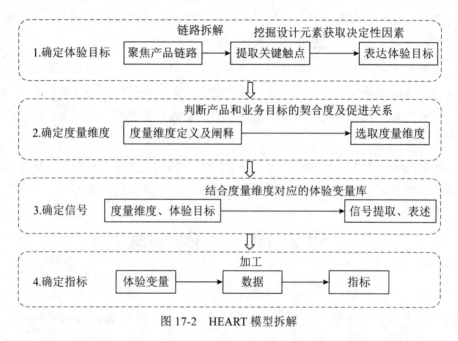

图 17-2　HEART 模型拆解

1. 确定体验目标

确定体验目标是体验度量的开始，准确的目标决定了度量的质量。通常会引入产品功能等业务因素，并提炼多个体验目标，每个指标都必须准确而具体。

那么如何确定体验目标呢？

用户的整体体验感知积累于每一个接触触点，一般用户与产品的触点很多，必须识别出达成业务的关键触点并进行深入分析，以提炼出体验目标。

具体思路是：首先分析业务目标，并对业务目标所落地的产品服务的链路进行拆解，拆解链路后，找到其中对体验有决定性影响的因素，提取其因素后，即形成体验目标。

确定体验目标的流程如图 17-3 所示。

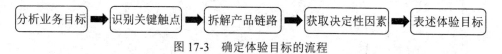

图 17-3　确定体验目标的流程

1) 分析业务目标

业务目标是整个产品服务的最终目的，体验作为产品服务的重要评估维度，需要与之匹配。

业务目标与所选取项目范围有关，从整个产品到特定功能模块都可作为参与项目。根据选取的项目来确定业务目标，如"提升用户自主解决问题的能力，降低运营服务的压力"等。

产品目标和体验目标可以共同服务于业务目标，从而实现价值。

➢ 示例

业务目标：提高在设计工具中商品素材的查找效率，辅助家装设计师快速构建方案，提升产品签单率；优化现有商品素材的查找逻辑等。

2) 拆解产品链路

拆解产品链路是指将业务目标达成过程的逻辑呈现出来，并分析其跳转路径、操作触点。

整个产品链路是用户价值的直接承载，任何一个触点的失效都将影响到整条链路的顺畅和效率。就链路整体而言，触点越多、链路越长，操作成本越大；就某个具体触点而言，其效率、易用性、易理解度也将影响整体的价值传达。

为完整地拆解出整个产品链路，需要从"用户侧""系统侧"进行分析，用户侧代表用户视角下的功能使用流程，是主要考虑的维度，体现了以用户为中心的设计思路；系统侧代表系统在用户交互过程中的需要执行的行为，是系统逻辑的直接体现。两者的交互作用，将完整表达"信息"的流转过程，最终体现到产品上。

➢ 示例

搜索商品素材链路如图 17-4 所示。

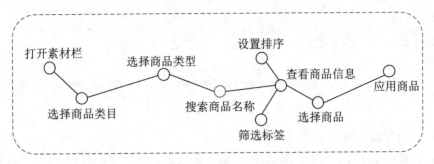

图17-4 搜索商品素材链路

3) 识别关键触点并获取决定性因素

选取对整个链路有重要影响的触点进行设计维度的分析,以找出决定触点目标达成的决定性因素,这个决定性因素就是我们体验上需要着重优化的点。

在寻找"决定性因素"的过程中,应避免将系统性能、业务功能、业务信息因素筛选出来,需要聚焦在设计维度上,诸如交互行为、界面布局、信息呈现、系统反馈等。

> 示例

已拆分出来的"确认输入行为""搜索结果分类""结果数量"等各种设计因素,哪些算是决定性因素呢?

简单的判断方式是:反向判断,假设缺失这个因素是否会对该触点有"阻塞性"影响。如有严重阻塞性影响,则证明该设计因素很大程度上决定了触点的目标达成,属于决定性因素;若设计因素有中等的、轻微的影响,则可能不是本次优化的重点,不作为决定性因素,如"搜索结果分类"影响用户对搜索结果的信息获取,是决定性因素,"确认输入行为"是常规设计行为,不是决定性因素。

决定因素梳理示例如表17-1所示。

表17-1 决定因素梳理示例

1. 交互行为	2. 界面布局	3. 信息呈现	4. 系统反馈
确认输入行为 类目引导(决定性因素)	搜索预判页面布局 搜索结果区块划分	搜索结果分类(决定性因素) 标签分类 搜索结果数量	

4) 体验目标的提取与表述

找到决定性因素及其为什么是决定性因素的原因后,需要为其设定一个体验目标,来指示应向什么方面优化这个决定性因素。决定性因素只是现有功能的一种解法，可能存在其他更优解法，我们需要基于决定性因素概括出"体验目标"，以新的体验目标来指引我们优化设计。

> 示例

决定性因素"搜索结果分类"，引申出的体验目标为"更清晰的信息层级""更完整的信息"，详见表 17-2 搜索结果分类示例。

表 17-2　搜索结果分类示例

1. 交互行为	2. 界面布局	3. 信息呈现	4. 系统反馈
(1) 简单的操作路径； (2) 更好的易用性； (3) 更通用的行为； (4) 更易于理解的行为 ……	(1) 更舒适的界面布局； (2) 更简单的布局 ……	(1) 清晰的导航； (2) 清晰的信息层级； (3) 更完整的信息； (4) 更全面的信息； ……	(1) 更准确的信息反馈； (2) 更快速的系统反馈； (3) 更智能的反馈； ……

通过链路触点的分析，决定性因素的提取，体验目标的匹配，我们已对设计优化方向有了准确的了解。这个时候需要从设计师视角做一个完善而精准的有关"体验目标"的表述。

一个体验目标需要与具体设计场景关联后，才能产生具体而明确的价值，即体验目标落地到场景中后产生价值，表述思路是：在某个具体的链路触点中，我们期望怎么达成这件事。

可通过以下格式进行填写：什么用户 / 使用什么 做什么事 / 通过体验目标 / 来完成什么事。

> 示例

家装设计师 / 使用搜索功能 搜索素材时 / 通过对结果展示清晰的信息层级 / 来快速找到需要的商品。

2. 确定度量维度

引入 HEART 模型的重要原因，正在于它的度量维度。由于它的度量维度多方位地表述了产品的使用情况，度量维度不是一种标准，是一种分析框架和角度，决定了体验目标应该被如何度量，进而影响信号的确定和指标的拆解，因此度量维度的选取至关重要。

HEART 提供了五个维度，提供了几个可以衡量的视角。在实践过程中，因每个体验目标所对应的触点的场景、交互、产品目的不同，我们只需要找到符合定义的维度即可。反过来看,一个与体验目标不相关、不匹配的度量维度不能很好地度量体验目标。

需要注意的是,HEART模型因其维度的广泛定义,不仅仅可用于体验目标的度量,也可以对产品目标、业务结果进行度量。

度量维度的解释如表17-3。

表17-3 度量维度的解释

度量维度	定义	阐释
愉悦度	用户对产品的主观使用感受	用户在使用过程中的满意度如何?操作性、便捷性如何
参与度	用户使用产品的频繁程度	用户访问时长、频次如何
接受度	有多少用户真正开始使用该产品	用户的接受率是多少?业务转化率如何
留存度	有多少用户愿意继续使用该产品	首次使用后留下来的用户占比是多少
任务完成度	用户对任务的完成情况	任务完成情况如何?效率如何?有哪些障碍等

3. 确定信号

首先信号可以被定义为是一种信息的载体,其承载的信息往往反映了用户体验目标的成功或是失败,对信号的准确获取将直接影响到对下游指标的确立。

信号的确定需以上游度量维度为标准范围并引用体验目标为重要判断依据,避免过度发散,在保证精准规范的同时,结合当前有无体验变量基准值作为条件,并使用成功或者失败的结果来评估体验目标的达成情况,最终提炼出信号。

确定信号的过程如图17-5所示。

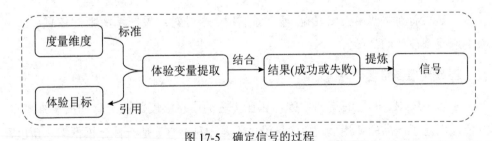

图17-5 确定信号的过程

1) 以度量维度为标准并引用体验目标确定信号

通过逐一对度量维度进行体验变量提取,有基础值则以对比的方式,无基础值则使用趋势的表述方式,结合业务目标的情况下,去概念性假设体验目标的正向或反向结果,最终通过标准的格式提炼出信号。

信号的提炼可以用固定的格式进行书写：用户 / 用什么 / 做什么 / 体验变量 / 趋势或数值。

2) 寻找体验变量

基于 HEART 模型的整个分析框架，拆解出最高频和贴合体验目标的常见体验变量库。在此框架的指导下，可以快速寻找需要的体验变量。

度量维度与体验变量库如表 17-4 所示。

表 17-4　度量维度与体验变量库

度量维度	体验变量库
愉悦度	风格一致、功能有效度、功能效果、功能丰富、易操作、界面舒适
参与度	访问频次、停留时间
接受度	健康度
留存度	留存度
任务完成度	任务时长、任务出错率、系统性能、任务完成度

3) 确定信号的注意事项

(1) 信号的成功或失败要能在行为或态度上准确地体现出来，失败信号可能比成功更容易定义。

(2) 信号要易于被追踪。

(3) 信号的敏感度要高，要易于被检测。

(4) 信号应与目标有高的相关度，同时避免被其他因素影响。

(5) 一个目标可能对应多个信号。

4. 确定指标

指标是衡量目标的参数，用于准确地描述目标，但通常很难直接从目标中确定出指标，需要借助于对信号的分析。信号是信息的载体，其中包含着变量信息，提取其中的变量信息，即可获得一个初始指标。初始指标反映了客观的原生数据，对原生数据做处理后，可得到一个能精准描述体验目标的指标。

指标确定流程如图 17-6 所示。

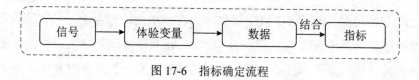

图 17-6　指标确定流程

1) 对数据进行处理

体验变量直接产生的属于原生数据,而一组数据通过某种分析加工后,可以成为更有价值的信息,如均值、中位值。选择对数据进行哪种方式处理,受目标的影响较大,每一种数据处理方式,都有指向特征,通过与目标的匹配,可以选取出合适的数据处理方式。

2) 确定指标的注意事项

(1) 指标应与目标和信号密切相关,指标越明确越清晰越好。

(2) 指标应方便被持续追踪,对信号的描述更敏感,更方便做测试。

➢ 示例

- 度量维度:愉悦度。
- 信号:家装设计师使用搜索功能搜索素材时易操作性达到4.0。
- 体验变量:易操作度。
- 数据:易操作度评分。
- 指标:易操作度评分的均值。

看似复杂的体验度量监控指标的拆解,可以概括为"体验的问题定位""体验的目标度量""体验的客观追踪"。

体验指标拆解如图17-7所示。

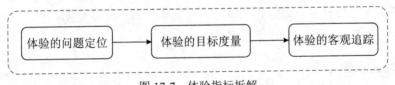

图 17-7　体验指标拆解

(1) "问题定位"是监控目标的根据,必须来源于具体的业务链路才有被分析和量化的可能,它是体验问题在业务链路中被抽取出来的关键,并转化为可度量的指标来进行监控,最终为后续数据洞察和可视化提供准确的数据来源,否则局限于主观意识,监控体系建立在不可靠的体验目标之上,当然也就不可能有助于解决体验问题。

(2) "目标度量"运用HEART模型作为度量维度,相当于一种体验的定义标准,阐释了什么是它所定义的用户体验。HEART模型以其全面的度量维度,能很好地实践这一点。必须注意的是,对HEART模型下的五个度量维度的细化阐释可能受不同产品特性、产品阶段影响而不同,最终转化出不同的客观指标。

(3)"客观追踪"是对在度量标准下的客观变化的捕捉,捕捉其变量特征,建立常态指标,使其成为可靠的可监控的指标。

参考业务目标进行范围收敛也是非常重要的工作,它影响着每一个推导环节,以避免偏离产品方向,有效地过滤弱关联或无关联的因素。

17.3 体验峰终定律

我们时刻都在体验——有些瞬间给你留下了美好的回忆,有些瞬间让你感到荣耀,有些瞬间给你带来了影响一生的启示;而另一些瞬间飞快消逝,完全不会给你留下记忆。

17.3.1 峰终定律的含义

如何总结自己的体验是好是坏?体验心理学中有个理论叫"峰终定律"(Peak-End Rule),由英国诺贝尔获奖者丹尼尔·卡纳曼(Daniel Kahneman)研究提出,他发现大家对体验的记忆由两个核心因素决定:一个是过程中的最强体验"峰",另一个是最后的体验"终"。

峰终定律示例如图17-8所示。

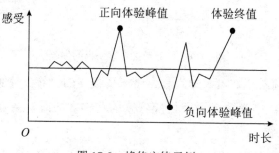

图17-8 峰终定律示例

简单来说,我们体验一项事物之后,所能记住的就只是在"峰"(最好或最坏的体验)与"终"时瞬间的体验;至于其中不好不坏的体验,我们则常常忘记。

比如你去迪士尼乐园玩,这一天里可能有大半天时间都在排队,还在园区花了大价钱吃了顿不怎么好吃的午餐,真正高潮的时刻占的比例很小,但是你过几天再回忆这段经历,你想到的只会是激动人心的"飞跃地平线"和离开园区时看到的烟火表演,这就是为什么大多数人还是会给迪士尼的体验打上高分。

宜家的购物路线也是基于"峰终定律"设计的,虽然它有一些不好的体验,比如商场路线复杂,哪怕只买一件东西也可能需要走完整个商场;店员很少,顾客经常得不到帮助;往往需要排长队结账等。

但是它的峰终体验是好的,它的"峰"就是过程中的小惊喜,比如设计优秀、性价比很高的小产品,根据家庭实景布置的产品展区,美味又好吃的食物;它的"终"就是在出口处只卖1元钱的甜筒。

消费者去宜家购物的体验如图17-9所示。

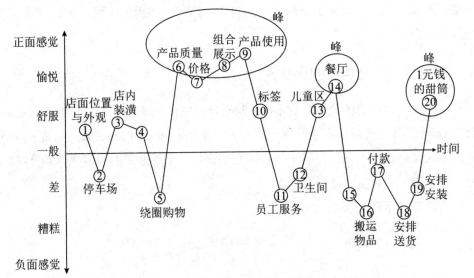

图17-9　消费者去宜家购物的体验

1元钱的甜筒看似赔本,却为宜家带来了极佳的"终"体验,成为人们记住宜家的一个标记;当消费者再回忆起宜家的购物之旅时,会觉得整体行程都非常棒。

峰终定律的发现和应用,使企业经营者和服务提供者能够更好地理解顾客体验的关键因素,并基于这些关键因素来改进用户体验。

17.3.2　通过设计行为来改进体验

体验本质上是一种主观感受,影响一个人感觉的因素很多,而且很多时候不太可控;因此,当谈及体验设计时,我们基本上会从行为设计入手,通过对顾客行为和认知的引导,来达到提升体验的目的。

那么顾客的行为由哪些因素决定呢?

相关的理论被称为"行为设计学",其是由斯坦福大学行为心理学教授 B. J. Fogg 研究提出。他提出了一个关于行为发生的模型:

$$B=MAT$$

即行为 (behavior) 由动机 (motivation)、能力 (ability)、触发点 (trigger) 三个因素互相影响而产生。

行为发生模型如图 17-10 所示。

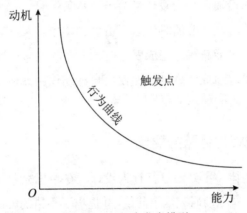

图 17-10　行为发生模型

这个模型认为,一个人之所以会实施某个行为,受以下三个要素的影响。

(1) 动机 (motivation):这个人必须自己想做这件事——需要有意愿。

(2) 能力 (ability):这个人必须能做到这件事——流程要简单。

(3) 触发点 (trigger):适当的时候要提醒他做这件事。

现在的商业模式几乎都在应用"行为设计学",行为三要素必不可少,但重要程度不同:动机越强,难度成本越低,目标越容易达成,而用户的配合度与满意度也就会越高。

如果一个用户的意愿很强,他做这件事又特别简单,你的提醒又恰到好处,那就会有一个特别好的效果——他会养成做这件事的习惯。

作为一个商家,你是应该把主要精力放在提升消费者的意愿上呢,还是放在简化流程上呢?

Fogg 教授告诉我们:简化流程才是最应该做的。

因为要提升意愿是很难的，一个没有意愿、没有兴趣的人是很难被说服的，多次劝导反而会引起他的反感。

如果你的产品有很多潜在用户，他们本来就是感兴趣的，但是不方便购买；如果想个办法让他们容易购买或是产品在使用过程中容易操作，效果将会事半功倍。

微信红包能够在短时间内成功的原因，也是因为它足够简单，抢红包手指按一下就行；发红包也很简单，以至于很多人都不会用微信转账，但是可以用发红包的方式来达到付款的目的。

为了培养顾客的习惯，行为设计学给出了两条经验。

第一，让顾客第一次接触的时候留下很好的印象。

第二，让顾客经常能获得一些成就感。

第一印象很重要，而成就感则是促使用户持续使用或购买的动力。它们都是站在体验的角度，给出的解决方案。

17.3.3 构成峰值体验的要素

如何结合峰终定律，更好地进行行为设计？在希思兄弟《行为设计学：打造峰值体验》一书里，就有专门研究这个问题，并提出了不错的解决方法，简单又实用。

通过研究发现，那些令人愉快的峰值时刻大致包含四种情感：欣喜感、认知感、荣耀感和连接感；在重要时刻使用户产生四种情感中的一种或几种，便能打造让用户难忘的峰值瞬间。

愉快峰值时刻的情感如图 17-11 所示。

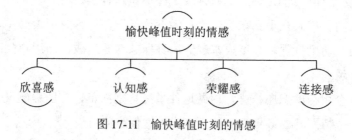

图 17-11　愉快峰值时刻的情感

1. 欣喜感

欣喜感其实是指"超出预期的感受"，也就是惊喜。制造欣喜感有三个方法：提升感官享受、增加刺激性、打破既有流程。

提升感官享受在生活中很常见，例如婚礼中的鲜花、音乐和舞蹈；再如年会、毕业典礼、私人派对上的着装要求。这同时是一种仪式感，让某一时刻与其他时刻不同，让人重新审视和重视某件事。

增加刺激性和打破既有流程，都是为了制造惊喜感，具有挑战性的事情和平淡的任务相比更有刺激性；为什么那些进行体育训练的人每天的训练特别辛苦，但是一天到晚特别有动力，而某些在校学习的学生其实没有他们辛苦，却常常萎靡不振呢？因为体育有比赛，而学校的日子太枯燥；虽然学生有考试，但是考试没有观众，无法颠覆学生对于平淡学校生活的预期。

熟悉感和难忘度往往是此消彼长的，如果要为消费者打造值得铭记的时刻，就必须打破原有流程和预期，来制造惊喜。

2. 认知感

认知感是指让人意识到自己的能力。既然行为要素之一是能力，那么让顾客主动意识到自己具备达成某件事的能力，或者赋予他们某种使命感，会大大提高其行为完成的可能性，并提升体验。

在蚂蚁森林中，人们孜孜不倦地收集能量，它告诉用户，你的每一个消费行为、每种一棵树都能为防止荒漠化而做出一份贡献，每一次低碳行为都会获得绿色能量，并且每一棵树苗都有你专属的编号，所以用户也认为自己确实是为环保事业出了一份力。

蚂蚁森林界面如图 17-12 所示。

图 17-12　蚂蚁森林界面

如果你能帮助消费者打造这样自我认知的时刻，帮助他们收获新知，实现成长，这个体验肯定终生难忘。

3. 荣耀感

荣耀感来自认可，来自里程碑的设立，以及完成目标后的成就感。最常见的例子是游戏中的勋章或头衔设计，其需要在用户达成某项任务之后获得，能够提高用户在完成过程中的成就感。

记得儿时特别喜欢收集烟盒，当大人们拆开一盒烟时，就会被我迫不及待地预约。朋友中也有同道中人，也会不时地相互交流，大家会时不时地打开装满烟盒的纸箱仔细欣赏。实际上，这些烟盒没有任何实际用途，即使收集得再多，也没有任何奖励。那大家为什么还愿意收集这些"无用"的烟盒呢？很大的原因是，集齐烟盒也是一项"挑战任务"，通过完成这项收集任务，得到的就是满满的成就感。

4. 连接感

连接感，即和他人一起共享美好或痛苦时刻。很多实验证明，如果一个团队一起经历过困难的时刻，一起奋斗、挣扎过，这个团队的凝聚力会特别强。

同样，在顾客行为设计中，通过增加品牌和消费者的连接感，可以让体验更佳。以可口可乐的私人定制瓶为例（见图17-13)，品牌把瓶身广告的命名权授予了消费者，消费者通过自己的个性化创造，制造出一瓶自己的可乐。这种与品牌共同创造产品的体验是非常正面的，而这个转换和再创造的过程，也满足了消费者对于创造的欲望。

图17-13 可口可乐的私人定制瓶

在消费体验时代，消费的趋势已经从"购买产品"转向了"购买体验"。很多高级消费是在购买体验，比如出去旅游，参加音乐会，到现场观看重大比赛等。对于企业来说，体验就是商机，注重顾客行为和体验带来最直接的好处就是提升品牌黏性，产生利润，从而在市场竞争中获得领先。

17.4 用户体验衡量与评估

17.4.1 用户体验的衡量

1. 体验衡量的指标

体验在很多场景中所表示的都是用户对产品的主观感受，最开始判断体验的指标也很抽象，后来人们把抽象的指标和具体的数据相结合，通过数据去衡量，比如页面访问次数、用户停留时间、产品加载速度等。

在工作中常会用到易用性、满意度等维度再结合后台数据这种方式进行用户行为分析来评估用户的体验指标是否达标。

2. 体验衡量的维度

为了方便分类，大家把衡量体验的所有指标都按照用户感受、用户行为、系统表现这三个围度进行度量，如图17-14所示。

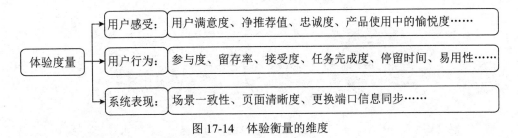

图 17-14　体验衡量的维度

3. 不同形态的产品体验目标各不相同

不同细分类型、不同生命周期的产品，对于用户感受、用户行为、系统表现各个指标的偏重也有所不同。

如协同办公类的产品更注重协同性，而数据产品更注重易理解性和一致性。初创期的新产品需要容易上手，对易学性要求较高，而成熟期的产品可能更需要考虑各个角色的需求满足度。

4. C端和B端产品的体验目标的不同

市场上的产品主要分为两类——C端产品和B端产品，因为两类产品的用户属性、产品定位不同，所以两类产品的体验目标也不相同，最大的区别在于用户、体验、数据上的不同。C端产品和B端产品的体验目标比较如表17-5所示。

表17-5 C端产品和B端产品的体验目标比较

序号	维度	不同特点	侧重点
1	用户	B端用户是集体	受性别、年龄、区域等的影响较小
		C端用户是个人	需要做精细化用户画像，用户的年龄、职业、文化程度、收入、个人喜好等都不同
2	体验	B端产品追求实用	追求功能实用、高效，为达成管理目标可牺牲体验
		C端产品追求极致	追求极致体验，如视觉效果等
3	数据	B端产品追求准确	更关注企业管理、运营指标，追求数据上的准确
		C端产品追求数量	因为用户群数量大，追求客户增长

1) C端产品体验的侧重点

C端产品通常指消费者或者个人终端用户使用的产品，例如微信、QQ音乐等。因为C端产品的用户忠诚度较低，一言不合就换产品使用，所以为了留住用户，各大产品不惜成本追求极致的体验。帮助用户解决需求的同时，与其他竞品相比产品的整体体验相对有趣是现在C端产品的体验目标。

C端产品的体验目标如图17-15所示。

图17-15 C端产品的体验目标

2) B端产品体验的侧重点

B端产品，通常为企业员工或商家使用的系统或平台。B端产品具有链路冗长、操作复杂等特点。B端的产品体验核心是降低用户上手门槛，提高产品的工作效率。帮助用户高效地完成工作任务是现在B端产品的体验目标。

B端产品的体验目标如图17-16所示。

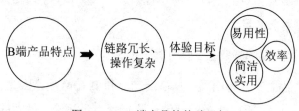

图17-16 B端产品的体验目标

17.4.2 用户体验的评估

评估用户体验的指标有很多,在行业内最为常用的三个比较主观的体验指标是满意度、净推荐值、费力度。这三大评估指标分别代表体验设计的设计价值、商业价值以及产品价值。

用户体验评估指标如图 17-17 所示。

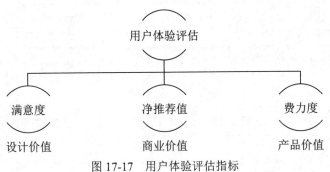

图 17-17 用户体验评估指标

1. 满意度(CSAT)

满意度是最经典的衡量指标了。在生活中都可以看到关于客户满意度方面的调研功能,比如送完外卖对店家和送餐人员的服务的点评等。

优势:满意度的扩展性非常强,可以用于询问用户各种问题,可以看整体的产品体验满意度,也可以看具体的某个功能的满意度。

劣势:满意度对未来行为的预测是比较差的,满意度能够体现出用户对产品短期内的态度,但无法体现用户对产品的长期态度。

产品的整体满意度可以细分为各分子的满意度及其重要性,重要性指的是各分子满意度和整体满意度的相关性。因此需要知道哪些因素会影响用户对产品的整体满意度。满意度调查的流程如图 17-18 所示。

具体方法:确定 NPS 指标→确定满意度因素→设计问卷并发放→计算满意度和重要性→建立四分图模型→结论。

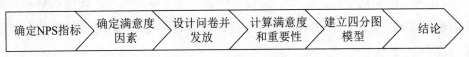

图 17-18 满意度调查的流程

以斗米 App 为例,通过与各个部门沟通,向他们收集可能影响用户满意度的因素，这里每个因素的满意度都会间接影响到用户对App的整体满意度，详见图17-19。

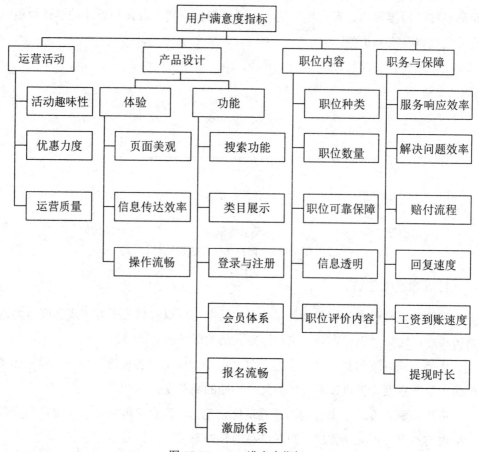

图17-19　App满意度指标

可以通过数据定位用户满意度在哪块是非常低的，从而进行针对性优化，具体梳理过程如下。

1）满意度分析

(1) 整体满意度：你对App的满意程度(1～10分)。

(2) 各个因素满意度：你对产品设计的满意度(1～5分)；你对信息传达效率的满意度(1～5分)；你对页面美观的满意度(1～5分)；你对操作流畅性的满意度(1～5分)……"

这些问题分别算的是整体满意度、各因素满意度。

2) 数据分析

可使用 SPSS 工具,计算出各因素的平均满意度和整体满意度的相关系数,即各因素的重要性,如表 17-6 所示。

表 17-6　满意度和重要性

序号	因素	满意度	重要性
1	职位数量	3.5	0.83
2	操作流畅	2.4	0.72
3	客户相应速度	4.5	0.23
4	赔付机制	3.2	0.32
5	报名进度	2.2	0.45

每个因素都会计算出两个指标:满意度、重要性

满意度代表这个因素的独立满意度。

重要性代表这个因素的满意度和整体满意度的相关性。

同理,将各个因素进行组合分析。

3) 四分图模型构建

构建四分图模型,横轴为满意度,纵轴为重要性,将各个因素按其数据代入图中,即可得到一个四象限分布的图,也叫四分图模型,如图 17-20 所示。

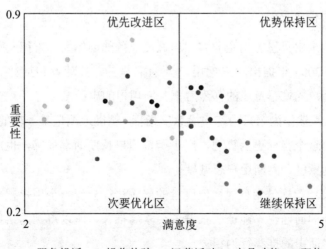

图 17-20　四分图模型

这个模型客观反馈了我们需要优先改进的地方,有优势的地方,优先级不高

的地方，以及继续保持即可的地方。

4) 不同类型业务评估

采用同样的方法，通过构建四分图模型对不同类型业务进行评估分析，如图17-21。

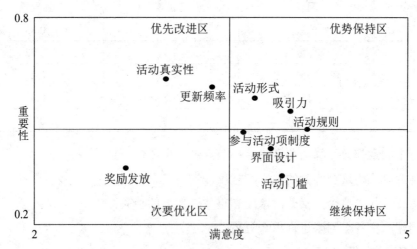

图17-21　各因素满意度及重要性分布

从图17-21中可以看到，需要优先改进的是活动真实性、更新频率。它们的重要性很高，但满意度却很低。因此我们需要重点关注这两个方面的优化问题。

2. 净推荐值(NPS)

净推荐值是由贝恩咨询企业客户忠诚度业务的创始人弗雷德·赖克霍德(Fred Reichheld)于2003年提出，它把用户分为推荐者、被动者和批评者这三类，可以通过计量用户的推荐意愿的强烈度来判断用户的忠诚度。

优势：其常被作为未来的客户满意度指标，精准地测量某一项的客户满意度，与满意度相比这个指标更为直观，用于衡量用户长期的幸福感，也用于评估全链路全流程的满意度，判断用户忠诚度。

劣势：虽然指标最为直观，但度量的问题往往只有一个用户视角，会比较狭隘，并且设计的问题也不能证明推荐者会真的推荐，所以得到的结果并不一定与用户在现实生活中的推荐行为相关。

当我们想知道用户对产品有什么意见或对产品是否满意时，常常会通过用户调研的形式去了解用户的真实感受，而在用户调研中，一个非常常见的问题是：

"您是否会愿意将'产品名'推荐给您的朋友或者同事？"

这个问题其实调研的就是净推荐值，也叫 NPS，旨在了解用户对该品牌或产品主动推荐的意愿，是一个常见的评估用户忠诚度的指标。

可通过计算 App 的 NPS 值，并且找出低分元素。定位了低分元素后，会根据其比重指导之后的产品优化方向与重心。

3. 费力度(CES)

客户费力度于 2010 年在《哈佛商业评论》中被提出，是指用户使用某产品或服务来解决问题的难易程度，用于询问用户在产品使用过程中高频出现的问题。

优势：帮助在产品设计时发现和解决复杂流程中的问题。

劣势：对于衡量产品质量比较适合，但不适用于衡量品牌在用户心目中的价值地位，并能用来挖掘用户真实的评价和需求痛点。

【小知识】

测量费力度问一些简单的问题即可：例如"您需要费很大劲才能解决 ××× 问题吗？"可采用 5 分制给出对此表述的同意程度，1= 非常不同意，2= 不同意，3= 中立，4= 同意，5= 非常同意。

17.5 用户体验地图

用户体验地图是一种梳理用户场景和体验问题的设计工具，通过用户体验地图，产品经理能更好地观察用户在使用产品中的一些动作，让产品的设计参与者、决策者对用户体验有更为直观的印象。其本质是以用户为中心，对用户洞察、对业务目标深入理解；找到用户的痛点、爽点，触发创意和发掘新的需求，使用户更容易获取产品价值，帮助企业获得成功。

为什么要做用户体验地图？

(1) 避免产品设计者只从自己或决策者的视角考虑问题，而是真正考虑用户需要什么。

(2) 帮助梳理场景中可能存在的问题，精准地找到用户的痛点，对产品优化更加有的放矢，提升用户体验。

(3) 创建一个共同视角，团队中各环节的人员都参与进来，对用户行为、痛点等内容达成一致,认同感强,对产品的用户体验达成共识、有效沟通和协作。

17.5.1 用户体验地图及其价值

1. 用户体验地图的含义

用户体验地图是用视觉化的方式,以叙述故事的方式来描述用户与产品、服务、系统交互时的体验和关系,以此来帮助理解用户需求和寻找用户痛点。用户体验地图能够记录用户从使用产品到离开产品的全部过程中的情绪体验,从中洞察到机会点,帮助企业建立更好的用户体验。

用户体验地图采用两种强大的方法——讲故事+可视化。这两大方法是用户体验地图必不可少的,以使人记忆深刻、简洁明了的方式传达信息。创建一个完整的用户体验地图,将不同的数据点聚集在一起并实现可视化,能够促进相关参与人的协作、沟通和挖掘新价值点。

2. 用户体验地图的价值

用户体验地图可以帮助企业理解用户,了解用户使用产品的整个路径和感受,从而帮助其做出产品设计决策。用户体验地图分为用户、用户与产品、产品机会点三部分内容,如图17-22所示。

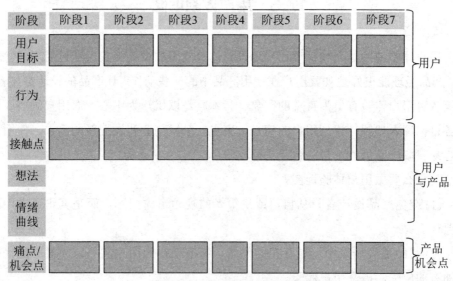

图17-22 用户体验地图模板

体验地图的价值包括:以用户的视角审视体验过程、促进洞察内化和跨角色合作、情感化设计和从全局角度去定位、评估问题点，如图17-23所示。

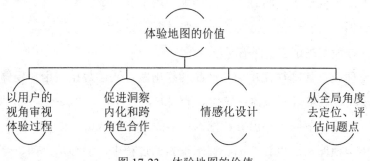

图17-23　体验地图的价值

1) 以用户的视角审视体验过程

大多产品工作人员都习惯性地沉浸在自己的产品构建的逻辑世界中，以各自的视角去做产品功能，把功能罗列上去，以为用户就会在这个规则中完成任务。而其实用户感觉很迷茫，甚至想抛弃你的产品。

在用户体验地图中，参与者需要切换成用户视角，可以选择和精确定位用户的体验点，触发更多的创意点和挖掘更多的新机会。

例如，某公司研发一个高级的木质挂衣钩，用户视角就是"买回来—装上去—直接使用"。继续挖掘其中的点，目前的挂衣钩需要打孔才能装，这里就衍生出两个方案：第一个方案，设计已经打好孔的木质挂衣钩，可以直接安装，操作起来方便；第二个方案，把安装工具和木质挂衣钩一起卖，用户安装成本会比较高。

2) 促进洞察内化和跨角色合作

产品研发团队角色不同，产品经理更关注在KPI的压力下自己的需求有没有排进去，研发人员更关注突显自己能力的技术实现，用户更关注功能体验和美观程度。在这种多角色易冲突的环境下，很难做出一个人人都支持且认同的决策。

在用户体验地图中，需要多人参与，能够让所有的人都梳理一遍流程，促进跨部门协作、沟通与思考，能把所有的人都拉到同一频道。

3) 情感化设计

用户体验地图能帮助团队在梳理的过程中，找到重新设计与改进的节点，挖掘用户在其中的情感需求，精准锁定产品引发强烈情绪反应的时刻，也就是"尖叫"时刻。

回到前文所述的例子,如果你卖的挂衣钩已经打好孔,直接安装即可,不用费过多精力,那就是"尖叫时刻",如果使用了另一个方案,就会考虑到买这个东西的人会不会用安装工具,会不会浪费过多精力。

4) 从全局角度去定位、评估问题点

产品经理或设计师往往单纯从产品功能出发,通过数据或用户反馈,割裂地看每一个模块,很难做到整体系统体验的提升,一直处于"头痛医头,脚痛医脚"的优化中,不能从全局视角出发,挖掘更多的潜在机会点。

用户体验地图,可以让产品在需求探索的过程中,能够从全面、全局的角度去定位、评估问题点,并且从中找出潜在的机会点,解决用户痛点问题。

具体总结如下。

(1) 记录将模糊的需求拆解为多个要素,以"文字+图形"的方式表达出来。

(2) 评估当前产品和服务的状态以及预测未来可能出现的情况。

(3) 发现体验过程中的痛点,寻找创新机会。

(4) 帮助团队更好交流和讨论,提炼出更好的决策和设计方案。

17.5.2 用户体验地图的绘制过程

用户体验地图的绘制过程如图 17-24 所示。

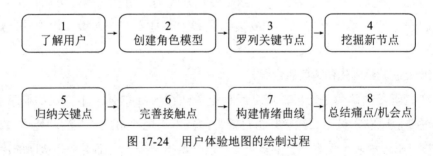

图 17-24 用户体验地图的绘制过程

1. 了解用户

有时候,产品的用户角色比较多样复杂,在资源和时间有限的情况下,首先要跟团队成员对"目标用户是谁"达成一致,避免后续产生争议。如果需要进一步聚焦定位用户,应优先考虑高价值且对产品长期发展有利的用户,优先提升他们的体验。

了解用户的常见方式有:用户访谈、查看用户投诉记录、询问客服、查看用户在社交媒体上的评价、调研竞品、定性定量调研。

比如通过一个看电影软件 App Store 上用户的投诉评价，可以了解用户心声，在评论区有时能找到产品的最痛点。

用户调查范例如图 17-25 所示。

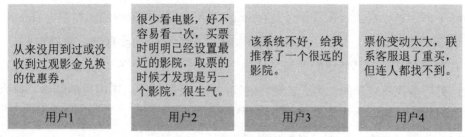

图 17-25　用户调查范例

上面用户 2 和用户 3 提出的评价属于同一类问题：关于用户定位准确性的问题。用户访谈可以面对面，也可以电话沟通，这样能够尽可能获得最直接、最准确的用户信息。

2. 创建角色模型

明确了目标用户后，接下来需要工作人员以用户视角分析产品，根据产品的主要目标进行用户分类，通过分析从"带着需求"来，到"完成目标"走的核心场景路径，梳理出来故事场景表格，为每个用户创建用户模型（需求、期望、痛点），每个角色将对应不同的用户体验地图。

3. 罗列关键节点

罗列出用户体验产品过程中的关键节点及其对应的用户感受。通过头脑风暴，挖掘新的关键节点。每个阶段都有不同的用户目标，以一次旅游网上定房间为例，主要分为三个阶段：入住前、入住中、入住后。在这三个阶段里面又细分为一些节点：选择 App—找房—订房—订房后，即入住前—入住中—入住后。根据每个节点就可以知道用户在各个阶段的目标。

用户体验的阶段如图 17-26 所示。

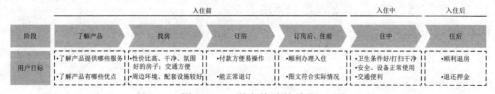

图 17-26　用户体验的阶段

4. 挖掘新节点

采访者在了解用户背景信息后,有代入感地引导用户,按照构建的角色模型和预设的场景进行操作,从而观察用户在整个过程中的行为。在操作期间,可以问以下问题:你点击它在做什么?(doing)进入后跟你想象中的一样吗?(feeling)你现在心里的想法是什么?(thinking)如果让你给这个功能打分,它能得几分?你有用到过别的产品能很好地满足你这个需求吗?在这个环节,除了听用户的表达,更要多观察用户的行为、表情、语气,应该及时地记录下用户的触点、行为、痛点、爽点、机会点等,并深度分析背后的原因。

应该继续完善和挖掘更多新的关键节点,尽量使关键节点种类更加丰富。思考已经列出了关键节点,用户在整个节点中的一系列行为,是不是有断档的?是不是闭环的?在整个过程中,应该进一步挖掘新的优化点,让App更充盈、更丰富。

要完善整个一系列用户行为:从一开始选择该App,对比各App之间的差异,到App内具体怎么浏览/搜索查找房源,再到与房东沟通、下单、线下办理入住、游玩、办理退房手续、发布体验感受。

用户行为挖掘示例如图17-27所示。

图17-27 用户行为挖掘示例

5. 归纳关键节点

对关键节点进行归纳分类,对关键节点进行筛选,移除掉重复、没有价值的内容或环节,例如在整个旅游过程中,付款就是一个关键性动作。

6. 完善接触点

对于之前总结归纳的关键节点的行为,分析使用场景有哪些,用户产生"接触点"的环境有哪些(例如网站、手机客户端等)。

接触点示例如图17-28所示。

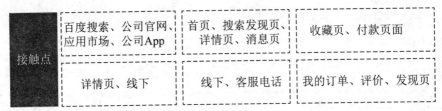

图 17-28　接触点示例

7. 构建情绪曲线

情绪曲线用以描述用户在整个体验过程中的情感变化。在各个节点下，用户的想法是什么样的，他的情绪曲线是怎么变化的？量化描述各个环节的用户体验值。把"问题点"和"惊喜点"放到对应的行为节点上，并以颜色进行区分。

比如在旅游的过程中，邀约朋友一起去旅游，把选中链接分享给朋友，打开链接，竟然跳转不了 App，那么其情绪是非常糟糕的。

情绪曲线示例如图 17-29 所示。

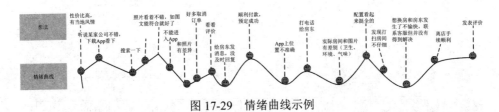

图 17-29　情绪曲线示例

8. 总结痛点/机会点

在白板上画一条横轴和纵轴，横轴对应前面所构建的关键场景，纵轴是通过访谈记录下来的用户目标、行为、想法、情绪曲线（爽点）、痛点和机会点等关键信息。

(1) 行为：用户进入后需要做的事情。

(2) 想法：在操作时，用户内心的想法是什么。

(3) 情绪曲线（爽点）：用户感觉非常惊喜，超出自己预期的体验。

(4) 痛点：挫折、破坏体验的感受。

(5) 机会点：通过痛点，挖掘出来的解决方案。

分析用户体验的全部过程后，总结客户痛点，并进行重要性排序，基于"痛点"分析，挖掘更多产品创新的机会点。

痛点/机会点示例如图 17-30 所示。

| 痛点/机会点 | ・不知道从哪获得可信信息
・位置描述不够清楚
・实际房间和图片有差别（卫生、环境、气味） | ・分享后不能跳转进入App
・大段文本，难区分重要信息
・每家退订规则千差万别
・房东态度、卫生等没有保证
・官方客服处理纠纷不及时 | ・服务意识需提升
・沟通流程需改进
・没有跟进问题用户 |

图 17-30 痛点/机会点示例

用户体验地图绘制完成不等于用户体验结束，报告生成后，要积极与各部门的参与者沟通，针对痛点设计多个解决方案，并对解决方案进行评估。如果一次性产出较多的问题点，应该划分优先级，并按计划分布落地。

某旅游 App 的用户体验地图如图 17-31 所示。

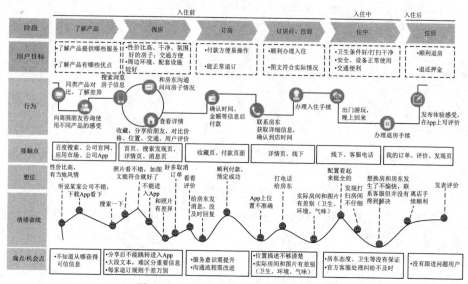

图 17-31 某旅游 App 的用户体验地图

用户体验地图不仅能使我们以"用户视角"做产品设计，还能够避免"头痛医头、脚痛医脚"的工作方式，还可以发现新的场景和机会点，可以帮助我们站在全流程的角度，收集用户的接触点、行为、想法、爽点、痛点。

用户体验地图的每个环节都与用户有关，能够帮助我们从用户的角度来审视体验过程，可以让大家都参与进来，促进跨部门、跨角色的合作，可以协助团队锁定"尖叫时刻"，使其可以更好地去定位痛点、解决痛点、找到机会点。

欧洲铁路体验地图如图 17-32 所示。

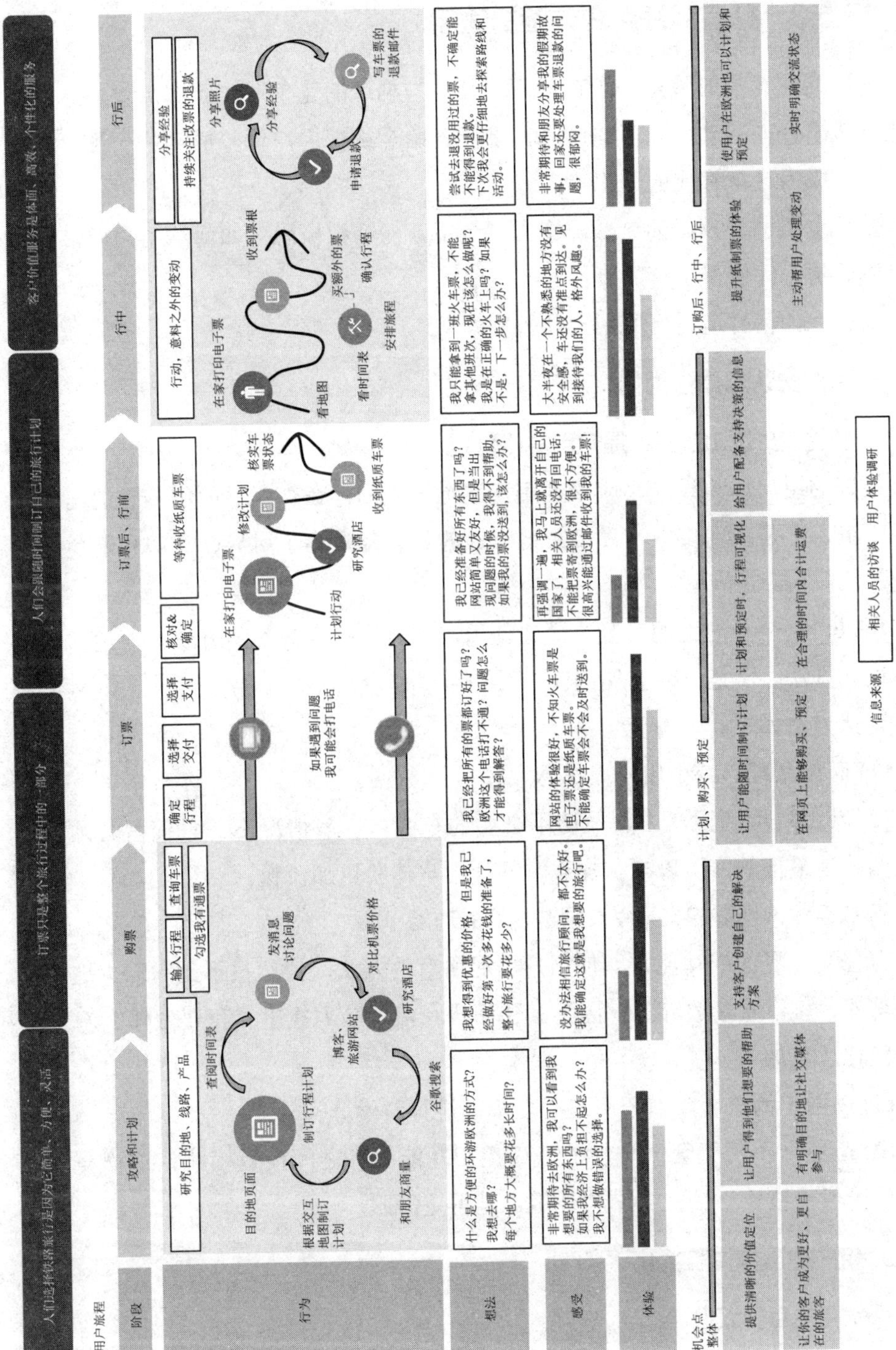

图 17-32 欧洲铁路体验地图

17.5.3 打造良好用户体验的途径

现代商业竞争的重点，正在逐步由品牌与渠道的竞争过渡到产品竞争之上，谁能打造出令人感动、惊喜的产品，谁能自始至终把用户体验放到第一位，谁就更有可能成为这个时代的"王者"。

基于全民消费升级的这么一个大背景下，能够积极思考如何给用户以最好的用户体验是一件值得坚持的事情。

那么，如何打造良好的用户体验呢？

1. 用户的认知体验优化

1) 通过减少认知超载，提升用户体验

最好的用户体验设计，应该是用户察觉不到的。在交互界面中，它的出现自然而平滑，但是在现实中，许多关键设计的初衷却是为了引导、有趣和避免出现问题。

所以，复杂和混乱的交互界面迫使用户去寻找解决问题的方法，而通常情况下，这些方法并不是一目了然的。

优化方法如下。

(1) 简化流程，减少用户操作麻烦。

(2) 减少过度刺激，去除一切不必要的东西。一般情况下，只保留必须存在的东西才是最佳的，可以减少加载时间让用户体验更加流畅。

2) 放弃令人费解的文案以及很难找到的功能

有些交互界面或功能，即使用户用尽所有的办法，依然找不到它们。这类页面或功能就可以直接放弃了，因为其让用户在浪费脑力找出"我要做什么"。

优化意见如下。

(1) 以用户为核心，参考用户心理模型进行科学分类。

(2) 避免一个功能套一个功能，避免在功能服务之间反复横跳，这样会令人费解。一般"线性"的业务结构让用户觉得更舒服。

2. 用户的操作体验优化

1) 优化交互界面设计

优化交互界面设计一般遵循以下两个原则。

(1) 使用用户的语言：这个原则非常重要，即使是专业的术语也要转换成用户可以理解的词语。

(2) 容错性设计：犯错误是人类的一个本能属性，因此让用户避免犯错，犯错后可以纠正，阻止毁灭性结果的发生，非常重要。

2) 优化操作流程

操作流程应当减少用户等待时间，防止过度冲击。

(1) 优化交互方式，减少不必要的场景转换。

(2) 降低操作难度，有效减少操作场景，使用户注意力的消耗降低。

3) 减少场景转换

应该避免让用户频繁切换场景，跳转过多的界面，因为多跳转一个界面就意味着多流失一部分用户。例如，很多网站浏览产品下面有个"立即购买"按钮，可以让用户直接结算。

产品设计是内核，体验设计是血肉。打动人心的是"超级体验"，能提高用户对品牌的好感度，极大地提升产品市场竞争力。